히스토리아

주경철의 역사 에세이

히스토리아

산처럼

우리의 삶은 유구한 역사와 닿아 있다. 하루하루 일상의 사건이 쌓여 도도한 역사의 흐름을 이루고, 장구한 지난 시대의 경험이 오늘 우리에게 전해져온다. 역사는 무심히 지나가는 것이 아니라, 우리가 기억해내고 반추해보는 한 현재에 살아서 약동한다.

우리 사회는 세계사에서 유례를 찾기 힘들 정도로 역동적이다. 미국의 한 역사가는 1880년에 태어난 미국인들이 얼마나 큰 변화를 목도했는지 이야기한 적이 있다. 이 사람들은 자동차와 전기 기기들이 등장하고 도심에는 마천루들이 들어서는 것을 보았으며, 곧 대공황과 양차 대전을 겪었고, 노년에는 미국과 소련이 세계의 패권을 놓고 경쟁하는 시대를 살았다. 그렇지만 20세기 중엽에 태어나 현재를 살아가는 대한민국 국민이라면 오히려 그보다 더 심대한 변화를 목도했을 법하다. 태곳적 전통을 간직한 농촌 마을의 삶에서부터 손바닥 안의 작은 기기에서 세상의 모든 일들을 지켜보는 기술만능의 시대까지 그야말로 극적인 변화를 몸소 겪은 것이다. 이런 시대에 더욱 필요한 것이 역사의식이 아닐까 싶다. 격동의 시대일수록 우리 자신과 우리 사회에 대해 관조해보고, 큰 틀에서 우리의 생각을 가다듬을 필요가 있다.

이 책에 실린 글들은 신문지상의 작은 칸을 빌려 나날이 변화하는 세상사에 대해 역사학자로서 코멘트해본 기록이다. 무릇 오늘 우리가 겪는 모든 일들은 대부분 오랜 인류사에서 유사한 사례들을 찾을 수 있을 터이고, 그런 역사의 경험을 찾아 우리의 경우와 비교해보면 무엇인가 배울 수 있지 않을까. 그런 의도로 역사의 경험에서 길어온 생각의 편린들을 제시해보았다. 그 글들을 보고 많은 분들이 따뜻한 격려든 따끔한 비판이든 다양한 의견을 들려주셨다. 내 글이 그처럼 우리 사회의 여러 사람들과 소통하고 있다는 것에 큰 기쁨을 느꼈다.

사실 그것만으로도 이 작은 글들을 쓴 보람은 이미 충분히 얻은 셈이다. 그렇게 흘러가버릴 글들을 다시 모아 책으로 묶을 수 있게 된 것은 망외望外의 소득이 될 것이다. 다만 신문지상에 글을 쓸 때에는 너무 짧은 지면의 한계 때문에 미처 말하지 못했던 내용을 다소 보충했고, 반대로 글을 쓰던 당시의 맥락이 이미 지나가서 굳이 언급하는 게 오히려 어색하게 된 내용은 줄이기도 했다. 매번 다른 주제로 썼던 글들을 모으니 자칫 만화경같은 산만한 모양새가 될 수도 있어, 이번 기회에 제1부 문명과 자연의 만남, 제2부 문화의 스펙트럼, 제3부 역사 속의 사람들, 제4부 갈등과 전쟁의 역사, 제5부 사유와 상상의 힘 등 다섯 개의 꼭지로 묶어보았다. 그렇게 모아보니 완전치는 않지만 희미하나마 어떤 흐름이 잡히는 듯 하다. 그 안에 지난 2~3년 동안 우리 사회가 지내온 복잡다단하고도 역동적인 삶의 모습과 그에 대한 사고의 궤적이 녹아 있는 것 같다.

이렇게 묶은 글들이 다시 한번 우리를 되돌아보고 우리의 앞날에 대해 생각해보는 자료가 되면 좋겠다는 희망을 가져본다. 우리 사회가 너무 앞만 보고 달려와서 그런 것일까, 우리의 말과 행동이 지나치게 빠르고 격하다는 느낌을 피할 수 없다. 우리를 휘몰아가는 격랑 속에서 하염없이 흘러가버릴 것이 아니라 때로는 잠깐 멈추고 생각해보는 시간을 가지면 좋겠다.

2012년 4월 봄날

지은이 주경철

주경철의 역사 에세이

히스토리아 ──── 차례

제2부
문화의 스펙트럼

제4부
갈등과 전쟁의 역사

제5부
사유와 상상의 힘

제1부

문명과 자연의 만남

고대 세계 최고의 사치품

　고대의 지리 개념에 따르면 아라비아 반도는 내륙의 사막 지역인 '아라비아 데세르타Arabia Deserta(사막의 아라비아)', 서쪽 변방의 '아라비아 페트레아Arabia Petraea(돌의 아라비아)', 그리고 반도 남서부 지역을 가리키는 '아라비아 펠릭스Arabia Felix(행복한 아라비아)'의 세 부분으로 나뉜다. 그중 '아라비아 펠릭스'는 여름 계절풍이 불어와 기후가 온화하고 강우량이 풍부해서 땅이 기름졌기 때문에 농사가 잘됐을 뿐 아니라, 아프리카나 지중해 지역으로 향하는 중계무역을 통해 큰 번영을 누렸다. 이 지역의 특산물로는 유향乳香과 몰약沒藥을 비롯한 방향芳香 물질들이 유명했다. 성경에도 자주 등장하는 이 물품들은 어디에 쓰였을까.

　유향은 유향나무Boswellia sacra에서 추출한 수액을 말린 제품이고, 몰약은 콤미포라 미르라Commiphora myrrha 나무에서 추출한 방향성 수지다. 두 물품 모두 기원전 3500년경부터 이집트와 바빌로니아에 수출되어 사용된 사실이 알려져 있다. 중동과 지중해 지역으로 이동하는 낙타 대상隊商의 운송품 중 가장 큰 비중을 차지한 것도 이 물품들이

몰약. 죽은 사람의 미라를 만들어 영생을 준비하는 데 필수적인 물품이었다.

유향. 고대부터 중동 지역의 귀중한 산물로, 몰약, 황금과 함께 동방박사들이 아기 예수에게 선물한 물품이다. 교회와 일반 가정에서 방향제로 널리 사용되는 것 외에 치료제로도 쓰인다.

었다. 심지어 로마 제국에서는 이런 향을 수입하는 금액이 너무나 커서 국가 경제에 막대한 손해를 끼친 나머지 로마 제국이 향의 연기 속에 사라져갔다고 말했을 정도다. 향 제품들은 고대 세계 최고의 사치품에 속했으며, 역사가들은 이 무역을 오늘날의 코카인 무역에 비교하기도 한다.

도대체 왜 그렇게 향이 중요했을까. 사람들이 잔뜩 몰려 살고 있지만 위생 시설은 형편없던 고대 도시의 사정을 상상해보면 그 이유를 능히 짐작할 수 있다. 오늘날과 같은 하수나 분뇨 처리 시설이 없었던 당시 사회는 현대인이 상상하기 힘들 정도의 악취에 시달렸다. 사람들은 따로 지도를 볼 필요 없이 냄새를 통해 어떤 지역이 어떤 일을 하는 곳인지 알 수 있었다. 오줌 냄새가 진동하는 관공서와 극장, 비릿한 냄새가 공기 중에 꽉 차 있는 도축장, 형언하기 힘든 악취의 공동묘지……. 이런 것들이 눈과 귀, 그리고 코에 잡히는 고대 도시의 풍경이었다. 당시 사람들이 그토록 향을 찾았던 중요한 이유가 여기에 있었다. 과거에 방향 식물들이 지금보다 더 큰 중요성을 띠었던 것도 이

때문이다. 예컨대 라벤더와 방취목Lemon Verbena은 길거리의 악취를 없애는 데에 쓰였고, 정향丁香은 구취제로 사용됐다.

더 나아가서 향은 일반적인 사치품을 넘어 종교적인 물품으로 격상됐다. 몰약은 영생永生의 준비를 위해 미라를 만드는 데에도 쓰였고, 유향은 종교 제의祭儀에 필수품이었다. 유향을 태우면 미묘한 연기가 천천히 원을 그리며 하늘로 올라간다. 고대인들은 상상 속에 이 연기가 하늘에 닿아 좋은 냄새와 아름다운 형상으로 신들에게까지 즐거움을 선사하리라고 믿었다. 초기 유대교도들은 제단의 향로에서 피어올린 자욱한 향 뒤에 신이 현현顯現해 있다고 생각했다.

우리가 먼 과거 세계를 이해하기 위해서는 현재 우리의 사고를 넘는 역사적 상상력이 필요하다.

적나라한 만남의 장소

역사가이자 문명비판가인 루이스 멈퍼드Lewis Mumford(1895~1990)에 의하면 로마의 공중목욕탕은 단순히 하루 일과 후에 몸을 깨끗이 씻는 장소가 아니라 "공동체의 중심지로서 로마인이란 누구인지 규정하는 일상적인 의식儀式의 장소"였다. 비유하자면 로마의 목욕탕은 현대 미국의 쇼핑센터와 같은 역할을 했다.

로마인들에게는 하루 일이 끝나면 목욕탕에서 새로운 시간이 시작되는데 이는 몇 시간 동안 계속됐다. 화려한 목욕탕은 조각상, 바닥 모자이크, 벽을 장식하는 대리석 혹은 스투코 부조들로 꾸며져 있었다. 입장객은 제일 먼저 향유실unctuarium에서 몸에 기름을 바르고 여러 체육 시설 중 한 곳에 가서 운동을 했다. 그 후 고온욕실caldarium이나 한증실sudatorium(우리 온돌과 비슷한 방식으로 아궁이에 불을 땠다)에서 목욕을 하는데, 당시는 목욕 비누를 사용하지 않던 때라 로마인들은 올리브기름을 몸에 바른 후 스트리질strigil이라고 불리는 휜 모양의 금속 도구를 이용해서 때를 벗겼다. 귀족들은 이 일도 노예를 시켜서 했다.

스트리질을 이용해 목욕하는 장면. 로렌스 앨머 태디머의 그림(1879).

다음에는 온탕인 미온욕실 tepidarium에서 친구들과 대화를 나누거나 술을 마시며 긴 시간을 보냈다. 다음에 냉욕실 frigidarium에서 시원한 물에 몸을 담그고 수영장에서 헤엄치고는 마지막으로 기름과 향을 몸에 발랐다. 이러는 동안 간

스트리질. 로마 시대에는 비누 대신에 스트리질을 사용해서 때를 벗겼다.

식과 포도주를 즐기고, 독서실에 있는 책을 읽기도 하고, 마사지를 받기도 하며, 때로는 술에 취해 놀거나 사랑을 나누었다.

어떤 목욕탕에서는 남녀가 함께 목욕을 했는데, 계속 금지 명령이 내려지는 것을 보면 거꾸로 이런 행태가 지속됐다는 것을 알 수 있다. 로마 제국에는 공짜에서 유료까지 여러 종류의 목욕탕이 있어서 모든 계층 사람들이 이용할 수 있었다. 로마인들은 매일 사회적이면서 위생적인 목욕의식을 치름으로써 그들의 로마적인 정체성을 강화시켰다.

이것이 전성기 로마의 모습이다. 그 배후에는 로마라는 대도시를 비롯해서 제국 각지의 중소도시, 대규모 장원莊園 등에서 사용하는 엄청난 양의 물을 어떻게 공급하느냐 하는 문제가 있다. 대형 수로와 수도관 네트워크는 로마 문명을 지탱하는 핵심 시설이었다. 로마 문명이 정상적으로 유지될 때에는 이런 급수 시스템이 잘 운영됐지만, 쇠퇴기에 들어서자 물이 끊어지고 모든 장대한 시설이 폐허로 변했다.

로마 제국이 몰락하고 중세가 시작되자 대규모 목욕 시설 같은 것도 사라져갔다. 그나마 명맥을 유지하던 일부 공중목욕탕마저 사라지고 난 후, 사람들은 대개 집안에서 목욕 통桶을 이용해 몸을 씻었다.

영국 바스 시의 고대 로마 목욕탕. 기둥 윗부분들은 후대에 지어 올린 것이다.

개인 집에 욕실bathroom이 등장한 것은 먼 훗날이었으므로 대개 침실에서 목욕을 했다. 공중목욕탕이 사라진 것은 나체를 남에게 보여서는 안 된다는 종교적 가르침도 작용했다. 실제로 목욕탕은 매춘이 빈번히 일어나는 장소였다. 또 여러 사람이 모이고 물을 함께 쓰는 것이 전염병을 옮기는 위험을 안고 있기 때문이기도 했다. 물론 고대 로마 제국만큼 중세 이후 유럽 문명이 체계적으로 물을 관리하지 못한 '인프라'의 문제가 배후에 있었다. 화려하기 그지없는 베르사유 궁에 화장실과 욕실이 없다는 것은 잘 알려진 이야기다. 그러니 급한 사람은 숲으로 뛰어가서 해결해야 했고, 근엄한 왕족과 대귀족 사람들의 청결 상태는 매우 의심스러운 수준이었다.

문명의 핵심은 물을 어떻게 관리하느냐에 달려 있다.

우리가 몰랐던 로마의 방바닥

겨울에 일본 여행을 하며 절실히 느낀 점은 다다미방에서 자는 것이 무척 춥다는 것이다. 뜨뜻한 온돌방에서 등을 '지지며' 잘 수 있는 우리 한옥이 새삼 사무치게 그리웠다.

겨울 추위가 심한 지방에서 난방 문제는 늘 풀기 어려운 난제였다. 온돌은 몸조리도 할 수 있으면서 동시에 사람의 몸을 가장 따뜻하게 해주는 최상의 해결책 중 하나가 아닌가 싶다. 고대로부터 전해 내려온 온돌은 분명 우리의 자랑스러운 문화유산 중 하나다.

그런데 다른 나라에도 우리의 온돌과 유사한 난방 시스템이 전혀 없지는 않다. 고대 로마의 히포카우스툼hypocaustum(영어로는 hypocaust)이 대표적인 사례다.

이것은 땅에 작은 돌기둥들을 쌓고 그 위에 방바닥을 설치하여 방 밑에 빈 공간이 생기게 만들어놓고, 아궁이에 불을 때면 뜨겁게 데워진 공기와 연기가 그곳을 지나며 방을 달구는 방식이다. 즉 온돌과 전적으로 같은 원리다. 많은 고대 로마 유적에서 이를 확인할 수 있다.

프랑스의 비외 라 로멩의 고대 저택 유적. 목욕탕 바닥을 데우는 히포카우스툼을 볼 수 있다.

파리 노트르담 성당 지하에 로마 유적이 있다는 것을 아는 사람이 많지 않은데, 그곳에 가보면 이런 '로마식 온돌'을 직접 볼 수 있다.

그렇지만 우리 온돌과의 차이는, 온돌이 작은 방을 덥히는 정도의 소규모인 데 비해 로마의 히포카우스툼은 공중목욕탕처럼 큰 시설에 주로 사용됐다는 점이다. 일설에 의하면 세르기우스 오라타Sergius Orata 라는 재주 많은 상인이 이 시설을 발명했다고 한다. 그렇지만 그가 주택을 사들여 히포카우스툼을 설치해 부동산 가치를 높인 후 되팔아 이익을 취한 것은 맞지만, 과연 이 시설을 최초로 발명했는지는 불명확하다.

로마 시대가 끝나면서 히포카우스툼도 사라지고 그와 함께 따뜻한 난방 시설과 목욕탕도 사라졌다. 유럽에 중앙난방 방식이 등장하는 것은 19세기의 일이다. 그전에는 귀족이나 평민 모두 겨울 추위에

영국 바스 시의 고대 로마 목욕탕의 고온욕실(caldarium) 바닥의 히포카우스툼. 빈 공간들로 더운 공기와 연기가 지나며 그 위의 목욕탕 바닥을 덥히게 되어 있었다.

시달리며 살았다. 심지어 왕궁도 난방 문제에서는 전혀 나을 것이 없었다. 베르사유 궁전의 '거울의 방'에는 양쪽 벽에 각각 하나씩 벽난로가 있었지만 이 거대한 공간을 따뜻하게 데울 수는 없었다. 1695년 2월 3일, 베르사유 궁전의 '거울의 방'에서 루이 14세가 식사하는 모습에 대해 한 궁정인은 이렇게 썼다. "왕의 식탁에서 유리잔 속의 물과 포도주가 얼었다." 당시 실내의 난방 시설이 어떤 수준에 처해 있었는지를 이보다 더 잘 보여주는 사례도 드물 것이다.

중세 사회의 실상을 설명하는 한 역사가는 돌로 지은 성의 추운 방에서 덜덜 떨며 살던 귀족보다는 초가집 방에서 밤에 돼지를 껴안고 자던 농민들이 더 따뜻하게 겨울을 났으리라고 추정한다. 그들이 온돌에서 온몸을 지지며 자는 우리 조상들을 봤으면 꽤나 부러워했을 것 같다.

청결을 향한 끝없는 노력의 역사

　물을 이용해서 사람의 분뇨를 위생적으로 처리하는 수세식 화장실은 의외로 오래전부터 존재했다. 기원전 26세기경 인더스 문명권의 도시인 하라파와 모헨조다로, 그리고 기원전 18세기경 크레타 섬의 크노소스 궁전에서도 이미 수세식 변기가 사용됐다.

　그렇지만 오늘날 우리가 사용하는 현대식 변기를 개발한 사람은 영국 엘리자베스 1세 때 궁정인이자 시인이며 발명가인 존 해링턴John Harington(1561~1612)이었다. 그는 1596년에 두 개의 수세식 변기를 만들어 하나는 자신의 저택에, 다른 하나는 자신의 대모代母인 엘리자베스 여왕을 위해 리치먼드 왕궁에 설치했다. 이 발명품은 물탱크의 바닥에 플러시 밸브를 달아 물을 내리는 장치와 배설물을 물로 씻어내리는 부분으로 구성되어 있었다. 여왕은 한 달에 한 번 목욕을 한다고 '자랑'할 정도로 당시로는 예외적으로 청결에 신경을 쓰는 인물이었지만, 소음이 너무 커서 이 변기를 자주 사용하지는 않았다고 한다. 하여튼 해링턴은 아마도 배변과 관련된 쪽으로 모종의 콤플렉스가 있었는지, 정적을 비판하는 글이나 시를 쓸 때 주로 똥오줌과 관련된 비유를 잘 들었고, 그 결과 엘리자베스 여왕과 그다음 왕인 제임스 1세의 총애를 잃어 거듭 궁정에서 쫓겨나곤 했다.

해링턴의 선구적인 발명품은 널리 사용되지는 못했고, 런던 시민은 해오던 대로 계속해서 지하 분뇨 구덩이에 배설물을 버렸다. 이 웅덩이 속의 내용물은 자주 지상으로 흘러

존 해링턴 경. 영국 엘리자베스 1세 시대의 유명한 궁정인이며 수세식 변기의 발명가.

넘쳤다. 『일기』를 쓴 것으로 유명한 사무엘 피프스Samuel Pepys(1633~1703)는 1660년 10월 20일에 다음과 같이 기록했다.

지하에 내려갔다가 (……) 분뇨 구덩이에 발이 빠졌다. 그리고 터너 씨 사무실에서 사용하는 구덩이가 다 차서 우리 집 쪽으로 넘친 것을 발견했다.

1810년 런던에는 이러한 분뇨 더미가 20만 개 정도 있었던 것으로 추정되는데, 이는 주민 5명당 한 개꼴이었다. 분뇨 수거인들은 돈을 받고 일부 구덩이를 비우고, 시골의 농부들에게 그 인분을 거름으로 팔기도 했다. 그러나 수거인에게 일을 맡기는 경우 그 비용은 노동자 주급의 3분의 1에 해당할 정도로 비쌌기 때문에, 이 구덩이들을 자주 비울 수는 없었다. 19세기에 남아메리카에서 조분석鳥糞石(구아노. 새의 배설물이 석화된 형태의 비료)이 싼값에 수입되자 힘들게 분뇨를 수거하

여 농촌으로 옮겨가는 일이 크게 줄었다. 당연히 배설물이 시내와 강에 넘쳤고, 런던의 악취는 상상을 초월할 정도였다. 어떤 방식으로든 이 문제를 해결해야만 했다.

수세식 변기의 개량과 보급은 서서히 일어났다. 가장 성공적인 초기 사례 중에 하나는 1778년에 영국의 독학 발명가인 조지프 브라마Joseph Bramah(1748~1814)가 밸브 장치를 개선한 변기였다. 이것은 1797년까지 6천 개가 팔릴 정도로 대성공을 거두었다.

그런데 수세식 변기의 보급은 도시의 위생을 개선했을까. 초기에는 오히려 역효과를 냈다. 식수원인 템스 강으로 오물을 직접 흘려보내 악취가 극심하게 됐고, 만조 때에는 오물이 낡은 하수도관을 타고 가정집의 지하실로 역류하기도 했다. 당연히 수인성 질병이 만연했다. 특히 여러 차례 콜레라가 발병하여 엄청난 피해를 불러일으켜, 이것이 위생 상태의 근본적인 개선을 요구하는 계기가 됐다.

영국의 변호사이자 사회 개혁의 선구자인 에드윈 채드윅Edwin Chadwick (1800~90)이 「영국 노동 계급의 위생 상태에 대한 보고서」를 통해 도시 빈민들의 비위생적인 환경을 개선하자고 역설한 덕분에 완전히 새로운 상하수도 시스템이 마련됐다. 하수도관을 이용하여 사람들의 거주지로부터 먼 곳에서 하수를 처리할 수 있게 된 다음에야 수세식 화장실이 제 기능을 다할 수 있게 됐다. 우리가 매일 접하는 수세식 변기는 오랜 세월에 걸친 각고의 노력의 산물이다.

도시 문명의 기반시설은 안녕한가

미국 뉴욕 시의 지하 180미터 지점에서 1970년부터 지금까지 무려 40여 년째 거대한 땅굴을 파고 있다는 사실은 일반인들에게 그리 잘 알려져 있지 않다. 이는 총 60억 달러의 공사비를 투입하여 2020년에 완공 예정인 제3상수도관(Water Tunnel #3) 공사로서, 현대에 가장 크고 복잡한 토목공사 중 하나이며 파나마 운하에 버금가는 기념비적인 사업이다.

이런 엄청난 토목공사를 벌이게 된 이유는 각각 1917년과 1936년에 완공된 두 개의 도시 상수도 공급망(Water Tunnel #1, #2)에서 누수가 일어나고 있기 때문이다. 제3상수도관 공사는 여러 단계에 걸쳐 진행되고 있다. 1단계는 이미 1998년에 완공됐고, 다음 단계들이 진행 중이다. 그러던 중 1990년대 초에 허드슨 강 환경 감시 단체이자 뉴욕 시 상수도 수계지 보호 프로그램의 주요 참여 단체이기도 한 리버키퍼Riverkeeper가 시에서 가장 큰 델라웨어 수도관의 한 지선이 10년 동안 심각하게 누수되고 있었다는 사실을 밝혀냈고, 뉴욕 시 당국은

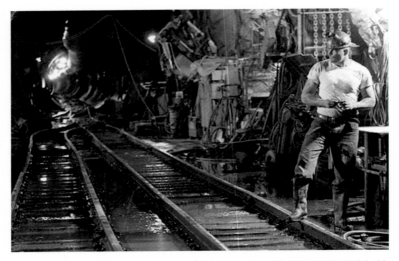

제3상수도관 공사 현장. 일반 시민들이 거의 의식하지 못하고 있는 상황에서 지하 깊은 곳에서 상수도관 공사가 거대한 규모로 이루어지고 있다. 이 힘들고 위험한 굴착 작업은 '샌드호그'로 알려진 전문가들이 담당한다.

2000년에 가서야 공개적으로 이를 인정했다. 1990년대 초 누수가 처음 감지됐을 때 누수량은 하루 1500만~2천만 갤런 정도였다. 2000년대 초 누수량은 하루 3500만 갤런까지 증가했다. 총 누수량은 상수도관의 전체 공급량의 겨우 4퍼센트밖에 되지 않지만 사태가 악화되어 상수도관 전체가 붕괴되기 전에 수리해야만 했다. 시 당국은 원격 조정 미니 잠수정과 심해 잠수부 팀을 동원한 조사 끝에 상수도관에 균열이 생긴 것은 확인했지만, 이 상수도관을 폐쇄하고 수리를 하려면 수많은 뉴욕 시 주민들을 소개시켜야 하므로 폐쇄는 시행 불가능했다. 그렇다고 누수를 그냥 방치하면 자칫 상수도관 전체가 파열될 위험이 있는데, 이렇게 되면 9·11 사건과는 비교가 안 될 정도의 재난이 일어날 수도 있었다. 결국 제3의 수도관을 먼저 완공한 다음 기존 시설을 수리하는 것으로 방향을 잡게 된 것이다.

제3상수도관은 많은 지선으로 연결되어 시 전체를 포괄하며 최첨단 중앙 통제 설비를 갖추게 될 것이다. 이 수도관이 일단 가동되면 물의 흐름을 쉽게 차단할 수 있고, 그러면 시 곳곳에서 기존 상수도 시설에 대한 복구 작업을 할 수 있게 된다. 그러나 이 터널 공사는 상상하기 힘들 정도의 난공사다. 무엇보다 지하철 구간보다 15배나 더 깊은 지하의 단단한 암반 지역에서 행해지는 폭파와 굴착 작업은 대단히 고되고 위험한 일이다. 이 작업은 지하 굴착 전문업자 공동체인 샌드호그sandhog가 맡고 있다. 19세기 이래 뉴욕의 모든 유명한 터널이나 지하철, 교량, 마천루 등을 건설할 때 지하 굴착 작업은 모두 이들이 수행해왔다. 샌드호그는 대개 아일랜드인이나 서부 인디언의 후손들로서 대를 이어 이 위험한 일을 해오고 있다.

제3상수도관 공사의 굴착 사업은 끝없이 땅을 파고 폭파하고 돌무더기를 치우느라고 하루에 10미터 이상 진척되지 못했다. 마이클 블룸버그가 뉴욕 시의 새 시장으로 취임하여 시 전체의 상수도 시설 개선을 최우선 순위에 두고 제3상수도관 공사 완공에 추가로 40억 달러를 투자하면서 그나마 작업이 가속화됐다. 일명 두더지라고 불리는 길이 21.3미터에 무게가 158.8킬로미터짜리 강철 회전 날 27개를 장착한 혁신적인 천공기boring machine가 도입되면서 굴착 속도는 두 배나 빨라졌다.

2006년 8월 블룸버그 시장은 안전모를 쓰고 터널로 내려가서 두더지 조종석에 앉아 제3상수도관의 4구간 중 가장 까다로운 두 번째 구간의 작업을 마무리하는 시굴을 했다. 그러나 작업이 끝난 것은 아니었다. 터널을 콘크리트로 단장하고 각종 기기들을 설치한 다음 살균 작업까지 끝내고 물을 수송할 준비를 마치려면 최소 6년은 더 기다려야 한다. 그때가 되면 새로운 통제소를 통해 원격 조정이 가능한 최첨단 상수도 시스템의 시대가 열리게 될 것이다.*

뉴욕 시만이 아니라 미국 내 모든 주요 도시들이 뉴욕 시와 비슷한 종류의 기반시설 문제에 직면해 있다. 미국 내 급수 시스템의 핵심 시설인 112만 6,540킬로미터에 달하는 노후한 상하수도관과 정수장 및 기타 시설들을 개선하는 데 향후 20년간 2750억 달러에서 1조 달러의 비용이 소요될 것으로 추산된다. 전 세계적인 수자원 기반시설 수요는 이보다 훨씬 규모가 크다. 아마도 전 세계 도시에 공급되는 식수의 절반 가까이가 가정에 공급되기 전에 소실되는 것으로 추산된다고 한다. 갑자기 서울이나 부산 같은 우리나라 도시의 땅 아래 사정이 궁금해진다.

* 현재 공사 중인 제3상수도관 터널의 모습은 1995년에 나온 영화 「다이하드 3(Die Hard with a Vengeance)」에서 볼 수 있다. 이 영화의 일부 장면은 이 터널 안에서 찍었다.

지식 보급의 핵심 기술

우리나라는 일찍이 인쇄술이 발달해 있었다는 점을 자랑한다. 『무구정광대다라니경無垢淨光大陀羅尼經』(706~751)은 세계 최고最古의 목판 인쇄물로 알려져 있고, 『백운화상초록불조직지심체요절白雲和尙抄錄佛祖直指心體要節』(1377)은 구텐베르크Johannes Gutenberg(1397~1468)의 발명보다 수십 년 앞서 있는 세계 최초의 금속활자 인쇄물이다.*

이처럼 '역사상 최초'라는 점도 의미가 크지만, 정말로 중요한 문제는 인쇄술이 지식의 보급이라는 면에서 어떤 공헌을 했는가다. 우선 어떤 책이 얼마나 출판됐으며, 또 그것들이 당대 독자들에게 어느 정도 읽혔는지를 연구해야 한다. 이 점과 관련해서 유럽에서 금속활자의 발명 이후 일어난 책의 출판과 지식의 보급에 대한 연구를 참조할 필요가 있다.

---

* 고려 인종 때 학자인 최윤의(崔允儀)가 왕명을 받아 고금의 예문을 모아 편찬한 『상정고금예문(詳定古今禮文)』 50권을 1234년(고종 21)에 금속활자로 찍어냈다는 기록이 있어 이것이 세계 최초의 금속활자본으로 추정되지만, 이 책은 불행하게도 현재 전해지지 않는다.

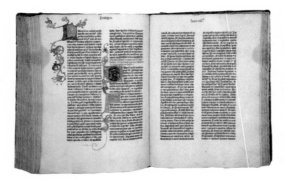

구텐베르크가 가장 먼저 출판한 활자본 『42행 성서』. 유럽 최초의 금속활자 인쇄물이라는 것이 믿어지지 않을 정도로 기술적으로 뛰어나며 예술품이라 할 정도의 아름다움을 자랑한다.

1450년경에 구텐베르크가 금속활자를 이용하여 처음 책을 찍은 이후 이 기술은 곧 유럽 전역으로 퍼져갔다. 1500년에는 벌써 유럽의 236개 도시에 인쇄기가 설치되어 3만 종의 책이 10개 이상의 언어로 출판됐으며, 이때까지 나온 책은 2천만 권에 달했다.

그 후 출판량은 더욱 크게 늘어서 16세기 100년 동안 모두 20만 종의 책이 2억 권 정도 출간된 것으로 추산된다. 이 정도의 출판물이면 유럽 전역에 책이 보급됐다고 보아도 무방할 정도다. 또 당시까지도 책을 읽는 습관은 여러 사람이 모여 낭독하는 것이 원칙이어서, 어느 마을에 책이 한 권 있다는 것은 곧 그곳 사람들 다수가 그 책 내용을 알고 있다고 볼 수도 있다. 이런 점까지 고려하면 유럽의 인쇄술은 책의 보급이라는 점에서 진정 '혁명적'이었다고 해도 과언이 아니다.

사실 활판인쇄 이전에 책을 만드는 필사筆寫 과정을 보면 인쇄술이 얼마나 위대한 발명인지 알 수 있다. 중세 시대에는 책의 필사를 주로 수도원에서 담당했다. 필사를 맡은 수도사는 양피지를 판판하게 고르고 줄을 잘 맞춘 다음 뾰족하게 깎은 깃촉 같은 것으로 한 자 한 자 옮겨 적어갔다. 그렇게 책 한 권을 다 베끼는 일이 얼마나 힘든지, 수도사

금속활자체 보관함과 식자용(植字用) 스틱. 컴퓨터 조판이 일반화된 현재는 이와 같은 고전적인 조판 방식은 거의 사라져버렸다.

들이 하는 일 가운데 필사가 가장 고된 것이라고 알려져 있을 정도다.

책만이 아니라 신문의 발행 역시 주목할 만하다. 1605년에 상업 관련 기사를 실은 정기적인 신문이 창간됐고, 1693년에는 영국에서 최초의 여성 잡지가 보급됐으며, 1702년에는 최초의 일간신문이 발행됐다. 1753년에 영국의 출판업자들은 매일 2만 부의 신문을 판매했다.

에스파냐 왕실은 1476년부터 국가의 공식적인 결정 사항들을 신속하게 전달하기 위해 인쇄기를 적극 활용했지만 오스만 제국과 무굴 제국 등 아시아의 대국들은 계속 필경사에 의존했다. 무슬림 국가들은 신성한 『쿠란』을 인쇄기로 찍는다는 것을 신성모독으로 치부해서 오랫동안 인쇄술을 거부했다.

1450년 이후 인쇄술을 적극 활용한 유럽은 지식과 정보 면에서 세계의 나머지 지역과 확연히 구분됐다. 아마도 이것이 근대에 유럽이 앞서간 중요한 원인 중 하나일 것이다.

신이 만든 사막의 배

인간의 삶에 큰 영향을 미친 동물들이 많이 있지만 그 가운데 특기할 만한 사례로 낙타를 들 수 있다.

다소 놀라운 이야기일지 모르겠지만, 원래 낙타는 북아메리카가 원산지다. 진화 초기에는 토끼만 하던 이 동물Protylopus이 어떻게 해서 오늘날과 같은 모습의 동물로 변했는지는 미스터리다. 지금부터 약 1만 3천 년 전까지 지속됐던 소빙하기에 해수면이 현재보다 크게 낮아져서 오늘날의 베링 해협이 베링기아Beringia라 불리는 육로가 되어 알래스카와 시베리아 동부 지역이 연결됐을 때 낙타가 시베리아 쪽으로 들어왔다. 이때 낙타의 모습이 어땠는지, 예컨대 혹이 하나였는지 둘이었는지는 불확실하다. 아마도 원래 쌍봉낙타camel였다가 그중 더운 지방으로 들어간 것들이 단봉낙타dromedary로 진화해가지 않았을까 생물학자들은 추론하고 있다.

그 후 정작 북아메리카에서는 낙타가 멸종됐던 반면, 아시아에 들어온 낙타는 어렵사리 적응하여 살아남았다. 낙타는 다른 포식동물들

아시아의 추운 스텝 지역에서 사는 쌍봉낙타(왼쪽)와 더운 사막 지역에서 사는 단봉낙타(오른쪽).

을 피해 일부러 열악한 환경 속에서 생존하는 전략을 사용한 셈인데, 이런 특성을 인간이 이용하여 사막과 초원 지대의 짐바리 짐승으로 부리게 된 것이다.

낙타를 사용하는 데에 결정적인 계기는 200년경에 낙타의 혹을 에워싸는 높은 안장이 발명된 것이다. 사실 이 출렁거리는 혹에다가 안장을 얹어 짐을 옮기도록 만드는 것은 보통 난제가 아니었다. 오죽하면 '인간이 만든 가장 똑똑한 물건이 바퀴이고, 신이 만든 가장 멍청한 물건이 낙타'라는 말이 있을까. 하여튼 어렵게 개발된 이 방식은 아라비아 반도와 그 인근 북아프리카 지역에서 처음 사용됐다가, 그 후 무슬림 군대가 광범위한 지역으로 확장해가면서 널리 전파됐다. 낙타는 마차가 다니지 못하는 좁은 길, 늪지와 거친 돌길까지 가리지 않고 다닐 수 있었기 때문에 이슬람권의 여러 지역에서는 오히려 도로 상태가 나빠졌고 바퀴 달린 마차가 사라질 정도가 됐다.

낙타의 장점은 물론 물과 먹을 것이 부족한 열악한 조건에서도 잘 버틴다는 점이다. 잘못 알려져 있는 것처럼 낙타의 등에 있는 혹은 물을 보관하는 용도가 아니라 지방 덩어리여서 낙타는 오래 먹지 않아

비단길을 따라 파미르 고원을 횡단하는 대상(隊商) 행렬과 낙타들.

도 이것을 이용해 생존할 수 있다(오래 굶으면 이 혹이 점점 작아져서 아예 없어지며, 다시 먹으면 혹이 생겨난다). 낙타는 다른 동물들이 도저히 먹을 수 없는, 가시 있는 식물도 먹을 수 있다. 또 신장 기능이 뛰어나 소금 물까지도 마실 수 있고, 다른 동물이라면 적혈구가 파괴되어 죽을 정도인 100리터 이상의 물을 한번에 마실 수 있다. 혈액이 아니라 체내 조직에 물을 임시 보관하는 기능이 있기 때문이다. 발은 모래 위를 걸을 수 있도록 진화했고, 모래바람이 불어도 눈이 상하지 않도록 눈썹도 발달했다. 이런 장점 때문에 낙타는 중앙아시아와 사하라 사막 지역의 핵심적인 교통수단이 됐다.

낙타의 용도는 매우 다양하다. 기원전 3000~2500년경에 아라비아에서 단봉낙타의 가축화가 시작된 것으로 보이는데, 이때 첫 용도는 낙타 젖을 얻는 것이었다. 그러다가 곧 사람이 타거나 짐을 싣고, 수레와 쟁기를 끄는 데 사용했으며, 고기와 털도 이용했다. 그 가운데 특히 중요한 것은 수송이 어려운 먼 지역 간 소통을 가능케 해주었다는 것이다.

19세기에 기차가 등장하기 전까지 유라시아-아프리카 대륙의 문명권들과 그 주변 지역을 연결하는 일은 '사막의 배'라고 불리던 낙타가 없이는 불가능했다. 게다가 더운 사막 지역에서는 단봉낙타가, 추운 스텝 지역에서는 쌍봉낙타가 적응하여 일을 하는 '세계적인 낙타의 분업'이 이루어지고 있었으니, 사람들은 이를 신의 섭리로 해석했다. 현재의 관점에서는 한 마리당 약 50킬로그램 정도(과거 역사 시대의 단봉낙타의 경우)에 불과한 수송량이 가소로운 정도로 보이지만, 아랍 지역·인도·중국·북아프리카·중앙아시아 등 여러 지역 간의 경제적 혹은 문화적 교류가 진행된 것은 거의 전적으로 낙타 덕분이었다. 낙타는 우리 역사와는 큰 인연이 없었지만, 세계사적인 관점에서 보았을 때 여러 문명이 서로 영향을 주고받으며 발전해나가는 데에 결정적인 공헌을 했다.

풍차

환경의 시대에 다시 주목하는 새로운 에너지원

역사 기록상 가장 오래된 풍차는 9세기에 페르시아 동부 지역에서 사용됐던 것이다. 그 후 유럽에서는 12세기 후반부터 프랑스 북부, 영국, 플랑드르 지방에서, 그리고 중국에서는 13세기에 금나라에서 풍차가 있었던 것으로 알려져 있다. 그렇다면 풍차는 페르시아에서 가장 먼저 만들어진 후 동서 양쪽 방향으로 전파된 것일까. 그렇게 판단하기에는 한 가지 문제가 있다. 중국의 경우에는 페르시아 풍차와 마찬가지로 풍차의 중심축이 수직으로 되어 있지만, 유럽의 경우에는 이 축이 수평으로 되어 있어서 기술적으로 전혀 다른 구조다. 따라서 페르시아식 풍차가 들어와서 개량된 것인지 아니면 유럽에서 독자적으로 개발된 것인지 명백히 밝혀지지 않았다.

유럽 각국에서 풍차가 널리 쓰일 수 있었던 이유는 지리적 요인에 의해 강한 바람이 일정한 방향으로 불어서 풍력을 이용하는 데에 유리하기 때문이었다. 대서양 연안 지역에서는 편서풍이 일년 내내 불고, 지중해 지역에서는 미스트랄mistral이라 불리는 강한 북풍이 분다. 이

네덜란드의 스히담에 있는 풍차. 네덜란드에서는 풍차마다 고유의 별명을 가지고 있는 경우가 많은데, 이 풍차는 낙타(de kameel)라고 불린다.

런 바람을 이용하여 얻는 에너지는 생각보다 강력하다. 17세기에 네덜란드의 풍차는 날개가 찢어지지 않도록 하기 위해 최대 회전수를 1시간에 1,433바퀴, 즉 1분에 24바퀴 이상 돌지 못하게 조절했다. 이는 시속 108킬로미터에 해당하는 속도인데, 이런 속도로 12미터의 날개가 돌면서 내는 힘은 결코 무시할 수준이 아니었다. 풍차는 곡물의 제분과 늪지의 배수에 많이 이용됐고, 더 나아가서 염료 물질을 가공하거나 목재를 켜는 등의 작업에도 사용되어 산업혁명 이전 시대의 공업 발전에 적지 않은 공헌을 했다.

'풍력 터빈wind turbine'이라는 이름으로 풍차가 다시 등장한 것은 1980년대. 석유나 석탄 같은 화석 연료의 고갈 위험과 공해 문제 때문에 새로운 에너지원 중 하나로 풍력 발전이 제시된 것이다. 특히 미국의 캘리포니아에는 곳곳에 수십 대의 거대한 풍차들이 돌아가는

풍력 터빈. 해상 풍력 발전을 위해 바다에 건조됐다.

장관을 연출하고 있다. 현재까지 알려진 최대 규모의 풍력 발전기는 독일의 에네르콘사가 개발한 에네르콘 E-126으로, 높이 198미터, 날개 지름 126미터이며, 7.58메가와트까지 전기를 생산할 수 있다. 현재 세계 여러 회사가 10메가와트 발전 능력을 가진 터빈 생산을 목표로 삼고 있다.

우리나라에서도 대관령에서 발전용 풍차를 볼 수 있다. 그러나 지리적 여건 때문에 날개가 돌다 말다 하는 광경을 보니, 막대한 비용이 투입된 이 사업에 대해 걱정이 앞선다. 우리 실정에 맞는 개선책은 없을까. 한 가지 제안은 서남 해안에 해상 풍력 발전기들을 건설하자는 것이다. 이를 소개하면 다음과 같다.

해상 풍력 발전으로 우리나라 전력 수요의 70퍼센트를 감당할 수 있다. 이를 위해서 바람이 센 한반도 서남 해안에 5메가와트짜리 풍력 터빈 3만 개를 설치한다. 풍속이 초속 7미터 이상인 해상 풍력 발전소에서 바람개비가 24시간 돌아가고 발전 효율은 40퍼센트라고 가정하자. 이 경우 1만 대의 풍력 발전기에서 연간 생산 가능한 에너지는 41만 3천Toe(Tonne of Oil Equivalent. 원유 1톤과 동일한 에너지의 양)다. 3만 대의 풍력 발전기로는 약 1억 2천만Toe의 전력을 생산할 수 있다. ……서남 해안에서 풍력 발전 적지로 꼽히는 풍속 7m/s 이상 지역은 50만 헥타르 정도다. 적지 내에 있는 섬과 한려해상국립공원 등 보호 지역과의 관계, 그리고 해저면의 상황에 따라서 풍력 발전기의 정확한 위치를 선정하는 일만 남았다. 생태적으로 민감한 지역에는 부유식 발전기를 설치하면 된다.

—김성일, 『솔루션 그린』, 메디치미디어, 2011, 109~110쪽.

마취

고통에서 인류를 구해낸
고마운 기술

치과 치료를 받다 보면 마취술이 발전하지 않았을 때에는 사람들이 얼마나 고생했을까 하는 생각이 든다. 한국전쟁 당시 마취제가 떨어진 전장에서 부상병의 목숨을 구하기 위해 할 수 없이 쇠사슬로 묶고 수술을 했다는 전설적인 이야기를 들으면 온몸이 오싹해진다. 실제로 예전의 전장에서는 오늘날의 수술과는 비교할 수 없이 열악한 수준의 처치로 인해 많은 병사들이 목숨을 잃거나 심각한 후유증에 시달렸다. '이발사 수준'의 외과의가 환자를 '기절'시켜놓고 팔다리를 자른 후 남은 살을 대충 꿰맨 다음 수술 부위를 불로 지져놓는 방식이었으니 오죽하랴.

고대부터 세계 각 지역에서 통증을 없애고 치료를 하는 여러 전통적인 방식이 알려져 있었다. 아편이나 각종 허브들, 혹은 알코올이나 향료 물질들이 사용되기도 하고, 침을 이용하기도 했다. 『삼국지』에는 관운장이 독화살을 맞은 상처를 치료하는 장면이 나온다. 상처를 살펴본 명의名醫 화타華陀는 독이 뼈에까지 침투했으니 살을 째고 뼈를

전설의 명의 화타(왼쪽)와 화타가 팔뼈를 칼로 긁으며 수술하는 동안 태연하게 바둑을 두는 관운장
(오른쪽).

칼로 긁어 독을 제거해야 한다고 말한다. 이때 화타는 환자가 너무
고통스러워할 테니 몸부림치지 못하도록 몸을 묶고 시술하자고 한다.
그러나 관운장은 껄껄 웃으며 괜찮다고 말한다. 화타가 칼로 뼈를 긁
어낼 때 빠드득빠드득하는 소리가 어찌나 큰지, 이를 지켜보는 주변
사람들의 얼굴이 공포에 질려 사색이 되지만 관운장 자신은 태연하게
바둑을 둔다. 관운장이 아무리 담대한 장수라 해도 그렇지 그런 상황
에서 마취 없이 고통을 참는 것은 불가능하다. 이 시술을 한 것으로
알려진 화타는 그 이름으로 미루어볼 때 인도 출신으로 보이며, 아마
도 인도의 전통 의학인 아유르베다식으로 부분 마취를 하지 않았겠느
냐고 해석하기도 한다.

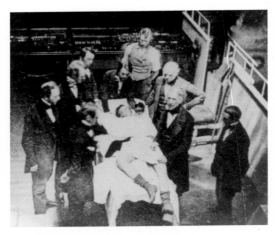

최초의 근대적 마취 시연. 1846
년 10월 16일 미국의 매사추세
츠 주 일반 병원에서 윌리엄
모턴이 환자에게 에테르를 흡
입하게 한 후 존 콜린스 워런
이 종양 제거 수술을 했다.

　최초의 근대적인 마취 시술에 대해서는 여러 이론異論이 있지만, 대개 1846년 10월 16일에 윌리엄 모턴William Morton(1819~68)이라는 치과의사가 미국의 매사추세츠 주 일반 병원에서 에테르를 이용한 마취를 공개 시연한 것을 시초로 든다. 보름 전에 모턴은 환자에게 에테르를 흡입하게 한 후 고통 없이 이를 뽑는 데에 성공했는데, 이 소식이 신문지상에 보도되자 의학계에서 이 방법을 공개적으로 실험해보기로 한 것이다. 모턴이 환자를 마취시킨 후 존 콜린스 워런John Collins Warren(1778~1856)이라는 외과의사가 목의 종양을 고통 없이 제거하는 데 성공했다. 워런은 마취anesthesia('감각을 없게 한 상태'라는 뜻)라는 용어도 제안했다. 그 이후 이 시술법이 빠르게 보급되어갔고, 여러 의사의 노력 끝에 오늘날의 안전한 마취법이 개발되기에 이르렀다. 관운장 같은 담력을 갖추어 치과 치료를 하면서도 스마트폰으로 게임을 할 능력이 없는 바에야 근대 과학 발전의 고마운 성과 중 하나인 마취술에 감사의 마음을 가져야 할 터다.

생명의 필수품에서
혁명의 도화선으로

소금은 사람의 생명 유지에 필수불가결한 물품이다. 사막을 건널 때 물 부족만큼이나 위험한 것이 소금 부족이라고 한다. 그래서 낙타를 몰고 사하라 사막을 건너는 대상隊商은 물이 나는 곳과 함께 암염이 나는 곳 혹은 소금을 숨겨둔 곳을 잘 기억하고 여행을 해야 한다. 바닷가에서 먼 내륙 지방에 사람들이 거주하는 경우에는 암염 광산이 가까이 있거나 그렇지 않으면 소금 장사꾼들이 닿을 수 있어야만 한다. 과거의 권력 당국은 이처럼 소금 공급이 필수불가결하다는 사실을 이용해 세금을 걷었다. 국가의 입장에서 보면 소금 거래에 소비세를 부과하는 것만큼 손쉬운 징세 방법이 없었던 것이다.

사실 생산 원가로만 따지면 소금은 아주 싼 물품이어야 하지만 높은 세금이 붙다 보면 가격이 천정부지로 뛸 수밖에 없다. 프랑스의 경우 1630년에는 소금 가격이 생산비의 14배였으나 1710년에는 140배가 됐다. 가벨gabelle이라 불리던 염세鹽稅는 늘 서민들에게 원망의 대상이었다. 높은 세금은 자연히 암거래와 관리의 부정부패를 초래했

독일의 작센안할트 지방의 할레 시에서 암염을 생산하는 모습(1670). 할레(Halle)라는 말 자체가 고어(古語)로 소금을 가리킨다.

다. 지역마다 세율이 다르다는 것이 문제의 원인이었다. 포-소니에faux-sauniers라 불린 소금 밀수업자는 세금이 적게 부과되어 가격이 싼 지역에서 소금을 사다가 가격이 비싼 지역으로 가져가서 팔되 공식 가격보다는 낮은 가격에 팔아 큰 이윤을 남길 수 있었다. 이에 맞서 당국은 범법자를 잡기 위해 혈안이었고, 또 가혹하게 처벌했다. 무장한 포-소니에는 사형감이었고, 무장하지 않았으면 갤리선의 도형수가 됐다. 밀수한 소금을 밀거래한 사람들 역시 엄벌에 처했다.

프랑스혁명이 일어나기 4년 전인 1785년에 알비주아 지역에서 암거래를 하다가 붙잡힌 푸르니에라는 사람은 200리브르라는 거액의 벌금에다가 "형리가 허리까지 옷을 벗긴 다음 대로를 끌고 다니다가 공공장소에서 채찍질을 한 다음 광장에서 오른쪽 어깨 위에 달군 쇠로 대문자 'G'의 낙인을 찍히는" 처벌을 받았다. 'G'는 갤리선galley을 뜻하는 것으로, 다음번에 다시 걸리면 평생 갤리선에서 노를 저어야 한다는 의미였다. 염세에 항의하는 농민들의 봉기도 끊이지 않았으나, 이에 대해서도 당국은 심지어 주동자를 사형에 처하면서까지 억압하려고만 했다.

프랑스군의 원수였던 보방Sébastien Le Prestre Vauban(1633~1707)은 심각한 조세 문제의 해결 방안을 논하는 책을 썼는데, 그 안에는 이런 내용이 나온다.

팔다리의 상처로 인해 몸이 고통받으면 머리 또한 고통받지 않을 수 없다. 만약 고통이 재빨리 머리(즉 국왕)에 이르지 않으면 괴저병에 걸린 것과 같다. 그 병은 조금씩 신체를 잠식해서 온갖 부위를 부패시키다가 심장에 이르러 목숨을 앗아갈 수도 있다. 국왕은 백성에게 필수품을 박탈할 정도의 과중한 부담을 안겨서는 안 된다.

—『국왕 십일조 세안, 1707』.

이 글은 마치 프랑스혁명을 예견한 것처럼 보인다. 결국 '세금의 민주화'가 이루어지지 않은 것이 혁명의 도화선이 되고 말았다.

가벨은 프랑스혁명이 한참 진행 중인 1790년에 폐지됐다가 나폴레옹에 의해 1806년 재도입됐고, 그 후 1945년에 가서야 완전히 사라졌다.

어느 것이 더 큰 축복일까

20세기에는 석유 자원을 놓고 격렬한 투쟁이 벌어졌지만 21세기에는 물이 가장 심각한 투쟁의 대상이 될 것이라고 많은 전문가들이 예측한다. 사우디아라비아는 세계에서 가장 풍부하게 석유가 매장된 나라이지만 동시에 지구상에서 수자원이 가장 빈약한 나라이기도 하다. 따라서 이 나라의 미래는 현재 풍부하게 벌어들이는 오일달러를 이용해 어떻게 장기적으로 지속 가능한 수자원을 확보하느냐에 달려 있다고 해도 과언이 아니다.

강이나 호수가 없는 이 나라에서는 오랫동안 지하수를 퍼내 사용해왔다. 이것은 우물이나 오아시스에서 쉽게 끌어낼 수 있는 얇은 대수층帶水層(aquifer)에서 나온 물이다. 이는 빗물로 다시 채워지지만, 이렇게 얻는 물로는 소수 인구의 최저생활만 겨우 부양할 수 있을 뿐이다. 그런데 지표면 아래 깊은 곳에 엄청난 규모의 화석수化石水 대수층이 발견됐다. 이는 이 지역의 기후가 훨씬 습했던 3만 년 전부터 장구한 세월 동안 지하로 흘러들어가 쌓인 원시의 물이다.

이 나라는 석유 호황으로 벌어들인 자본으로 이 대수층을 대규모로 채굴했다. 한번 꺼내 쓰면 채워지지 않는 귀한 자원을 빼내서 사막 지대에 화려한 분수대를 갖춘 푸른 골프장을 만드는 식으로 흥청망청 썼다. 서방 국가들의 식량 무기화 위협에 직면하자 사우디아라비아 왕실은 지하수를 무상으로 제공하여 사막에 물을 대 곡물을 재배함으로써 식량 자립을 이루었을 뿐 아니라, 1980년대 중반부터는 세계적인 곡물 수출국이 됐다. 그러나 곡물의 생산비는 국제시장 가격보다 5배나 비싼 수준이었다. 이때부터 매년 콜로라도 강의 유량만큼의 물을 뽑아 쓰다 보니 2005년이 되자 사용 가능한 대수층의 60퍼센트가 고갈됐다.

뒤늦게 문제의 심각성을 깨달은 사우디아라비아는 물의 효율적 사용 방안을 강구하기 시작했다. 1990년대부터 보조금을 대폭 삭감하여 고갈의 속도를 늦추긴 했으나 완전히 중단시키지는 못했다. 밀 생산량은 과거의 최고 생산치와 비교했을 때 70퍼센트나 감소했다고는 하지만, 여전히 도시에서 사용되는 용수의 절반과 농업용수의 70퍼센트 이상을 화석수로 충당하고 있다.

현재 이 나라는 말하자면 석유를 물로 전환하는 여러 방식을 시도하고 있다. 그중 하나가 바다를 담수화하는 것이다. 동부 해안에 건설한 담수화 설비에서 사실상 공짜나 다름없는 석유 에너지를 이용해 재생 가능한 담수를 생산하고 있지만, 그 양은 2500만 명의 사우디아라비아 국민이 이용하는 천연 화석수의 극히 일부에 해당한다. 이런 정도의 노력으로는 근본적인 문제 해결이 요원하다. 유제품에 맛을 들인 사우디아라비아 국민들이 소비할 소의 사료를 재배하기 위해 사우디아라비아 농부들은 물 소비가 밀의 네 배나 되는 알팔파를 계속 재배하고 있다. 도시에서 사용되는 용수도 거의 재활용되지 않고 있다. 주택의 3분의 2가 하수 처리 공장과 연결되어 있지 않아 하수 오염물질이 표층 지하수에 흘러들어가 그렇지 않아도 심각한 물 부족 사태를 더욱 악화시키고 있다. 이런 속도로 진행될 경우 빠르면 2025년에 아라비아 반도의 대수층은 바닥을 드러낼 것이다.

서서히 사우디아라비아의 석유 황금 시대의 종말이 가까워오고 있다. 석유 채굴이 한계에 도달하면 사우디아라비아인들은 석유보다는 물이 인간에게 훨씬 중요한 자원이라는 사실을 알게 될 것이다. 그리고 지난 시대에 우리는 석유가 한 방울도 나지 않는 나라에 산다고 한탄했지만, 조만간 물이 풍부한 우리나라야말로 실로 복 받은 나라라는 사실을 깨닫게 될 것이다.

중국 역사의 성쇠를 가르는 지표

　중국사에서 결정적 전환점이 된 사건 중 하나는 7세기 초에 대운하가 완공된 일이다. 물론 그 이후에 계속 운하를 개수하고 확대하여 이 공사가 끝난 것은 14세기였다. 처음 운하 계획을 세운 동기는 진시황이 기원전 219년에 월越나라 정복을 위해서 남방으로 파견된 진나라군에게 보급을 원활하게 하기 위해서였다.

　황제는 지휘관인 조타趙佗와 도휴屠睢에게 누선樓船(갑판에 성채가 있는 배)에 병사들을 태우고 남방으로 가서, 월나라의 100여 종족을 정복하게 했다. 황제는 또한 장관인 사록史祿에게 운하를 개척하도록 명하여, 월나라의 영역까지 멀리 곡물을 보급할 수 있도록 했다.

　　　　　　　　　　　　—로버트 템플, 조지프 니덤 엮음, 과학세대 옮김,

　　　　　　　『그림으로 보는 중국의 과학 문명』, 까치글방, 2009, 198쪽.

상하이上海 남쪽의 항구도시 항저우杭州로부터 북쪽의 베이징北京에 이르기까지 1,500킬로미터가 넘는 대운하는 인간이 만든 가장 긴 수로다. 미국 뉴욕에서 플로리다까지의 거리에 해당하는 1,770킬로미터의 엄청난 길이(서울에서 부산까지 세 배가 넘는 길이)를 깊이 3~9미터, 최대 9미터 폭의 수로로 연결하고, 또 60개의 교량과 24개의 갑문을 설치해서 해발고도의 차이와 수위를 조절했다. 중국의 운하는 산세山勢를 이용하여 등고선을 따라 건설했으므로 상당히 평평했다. 9세기에는 18개의 낙수 방식 수문flash-lock이 설치되어 수면 높이와 물의 흐름을 조절해서 배를 끄는 인부 수를 줄였다. 10세기 이후에는 복식 수문pound-lock으로 개조됐다. 유럽의 경우를 보면 17세기에 프랑스에서 이와 비슷한 운하를 건설하기 시작했지만 그 운하들의 길이는 전부 합해야 240킬로미터에 불과했고, 18세기 말까지도 프랑스의 모든 운하의 총 길이는 1,014킬로미터였다.

중국에서 대운하를 건설하는 데에는 만리장성을 쌓는 것보다도 더 많은 인력이 필요했다. 이 토목사업에 동원되어 맨손에 삽 하나로 일을 하다가 목숨을 잃은 사람이 수십만 명이었다고 한다. 그런 희생을 치르며 완성된 운하는 남쪽의 창장長江과 북쪽의 황허黃河를 연결했고, 그 덕분에 성격이 완전히 다른 두 경제권인 강남 지역과 북부 지역을 연결할 수 있게 됐다. 무엇보다도 양쯔 강揚子江 유역의 쌀이 운하를 통해 북쪽의 베이징과 그 너머의 변경 지대로 운송되는 것은 중국 전체의 안정적 통치에 핵심적인 사안이었다. 중국이 광대한 지역의 다양한 생산 자원들을 통제하고 자체 군사 방어 능력을 갖춘 제국으로 통합되는 데에 대운하가 결정적 역할을 했다고 해도 과언이 아니다. 이와 동시에 중국이 바다를 포기하고 내륙으로만 향하게 되어서 근대 이후 쇠퇴의 길에 들어서게 된 것 역시 장기적으로 보면 대운하에 기인

영국의 화가 윌리엄 알렉산더가 1792~94년 사이에 그린 대운하.

한 바가 크다고 할 수 있다.

대운하는 중국 역사의 성쇠를 가리키는 일종의 지표다. 운하가 끊어지고 수리 불능 상태에 빠진다는 것은 곧 정치적 무능력과 경제적 쇠퇴를 말해주고, 반대로 운하를 연장하는 것은 내부적인 안정과 성장을 의미했다. 유럽에서는 최근대까지도 한쪽 지역에서 풍년이 들고 다른 쪽에서 흉년이 들었을 때 남아도는 곡물을 부족한 지역으로 옮기는 것이 쉽지 않아 지역적인 대참사를 겪은 데 반해, 청나라에서는 비교할 수 없이 효율적인 구호체계를 운영할 수 있었던 것도 대륙을 남북으로 관통하는 운하 덕분이었다.

창장 본류와 한장漢江 사이를 연결하는 67.2킬로미터의 운하 건설사업이 얼마 전 개시된 것도 이런 맥락에서 보면 흥미롭다. 현 중국 정부 수립 후 건설되는 최대 규모의 이 운하는 내륙 운송의 활성화 외에도 북부 지방의 물 부족 현상을 완화하기 위해 창장의 물을 북부의 황허, 화이허淮河, 하이허海河 등 3개 강으로 돌리는 세계 최대 규모의 수리 공사인 남수북조南水北調 공정의 일환이다. 그러나 이 거대한 토목 사업이 어떤 결과를 가져올지에 대해서는 우려되는 바가 크다. 현재 황허의 물은 음용수로 쓸 수 없을 정도로 오염이 심한데, 남수북조 공정이 진행되면 중국 남부의 강들마저 오염될 가능성이 높다고 환경학자들은 지적한다. 수로 건설 지역의 농민들이 자신이 살던 곳을 떠나 다른 지역으로 옮겨가거나 건설 노동자로 투입되는 것도 큰 불만을 사고 있다.

중국의 역대 왕조는 안정 단계에 들어서면 늘 대규모 치수 사업을 벌였다. 남수북조 공정 역시 그러한 고대 제국의 논리를 연상시킨다. 이 사업의 아이디어는 1950년대에 마오쩌둥毛澤東(1893~1976)이 처음 제안했다. 당시 마오쩌둥은 "남부에는 물이 풍부한 반면 북부엔 물이 부족하니 가능하다면 남부 물을 조금 빌려올 수 있을 것"이라고 말했다. 1990년대에 중국이 극심한 가뭄 피해를 입은 후 이 아이디어가 되살아나 논의를 거친 끝에 본격 추진하게 됐다. 그러나 이 거대 사업은 사회적·환경적 영향을 충분히 검토하지 않고 이루어져서 과연 어떤 결과를 초래할지 관심 있게 지켜보아야 할 일이다.

천년 제국의 멸망을 보는
또 다른 시각

로마 제국은 왜 멸망했을까. 이것은 역사학의 고전적인 질문이지만, 사실 로마 제국이 왜 멸망했는지 묻기보다는 왜 그토록 오랫동안 망하지 않고 버틸 수 있었는지 묻는 것이 더 타당할지 모른다. 신화상의 시대나 왕국은 차치하고 로마 공화국부터 따지면 고대 로마는 약 500년 정도 공화정으로 존속했고, 아우구스투스 이래 다시 500년 가까운 세월 동안 제정으로 존속했으니, 무려 1천 년 가까이 유지된 것이다. 제국 말기에는 유럽 대륙과 아프리카 북부 지역을 포괄하는 거대한 영토를 지배했는데, 당시 교통수단이나 인구 수준을 고려하면 똑같은 크기의 영토라 하더라도 오늘날에 비하면 훨씬 더 관리하기가 어려운 광대한 제국이었다. 그러니 이 공룡과 같은 거대 제국이 말년에 심각한 중병을 앓으면서도 그토록 오래 버틴 것이 오히려 이상한 일이라 할 수 있다.

하여튼 사망진단서에 기록할 만한 구체적 사인死因이 무엇인지에 대해서는 그동안 많은 설이 제기됐다. 노예제 대농장(라티푼디움)의 비효

에스파냐의 타라고나 지방에 남아 있는 고대 로마의 수로(스페쿠스specus) 유적.

영국의 바스 지방에 남아 있는 고대 로마의 납 수도관.

율성과 노예 공급의 중단으로 경제가 전반적으로 불황에 빠진 점, 기독교를 비롯한 외래 종교의 전파로 군인들의 강건한 상무정신尙武精神이 쇠퇴한 점, 국가 기구가 비대해진 데다가 과도한 세금과 인플레이션으로 민생이 파탄난 점 등이 흔히 거론되는 요소들이다.

그런데 이와 같은 망국의 원인들의 목록에 한 가지 특이한 요소를 더할 수도 있다. 미국의 한 학자가 시민들의 납 중독을 중요한 요소로 거론한 것이다. 로마의 상층 계급 사람들은 음식을 조리하는 데 청동 그릇 대신 납으로 된 그릇을 사용했고, 배수관과 물 단지도 납으로 만들었으며, 화장품·약·염료를 만드는 데에도 납이 많이 들어갔다. 특히 포도주를 잘 보존하고 단맛을 더 내기 위해 내부를 납으로 입힌 단지 속에 포도즙을 넣고 끓여서 맑은 액을 건져내어 포도주에 첨가했는데, 이런 과정에서 상층 계급 사람들은 상당히 많은 양의 납을 흡수하게 됐다고 한다.

로마 시대에 사용됐던 납으로 만
든 수도 시설.

체내에 하루 1밀리그램 이상의 납이 흡수되면 변비와 식욕 감퇴, 수
족 마비부터 시작해서, 남자들의 불임, 임신부의 유산 등이 유발될 수
있다. 그리하여 몇 세대에 걸쳐 서서히 집단적으로 납 중독에 걸린 상
층 계급이 높은 사망률과 낮은 출생률을 보이게 됐다는 것이다. 이탈
리아 동부의 권력 핵심 지역인 라벤나 같은 곳에서 이런 현상이 특히
심했다고 한다. 변방에서 이민족의 압박이 점차 거세졌지만 사회 지도
층 인물들이 서서히 사라져가면서 로마는 내부의 활력을 상실해갔고
그 결과 위기에 효과적으로 대응할 수 없었다. 4세기 말에 이르면 밀
라노 주교인 암브로시우스Ambrosius(340?~397)는 주변에서 볼 수 있는
것이라고는 "반쯤 파괴된 도시들에 널린 시체들뿐"이었다고 한탄했다.

납 중독이라는 하나의 요소로 로마 제국의 멸망을 전부 설명할 수는
없지만 그렇다고 전적으로 무시할 수도 없어 보인다. 복잡다기한 역사
현상의 이면에는 이처럼 예기치 않은 흥미로운 측면들이 숨어 있다.

인류에게 닥쳤던 최악의 재앙

　19세기 후반은 기상 악화로 인해 세계 각지에 극심한 재앙들이 들이닥쳤던 시기다. 1876년부터 1879년까지 무려 4년 동안 계절풍이 불지 않아 아시아 여러 지역에 역사상 유례를 찾을 수 없을 정도로 심각한 가뭄이 들었다. 거의 1천만 명(!)의 아사자가 발생한 것으로 추정되는 인도가 가장 큰 피해를 보았지만 자바, 필리핀, 한국, 브라질, 남아프리카, 마그레브에서도 가뭄과 기근이 보고됐다. 1889년부터 1891년 사이에 다시 인도, 한국, 브라질, 러시아, 아프리카에 기근이 닥쳤다. 이때 수단과 에티오피아에서는 전체 인구의 3분의 1이 사망했다고 한다. 다시 1896년부터 1902년에 열대 지방 전역과 중국 북부에 계절풍이 불지 않아 극심한 가뭄과 기근이 발생했다. 세 번에 걸친 이 재앙으로 전 지구적으로 죽은 사람의 수는 적게는 3천만 명, 많게는 5천만 명으로 추산된다. 이는 인류 역사상 최악의 재앙 중 하나임이 틀림없다. 이런 현상이 지역 단위가 아니라 전 지구적인 차원에서 공통적으로 일어난 일이며, 엘니뇨라 불리는 기상 현상과 관련이 있다는 사실은 최근에야 확인됐다.

기근의 현장은 한 편의 지옥
도를 연출했다. 1877년 인도
마이소르에서는 굶주린 여성
들과 아이들이 들판에서 이삭
을 주워 모으려다가 낙인이 찍
히고 고문당했으며 코가 잘리
거나 심지어 살해당했다. 폭도
들은 지주들과 촌장들을 공격
했고 곡물 창고를 약탈했으며,
심지어 가족들을 산 채로 불태

1877년 인도 방갈로르 지방에서 구호식량을 기다
리는 주민들의 모습

워 죽이기까지 했다. 굶다 못해 정신이 이상해지면서 식인食人 행태가
벌어지기도 했다. 당대 기록에 의하면 "미친 사람 하나가 무덤을 파헤
쳐 콜레라로 죽은 사람의 시신을 먹었고, 또 다른 사람은 아들을 죽여
그 시체를 먹었다"고 한다.

1877년 중국 산시성山西省의 참상 또한 말로 하기 힘들 정도다. 성
사省史에는 다음과 같이 기록되어 있다.

사람 해골이 길에 놓여 있었다. 평균적으로 봐서 크기가 큰 현은 10
만 명에서 20만 명이 사망했고, 작은 현에서도 5만~6만 명이 죽었다.
시체를 처리하는 유일한 방법은 커다란 구덩이를 파는 것이었다. 그 구
덩이들은 오늘날에도 '만인묘萬人墓'라 불린다. 죽은 아이들은 우물에
던져 넣었다.

1877~78년 인도에 대기근이 닥쳤을 때 굶주림에 시달리는 가족의 사진.

　사람들은 이웃들의 시신으로 연명했고, 사람 고기가 노상에서 공개적으로 팔리고 있었다. 부모들이 친자식을 차마 죽일 수 없어 아이들을 교환하여 잡아먹었다. 남편이 아내를 먹고, 자식이 부모를 먹었다.

　그러나 이처럼 엄청난 재앙의 원인을 전적으로 자연재해에만 돌릴 수는 없다. 극히 일부 지역만 제외하면 잉여 곡물이 정말로 한 톨도 없는 곳은 없다. 제국주의의 잔혹한 침탈에다가 최소한의 구호 역할을 하던 전통 마을 체제의 붕괴가 사태를 극단으로 몰고 간 것이다. 대흉년의 해인 1877~78년에 인도에서 유럽으로 선적한 밀은 32만 톤이라는 기록적인 양이었다. 소위 기아수출hunger export 현상이 벌어진 것이다. 중국에서는 선교사들이 이런 사태를 두고 하늘이 주신 복음 전파의 기회라며 반겼다. 쌀을 일종의 미끼로 선교 활동을 하는 것은 이런 상황에서 결코 옳은 일이 아니다. 쌀을 얻기 위해 기독교로 개종하는 '쌀 기독교도'는 결국 오래가지 못했다. 미국과 다른 열강들은 처참한 상황에 놓인 중국에서 배상금을 갈취하는 데에 무자비했다.

　이런 현상에서 보듯 천재天災는 대개 인재人災와 함께 닥쳐온다.

고립된 문명의 최후

태즈메이니아Tasmania는 오스트레일리아 남동쪽으로 약 210킬로미터쯤 떨어져 있는 섬이다. 1642년에 외부 사람 중 아마도 처음으로 이 섬을 찾아온 네덜란드의 항해인인 아벨 타스만Abel Tasman(1603?~59)의 이름을 따서 이 섬이 태즈메이니아라고 불리게 됐다.

원래 이 섬에는 약 3만 5천 년 전부터 사람들이 살고 있었다. 당시에는 현재보다 해수면이 훨씬 낮아서 태즈메이니아가 오스트레일리아 대륙의 일부였으며, 그래서 사람들이 걸어서 이곳에 들어왔다. 그 후 지구 기온이 올라가서 약 1만 년 전에 해수면이 상승한 결과 태즈메이니아는 섬이 됐고, 두 지역 사람들의 왕래도 끊겼다. 그 후 태즈메이니아는 세계에서 가장 고립된 지역 중 하나가 됐다. 유럽인들이 도래하기까지 이곳 주민들은 1만 년 동안 외부 세계와 거의 완벽하게 절연된 채 살았다. 그 결과 이 사람들의 삶은 지구상에서 가장 단순한 기술 상태로 남게 됐다.

오스트레일리아 사람들(애버리지니aborigine)도 초보적인 기술만 가지

온전한 태즈메이니아인 혈통을
가진 마지막 네 사람(1860년
경). 오른쪽에 앉아 있는 트루
가니니가 가장 마지막까지 생
존한 태즈메이니아인이었다.

고 살았으나 그들로부터 떨어져 나온 태즈메이니아 사람들은 더욱 단
순한 상태로 후퇴했다. 그들에게는 부메랑이나 투창기, 방패 같은 것
도 없었고, 골각기나 석기도 없었다. 도구가 없으니 나무를 베어 쓰러
뜨려 카누를 만들지도 못했고, 따라서 외부 세계와의 소통은 아예 불
가능해졌다. 심지어는 옷을 지어 입지도 못하여 벌거벗은 채 살았고,
불을 피우지 못해서 추위에 떨고 지냈으며, 바닷가에 살면서 고기잡이
도 하지 못했다. 한마디로 말해서 이 사람들은 거의 석기 시대 수준에
서 크게 벗어나지 못한 삶을 살고 있었다. 이들이 처음부터 이런 상태
였던 것은 아니다. 고고학적 조사에 의하면 이들이 이 지역에 걸어 들
어올 당시만 해도 예컨대 골각기와 고기잡이 기술을 보유하고 있었지
만 기원전 1500년 무렵에 이 두 가지 기술이 사라졌다. 문화가 발전
한 것이 아니라 오히려 퇴보했음을 알 수 있다. 결국은 유럽인들의 식
민 지배를 받은 끝에 이 사람들은 절멸됐다.

태즈메이니아의 교훈은 무엇일까.

개인이든 사회든 고립 상태가 계속되면 지체와 퇴보가 불가피하다는 것이다.

　문명과 문화는 지속적으로 외부 세계와 만나고 상호 교류를 해야 발전을 기할 수 있다. 홀로 고립될 경우 아무런 자극을 받지 못하고 정체하기 십상이며, 그렇게 오랜 기간 동안의 고립 끝에 갑자기 외부 세력과 접촉할 경우 식민 지배를 받거나 심하면 절멸당하는 사례가 많다. 지구적인 시각을 가지고 세계의 흐름을 잘 타야만 발전할 수 있다.

희망봉

유럽인에게는 희망,
현지인에게는 절망이었던

수업 시간에 학생들에게 '희망봉'을 한자로 써보라고 시켜본다. 많은 학생들이 '希望峯희망봉'이라고 쓰지만, '喜望峯희망봉'이라고 써야 맞다. 이곳 지명이 영어식으로 표현해서 단순히 'Cape of Hope'가 아니라 'Cape of Good Hope'이기 때문이다. 그런데 요즘에는 거의 대부분의 학생들이 '希望희망'이라는 한자 자체를 아예 쓰지 못한다.

이 지명은 근대 초에 유럽인들이 아시아로 가기 위한 대양항해를 한데에서 연유한다. 1488년에 포르투갈의 항해인인 바르톨로뮤 디아스 Bartolomeu Diaz(1450?~1500)가 인도로 가는 항해를 시도하다가 이곳에 도착했다. 사실 그의 배는 의식하지도 못하는 사이에 아프리카 남단을 돌아 인도양에 들어섰다가 회항하여 돌아가는 중에 이곳에 들르게 된 것이다. 이것은 유럽인들에게 엄청난 의미를 띤 사건이었다. 그때까지 유럽의 지리학에서는 아프리카의 남쪽에 또 다른 거대한 대륙이 있고, 이것이 아프리카와 연결되어 있어서 바다를 통해 인도로 가는 것이 불가능하다는 설이 유력했다. 그런데 이제 인도까지 가는 바닷길의 가능성을 직접 확인하게 된 것이다. 디아스는 이 지역 근해에서 거친 폭풍우를 만나 고생을 심하게 했기 때문에 '폭풍의 곶Cabo das Tormentas'이라는 이름을 남겼다. 그런데 1497년에 바스쿠다 가마Vasco da Gama(1460?/1469~1524)가 이곳을 통과하여 정말로 인도까지 항해하고 돌아오자 포르투갈의 국왕 주앙 2세는 이곳 지명을 '喜望峯희망봉'으로 고쳤다.

바스쿠 다 가마. 최초로 유럽에서 인도까지 왕복 항해에 성공한 인물이다.

유럽인들에게는 희망이었을지 모르지만 원래 이곳에 살던 코이산족Khoisan('호텐토트'라는 말은 네덜란드인들이 경멸적으로 붙인 이름이다) 같은 현지인들에게는 이런 일들이 불행의 시작이었다. 아시아와 유럽 사이 원거리 항해 중에 선원들이 휴식을 취하고 보급품을 충전하는 중간 정박지로서 좋은 여건을 가진 이 지역은 1652년에 네덜란드인들이 조직적인 정착을 시도하여 곧 네덜란드 동인도회사를 위한 보급 기지가 됐고, 후일 케이프타운으로 발전했다.

그 후 프랑스계 신교도들(위그노), 독일인, 영국인 등이 차례로 들어와 주변 지역으로 팽창해가면서 전쟁과 약탈, 인종차별의 복잡한 역사가 전개됐다. 1815년에 영국의 식민지가 되자 네덜란드계 사람들(즉 보어인들)이 영국 식민 지배를 피해 주변 지역으로 확산해나가서 새로운 정치 단위들을 형성했다. 이 과정에서 21캐럿짜리 다이아몬드 원석이 발견되어 이 지역이 다이아몬드 생산지라는 것이 알려졌고, 금도

희망봉의 십자가. 바스쿠 다 가마가 희망봉에 세웠던 십자가를 복제하여 다시 세운 것이다.

발견되어 더욱 해외 세력의 유입이 증가했다. 19세기 말과 20세기 초에는 잔혹한 식민지 전쟁인 보어 전쟁의 무대가 됐다. 20세기에는 세상에서 유례를 찾기 힘든 아파르트헤이트(인종분리 및 인종차별)의 역사가 진행됐다.

희망봉으로 명명된 이 지역의 역사는 대부분의 시대에 절망적인 암흑의 역사였다. 드디어 1994년 넬슨 만델라Nelson Mandela(1918~)가 대통령으로 집권한 이후 오랜 비극의 역사는 일단 진정됐다.

태즈메이니아가 외부 세계와의 고립 때문에 역사 발전의 흐름에서 뒤처져 몰락했다면, 남아프리카 희망봉 지역은 아무런 대비 없이 외세의 침략을 받아 고통을 당했다. 결국 철저한 대비를 한 연후에 세계의 흐름을 타는 것이 핵심 과제가 될 터다.

그 많던 새는 다 어디로 갔을까

　17~19세기에 북아메리카에서 가장 개체 수가 많은 새는 나그네비둘기passenger pigeon(여행비둘기라고도 한다)였다. 당시의 기록들을 보면 이 새가 얼마나 많았는지 짐작할 수 있다. 예컨대 1854년 미국 뉴욕 주의 웨인 타운에서는 "며칠씩이나 새들로 하늘이 뒤덮일 때가 있고, 새 떼가 안 보이는 시간은 반나절도 안 됐다." 하늘을 덮은 이 새 떼의 무리는 1.6킬로미터 폭에 길이가 500킬로미터에 이르기도 했다. 나무 한 그루에 심지어 100개 가까운 새 둥지가 만들어졌다가 그 무게 때문에 가지가 부러지거나 뿌리가 뽑히기도 했다. 새 떼를 향해 총을 한 발 쏘면 30~40마리가 떨어졌고, 언덕에서 나뭇조각만 던져도 쉽게 잡을 수 있었다. 인디언들은 막대기로 이 새들을 때려잡았고 따라나선 아이들도 새 모가지를 쉽게 비틀어 잡았다고 한다. 학자들은 한창때에 이 새의 개체 수가 최소 수십억 마리에서 많게는 10조 마리까지였을 것이라고 추산한다.

　어떻게 한 종의 개체 수가 이토록 많을 수 있을까.

마지막 나그네비둘기 마사의 생전 모습(왼쪽)과 사후 보존된 유해(오른쪽).

생태학자들과 역사가들은 아마도 유럽인들이 아메리카에 도래한 이후 생태계를 교란시킨 결과 이런 비정상적 현상이 일어났을 것으로 추론한다. 그 이전에는 이 새가 생태계 내에서 다른 종들과 적절한 균형 상태에 있었으나 어떤 이유에선지 생태계가 통제력을 상실한 후 비정상적으로 수가 늘었다는 것이다. 가능성이 큰 가설 중 하나는 기술적으로 불을 지르며 숲을 다스리던 인디언들이 몰락하자 생태계의 변화가 유발됐다는 것이다. 유럽인들이 아메리카 대륙에 왔을 때 그들은 이곳의 자연이 인간의 손길이 거의 닿지 않은 본래의 상태 그대로일 것으로 생각했다. 그러나 그것은 착각이었다. 익숙하지 않은 유럽인들의 눈에는 아무것도 보이지 않았을지 모르지만, 강에는 어살이 있었고, 인공 둔덕들이 있었으며, 숲도 많이 변형된 상태였다. 특히 인디언들은 불을 질러 숲을 통제하여 어떤 곳에서는 원하는 과실수들이 많이 자라도록 만들어놓고, 어떤 곳에는 원하는 사냥감들이 많이 모이도록 해놓았다. 이럴 때 사람은 말하자면 이곳 생태계의 핵심종(다른 많은 종들의 생존과 개체 수에 영향을 미치는 종) 역할을 하고 있었다. 그런데 유럽인들의 도래 이후 인디언들의 수가 줄어들자 생태계의 균형이 깨졌고, 그때 일어난 이상 현상 중 하나가 특별한 종의 동물 수가 주체할 수 없을 정도로 늘어난 것이다.

나그네비둘기의 수가 엄청나게 많았던 것만큼이나 이 새가 사라져간 것도 극적인 일이다. 삼림 황폐화로 인해 이 새들의 먹잇감인 도토리, 밤 같은 것들이 크게 줄어들었다. 게다가 19세기에 이 새는 대량 포획의 대상이 됐다. 초기에는 한 해에 약 25만 마리를 잡았는데, 이 정도만 하더라도 멸종 위기에 몰릴 상황은 아니었다. 그런데 곧 사냥꾼들과 상인들이 회사를 만들어 이 새를 무차별 포획하여 대도시에 새고기를 공급했다. 이것은 노예들과 빈민들의 식량으로 많이 쓰였다. 1860년 7월 23일자 이 회사의 기록을 보면 하루에 23만 마리 이상의 새를 잡아서 동부로 보냈다. 이런 정도의 남획이 지속되자 그 많던 새들도 결국은 사라져갔다. 드디어 1914년 9월 1일, 미국의 신시내티 동물원에서 '마사Martha'라 불리던 마지막 나그네비둘기가 죽음으로써 이 새는 지구상에서 영구히 사라졌다.

2011년 초에 새들이 떼죽음을 당해 하늘에서 떨어지는 일들이 자주 벌어졌다. 지구온난화로 인해 새들의 서식지 환경이 변화했기 때문이 아닐까 추정된다고 한다. 암만해도 인간이 다른 동물들에게 너무 큰 폐를 끼치고 있는 게 아닌가 하는 생각이 든다.

지진 발생을 예측할 수 있을까

지진의 발생을 예측할 수 있을까.

지진 예측이 가치가 있으려면 지진이 일어나는 장소와 시기, 규모를 정확히 맞혀야 한다. 학교와 공장의 문을 닫고 주민들을 대피시키는 데에는 많은 비용이 들기 때문이다. 한 지진학자는 유용한 지진 예측은 "50퍼센트는 맞아야 하고, 하루 정도의 정확도를 가져야 하며, 50킬로미터 이내로 맞아야 한다"고 말한다. 그러나 이런 수준의 예측은 불가능하다.

그동안 지진 발생을 예측한 사례가 많이 있었다. 1990년 아이벤 브라우닝Iben Browning(1918~91)이라는 생물학 박사가 12월 1일에서 5일 사이에 미국 미주리 주의 세인트루이스에서 강력한 지진이 일어날 것이라고 예견했다. 그 시기에 태양, 지구, 달이 일직선을 이루는데, 이때 강해진 중력이 일으킨 조수력에 의해 뉴마드리드 단층 지역의 스트레스가 한계 이상으로 올라가 지진이 일어난다는 설명이었다. 미국 중동부 지역에서 많은 사람들이 패닉 상태에 빠졌고, 사회 전체가 엄청난 혼란에 빠졌지만 지진은 일어나지 않았다. 1970년대 후반에 일본의 과학자들은 일본 중부에 대지진이 엄습한다고 경고했다. 이들의 추론은 매우 단순했다. 지진이 일어나는 전형적인 간격이 있다는 것이다. 어떤 지역에서 지진이 일어난 뒤에 일정한 시간이 지나면 곧 다음 지진이 일어난다는 것이다. 이 의견을 받아들인 일본 당국은 조기경보체계를 만들고, 지진 데이터에 조금만 이상이 있어도 즉시 조사위원회를 소집하여 원자로, 고속도로, 철도, 학교와 공장을 닫을지 여부를 결정하기로 했다. 그리고 비상시 대피 훈련을 계속했다. 그러나 10년이 지나도록 그런 지진은 일어나지 않았다.

미국이나 일본처럼 지진이 빈번하게 발생하는 국가에서는 그동안 막대한 자금을 투입해서 지진 예측을 위한 연구를 수행했다. 특히 큰 지진이 일어나기 직전에 나타나는 특별한 징후를 찾기 위해 많은 노력을 기울였다. 그러나 지구물리학자들이 100년 넘게 연구를 했음에도 불구하고 현재까지 믿을 만한 전조 현상을 발견하지는 못했다. 누구는 큰 지진이 일어나기 전에 땅에 이상한 전류가 흐른다고 주장했고, 누구는 개나 소가 이상한 행동을 보인다고 했다. 혹은 날씨가 아주 변덕스럽거나 이상한 빛이 난다고도 했다. 그러나 도쿄대東京大의 지구물리학자인 로버트 겔러는 이런 식으로 지진의 전조 현상을 찾아냈다고 주장하는 연구 논문을 700편 이상 검토했으나 어느 하나 신뢰성이 없다는 결론을 내렸다.

왜 지진의 예측이 불가능할 정도로 힘든 것일까.

지구물리학자들은 "지진의 에너지 방출 규모와 발생 빈도 사이의 관계는 멱함수冪函數(power function) 형태를 띤다"고 이야기한다. 이 말은 사람이 느낄 수도 없는 아주 작은 지진이나 아이티 대지진이나 모두 똑같은 원인으로 일어나되, 다만 작은 지진이 큰 지진보다 일정한 비율로 더 자주 일어나는 것을 뜻한다. 예컨대 1999년 8월 30일 캘리포니아의 여러 지역에서 조사한 지질측량국의 기록을 보면, 지진이 22회 일어났다. 그러나 규모 3에 도달한 것은 1회뿐이다. 그 나머지 규모 3 이하의 지진은 창에 앉은 파리도 꿈쩍하지 않는 작은 흔들림에 불과하다. 그렇지만 이것 역시 개념상으로는 분명 지진이다. 말하자면 거의 매일같이 작은 지진들이 발생하고 있지만 워낙 미미한 정도라 사람들은 그것을 지진이라고 생각하지 않을 따름이다. 크고 작은 지진들이 무수히 일어나는데, 그에 대해 우리가 알 수 있는 것은 지진의 강도와 빈도 사이에 특별한 관계가 있다는 것뿐이다.

1987년에서 1996년까지 캘리포니아 남부에서 일어난 지진들의 데이터를 분석해보면 에너지 방출이 두 배가 되면 빈도는 네 배로 줄어든다. 즉 우리가 거의 느끼지도 못하는 아주 작은 지진들은 수없이 많이 발생하며, 규모가 커질수록 일정한 비율로 줄어든다. 그래서 사회에 큰 충격을 주는 정도의 큰 지진은 매우 적게 발생한다. 이런 사실의 의미는 큰 지진이라고 해서 특별한 원인이 따로 있지 않으니 특별한 징조도 없고, 따라서 큰 지진이 언제 어디에서 일어날지 전혀 알 수 없다는 것이다.

인간이 할 수 있는 것은 지진 예측이 아니라 다른 일일 수밖에 없다. 예측할 수 없는 지진 발생은 하늘의 뜻이라고 하더라도 지진에 대한 대비, 그리고 지진이 일어났을 때의 복구 사업은 전적으로 인간 사회의 몫이다. 저명한 역사가 에릭 존스의 주장처럼 선진국이란 인프라가 잘 갖추어져 충격에 대한 대비를 충실히 하는 국가를 말한다.

유럽인이 상상한 전설상의 대륙

　유럽인들은 18세기까지도 지구 남쪽에 거대한 대륙이 존재한다고 믿고 이를 '남방 대륙Terra Australis' 혹은 '미지의 남방 대륙Terra Australis Incognita'이라고 불렀다. 이 개념의 기원은 아리스토텔레스Aristoteles(기원전 384~기원전 322)와 프톨레마이오스Ptolemaeos(85?~165?, 지리학자)까지 거슬러 올라간다. 북반구에 아시아와 유럽, 아프리카 같은 거대한 땅덩어리들이 존재하므로 지구가 균형을 이루기 위해서는 남쪽에도 그에 맞먹는 거대한 땅덩어리가 있어야 한다는 것이 중요한 논거였다.

　그곳은 사람들이 살지는 않지만, 기후가 온화한 지역이거나 혹은 열대 지역이라는 식으로 상상력을 동원해서 묘사하곤 했다. 더 나아가서 이 남방 대륙의 북쪽 끝이 아프리카의 남단과 붙어 있을 것으로 그리거나, 심지어 또 다른 아시아 남쪽 지역도 남방 대륙과 연결되어 있어서 인도양이 대륙에 둘러싸인 거대한 호수라고 생각하기도 했다.

　근대에 해양 탐험이 진척되면서 이런 신화적인 내용들은 하나씩 지워져갔다. 아프리카 남단은 바다로 둘러싸여 있다는 점이 명백해졌

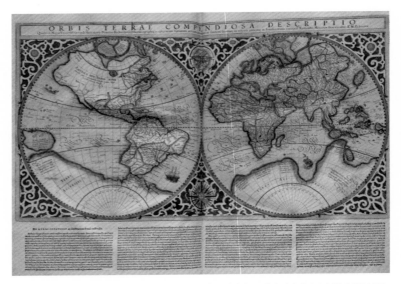

1587년에 나온 세계지도. 엄청난 크기의 남방 대륙이 존재하며, 그것이 남아메리카의 끝과 붙어 있는 것으로 그려져 있다.

고, 한때 남방 대륙의 일부라고 여겨졌던 오스트레일리아나 뉴질랜드가 섬이라는 사실도 차례로 밝혀졌다. 그렇지만 18세기까지도 여전히 남방 대륙의 실존 여부는 최종적으로 판가름 나지 않아서, 해양 선진국들은 경쟁적으로 남쪽 바다로 조사단을 파견했다. 혹시라도 정말로 온화한 기후의 거대한 대륙이 존재한다면 콜럼버스Christopher Columbus(1451?~1506)의 아메리카 대륙 발견 이상의 횡재도 가능하다는 실낱같은 희망을 버리지 않았다. 이 시기는 해상 탐험에 의한 과학 발전과 국가의 위신, 그리고 국력의 신장이 그 어느 때보다도 긴밀히 맞물려 있던 때였다.

남방 대륙이 존재하지 않는다는 사실을 최종적으로 증명한 사람은 영국의 제임스 쿡 선장Captain James Cook(1728~79)이었다. 그가 1772~75년 기간에 레절루션Resolution호를 지휘하여 제2차 탐험 항해를 할 때 영국의 왕립협회는 그에게 남방 대륙의 존재를 확인하라는 지시를 내렸다. 그는 1차 탐험 항해 때 뉴질랜드 섬을 한 바퀴 돌아서 이곳이 큰 대륙에 붙어 있는 땅이 아니라 섬이라는 것을 밝혔고, 오스트레일리아의 동부 해안도 조사했다. 이때에도 왕립협회의 일부 인사들은 남방 대륙의 존재를 믿고 있었으므로, 다시 한번 확실하게 남쪽 바다를 항해하여 사실을 확인할 필요가 있었던 것이다. 이 항해에서 그동안 서구인들이 잘 모르던 여러 지역을 방문하고 지도를 그리는 등의 일을 했지만, 역시 가장 중요한 성과는 남극권을 탐사한 것이다.

제임스 쿡은 유럽인 중 최초로 남극권에 진입하여 항해한 인물이 됐다. 1774년 1월 31일, 그는 남위 71도 10분까지 내려가서 거의 남극 대륙에 접근했다. 이 항해에서 남극권 바다를 샅샅이 조사해서, 과거에 사람들이 상상하던 종류의 대륙은 존재하지 않는다는 것을 입증했다. 그가 항해한 곳은 열대 지역이기는커녕 사시사철 극심한 추위가 맹위를 떨치는 곳이었다. 그가 귀국하여 이 사실을 보고하자 전설상의 대륙 이야기는 잠잠해졌다.

남방 대륙이 아닌 남극 대륙Antarctica의 존재가 알려지고 이곳에 대한 탐험과 연구 조사가 시작된 것은 20세기 이후의 일이다. 우리나라의 첫 쇄빙선 아라온호가 2009년에 진수進水되어 현재 남극의 신비를 밝히는 작업에 동참하고 있다.

재앙의 세계화

　1452년 남태평양 바누아투 제도의 쿠웨Kuwae 섬에서 화산 폭발이
일어났다. 전문가들은 이것이 지난 1만 년 동안 일어난 화산 폭발 중
최대의 것으로 추정한다. 이 폭발은 바다에 큰 분화구를 만들었고, 엄
청난 쓰나미가 일어나 이곳에서 무려 1,800킬로미터나 떨어진 오스트
레일리아 해안에 이르기까지 오세아니아의 광대한 지역을 초토화시켰
을 것으로 보인다.

　이 지역에는 문자가 없기 때문에 이 사건에 대한 정확한 기록은 남
아 있지 않지만, 바누아투 제도의 전승 신화 속에 이 사건을 말해주는
것으로 보이는 이야기가 있다. 신화에 따르면, 태초에 대지의 뱃속에서
큰 소리를 내며 돌들이 튀어나와 서로 싸우면서 바다로 난 길을 따라
달려갔다. 이 혼란 속에서 사람이 태어났는데 이들은 처음에는 돌 위
의 이끼처럼 차가웠지만, 곧 여자가 생겨나서 남자들을 따뜻하고 인
간적으로 만들었다.

　화산 폭발 과정에서 나온 약 35세제곱킬로미터의 엄청난 화산재

화산 폭발. 대규모의 화산 폭발이 일어나면 화산재가 하늘을 덮어 전 지구적으로 재앙을 초래할 수 있다.

는 지구 전역을 감싸는 먼지구름을 형성하여 몇 달 동안 햇빛을 막았고, 이것만으로 지구 전체 평균 온도가 1도 정도 떨어졌다. 그 결과 1452~53년 중 지구 곳곳에 기상이변이 일어났다. 빙하 연구자들은 남극에서 그린란드까지 지구 전역의 지질 조사를 한 끝에 이 시대에 해당하는 층에서 화산 폭발 당시 황산 성분의 분출물이 화석화된 것을 찾아냈다. 오늘날 학자들은 나무의 나이테 분석과 같은 물질 자료 분석과 세계 각지의 기록물 연구를 통해 기상이변으로 인한 재앙들을 추론하고 있다. 그 결과는 실로 놀라울 정도다.

이집트 카이로에서는 나일 강 수위가 불규칙해져서 큰 피해가 발생했고, 모스크바에서는 심각한 기근 사태가 벌어졌으며, 스웨덴에서는 흉작으로 교회의 십일조 징수가 거의 불가능해졌다. 콘스탄티노플에서는 봄에 꽃이 피지 않았고 우박이 어찌나 거세게 내리는지 사람이

서 있기 힘들 정도였다. 유럽과 중국의 나무들은 이 시기에 거의 성장을 하지 않았다는 것이 밝혀졌다. 이 시대에 만들어진 그림 액자틀의 나무를 보면 비정상적으로 나이테가 촘촘하다.

무엇보다도 중국의 기록들이 당시의 사정을 잘 설명해준다. 1453년 봄에 눈이 계속 내려서 밀 수확을 망쳤으며, 이해 말에는 먼지가 햇빛을 가린 상태에서 눈이 몇 자나 내릴 정도로 일기가 불순하여 수십만 명이 얼어 죽었다. 1454년 초에는 양쯔 강 남쪽에 40일 동안 눈이 내려서 수많은 사람들이 추위와 굶주림으로 죽었다. 강과 호수가 얼어붙었을 뿐 아니라, 황해 바닷물도 해안에서 약 20킬로미터 나간 곳까지 결빙했다. 1456년에 핼리 혜성이 붉은색을 띠고 황금색 긴 꼬리를 늘어뜨린 불길한 모습으로 밤하늘을 가로질러 민심을 흉흉하게 만든 것도 사실은 공기 중에 잔존한 화산재 구름 때문이었을 것으로 보인다.

2010년 아이슬란드 화산 폭발로 항공 대란이 일어난 데에서 알 수 있는 것처럼, 대규모 자연재해는 전 세계에 영향을 미친다. 세계는 결국 하나라는 점을 새삼 깨닫게 된다.

가난한 농민들에게 닥친 재앙

2011년 여름에는 8월 한 달 중 강수일이 20일을 훌쩍 넘길 정도로 많은 비가 왔다. 오늘날에는 농업용수를 잘 관리하는 데다가 농업 기술도 발전해 있어서 큰 문제없이 이런 상황을 넘기지만, 과거에는 이런 정도로 일기가 불순하면 심각한 상황이 벌어질 수 있었다. 유럽에서 일기불순으로 인한 피해가 컸던 해로는 1692~94년을 꼽는다.

1692년 가을에 비가 많이 오고 추운 날씨가 지속되어 프랑스 전국에 대흉년이 들었다. 콩밭에는 굵은 벌레들이 우글거리고, 밀은 이삭에 적갈색 무늬가 생기며 말라죽는 병이 퍼졌다. 다음 해 봄에도 이런 날씨가 계속되어 비가 너무 많이 오고 기온이 크게 떨어졌다. 파리에서는 5월 한 달 중 19일 동안 비가 왔고 기온은 평균보다 2도 이상 내려갔다. 8월이 되자 밀에 싹이 텄는데 그때 일시적으로 엄청난 더위가 몰려왔다. 9월에 다시 장대비가 계속 내려 결국 이해 농사는 완전히 망치고 말았다.

2년 연속 흉작이 이어지자 파국적인 상황이 벌어졌다. 기근이 심하니 굶주린 사람들의 몸이 약해져 있었는데 티푸스나 괴혈병 같은 질병이 맹위를 떨쳐 큰 피해를 입혔다. 이 두 해 동안 프랑스에서 굶고 병들어 죽은 사람들의 수에 대해, 과거 자크 뒤파키에는 최소 160만 명, 르 루아 라뒤리는 200만 명 정도로 추산했으나, 최근 더 정밀한 자료 분석을 한 마르셀 라쉬베르 같은 학자는 283만 7천 명이라는 수치를 제시했다. 이 수치는 제1차 세계대전 당시 프랑스의 사망자와 같은 수준이다. 그렇지만 17세기 프랑스의 인구는 20세기 초반에 비해 절반 수준이었고, 또 제1차 세계대전처럼 4년이 아니라 2년이라는 짧은 기간 동안에 일어났다는 것을 감안하면 같은 수치라 해도 훨씬 더 심각한 의미를 띤다. 나폴레옹 전쟁, 1870~71년의 프랑스-프로이센 전쟁, 심지어는 제2차 세계대전도 이처럼 단기간에 그토록 많은 희생자를 내지는 않았다. 수많은 사람이 굶어 죽는 흉년의 상황이 얼마나 끔찍한 일인지 미루어 짐작할 수 있다.

이런 상황에서 국가는 어떻게 대응했을까. 한마디로 위기 대응 능력이 전혀 없었을 뿐 아니라 오히려 고통을 격화시키고 있었다. 당시는 소위 아우크스부르크 동맹전쟁이 한창 진행되던 시기였다. 국왕 루이 14세는 자신과 국가의 영광을 위해 재위 기간 거의 내내 전쟁을 벌였다. 엄청난 전쟁 비용을 대기 위해 국민들에게 더 많은 조세를 걷는 데 혈안이 됐고, 더구나 조세 부담 증가는 그렇지 않아도 흉작과 질병으로 고통받고 있는 농민들에게만 떨어졌다. 루이 14세의 손자의 사부師父였던 페늘롱Fénelon de Salignac de la Motte(1651~1715)은 「루이 14세에게 보내는 무명씨의 편지」에서 이렇게 썼다.

당신이 친자식처럼 사랑해야 하는 신민들, 그리고 지금까지 당신을 그토록 사랑했던 그 신민들이 지금 굶어 죽고 있습니다. 농사는 거의 방기됐고, 도시와 농촌 모두 사람이 줄고 있으며, 모든 산업이 황폐해져 더 이상 일꾼들을 먹여 살리지 못합니다. 모든 상업도 망해버렸습니다. 당신이 나라 바깥에서 헛된 정복을 하고 또 그것을 지키려 하다가 나라 안에서 실질적인 국력의 절반을 파괴한 셈입니다. ……신민들은 이제 당신에 대한 사랑, 믿음, 심지어 존경도 거두고 있습니다. 당신이 거둔 승리와 정복은 더 이상 즐거운 일이 아닙니다. 신랄함과 절망만 가득합니다.

이런 비판의 글이 국왕의 심기를 심히 불편하게 만들었음에 틀림없다. 이 글로 인해 그는 실각당하고 말았다.

루이 14세 시대의 기근 사태는 천재지변과 무능한 국정 운영이 겹쳤을 때 얼마나 큰 피해를 당하는지 잘 보여준다.

제2부

문화의 스펙트럼

인간을 서로 묶는
문화적 페로몬

다른 동물과 구분되는 인간의 특징이라면 흔히 불의 사용, 도구 제작, 언어 같은 요소를 든다. 인간이 자연 생태계의 정점에 올라서게 된 데에 이런 요소들이 지극히 중요했다는 점은 분명하다. 그런데 그에 못지않게 중요한 것이 다름 아닌 춤과 노래다.

인류의 진화 과정에서 가무의 발명은 획기적인 사건이다. 인간 집단은 다 함께 소리를 지르고 큰 근육을 리드미컬하게 움직임으로써 박자를 맞춘다. 이런 행위는 위험한 상황에서 이전보다 훨씬 강한 협동과 상호 지원을 발휘하게 하는 연대감을 만들어준다. 그 결과 노래와 춤은 모든 인간공동체 사이에 보편적인 것이 됐다. 전투 직전에 부족원들이 모두 모여 춤을 추고 함성을 지르는 마오리족의 '워 크라이war cry'가 그러한 예다. 이 행위를 통해 전사들은 일시적으로 죽음의 공포를 넘고 자신을 초월한 전체 집단의 수호를 위해 기꺼이 온몸을 던지는 용기를 얻는다. 또 전시가 아닌 평시에는 축제 때에 함께 노래하고 춤을 춤으로써 참가하는 사람들 사이에 정서적인 연대감을 강화시

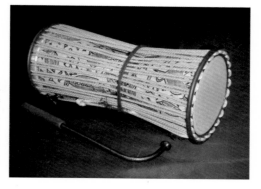

말하는 북(talking drum). 서아프리카에서 사용되는 모래시계 모양의 이 북은 음고(音高, pitch)를 조절할 수 있어 사람 목소리를 흉내낼 수 있다. 이를 이용하여 사람들은 멀리까지 메시지를 전하기도 한다.

키고 갈등을 해소한다. 이처럼 가무는 집단을 하나로 묶어주고 분쟁을 해결하며 영토 방어를 효과적으로 만드는 마법과 같은 힘을 발휘한다.

다른 동물종과 비교해보면 이것이 얼마나 중요한 요소인지 알 수 있다. 아무리 단순한 사회라 하더라도 인간 집단은 최소한 수백 명이 모여야 몰락하지 않고 독자 생존이 가능하다. 이에 비해 침팬지 집단은 규모가 훨씬 작다. 침팬지는 수컷 15마리 정도만 모여 있어도 그들 사이에 경쟁이 일어나 두 개의 적대적인 무리로 분열되고, 그 후 목숨을 건 치열한 싸움 끝에 한쪽 무리가 전멸한다고 한다. 이를 보면 집단 전체가 단합하여 강력한 세력을 이루도록 만드는 가무의 역할이 얼마나 중요한지 알 수 있다.

인류 문명이 발전하면서 노래와 춤은 종교 제의에 쓰이든지 인간 내면의 섬세한 감성을 표현하는 식으로 훨씬 더 세련되고 고상한 기능을 맡았다. 그럼에도 여전히 인류 역사 초기에 담당했던 기본적이고 원초적인 임무에 충실한 사례도 많다. 군악대의 행진곡이나 응원에 쓰이는 북과 같은 악기가 그런 역할을 하는 대표적인 예이리라.

아프리카 지역을 연구하는 인류학자 한건수 교수의 설명에 의하면

요루바족은 '말하는 북talking drum'을 사용한다. 성조 언어(소리의 높낮이를 달리하여 서로 다른 뜻을 전달하는 언어)인 아프리카어의 특징을 살려 북소리의 높낮이를 조절하여 의사소통을 하는 것이다. 예컨대 북소리만으로 누가 오는지도 미리 알 수 있다. 마을 어귀에 있는 사람이 북소리로 마을에 모여 있는 사람들에게 소식을 전해주는 것이다. 이들이 춤을 출 때 춤꾼과 고수는 북소리로 대화를 나눈다. 고수가 원하는 춤동작을 북소리로 지시하는 것이다. 사람들이 감탄하는 춤꾼은 고수의 지시에 정확하게 대응하는 사람인데, 말없이 북소리로만 의사를 전달한다.

아프리카 열대우림 지역에서는 긴 나무를 재료로 음량을 키운 북을 사용하여 마을과 마을을 잇는 연락망으로 왕국의 소식을 전달하기도 한다. 아메리카에 노예로 끌려간 사람들은 플랜테이션에서 일하다가 정기적으로 밤에 모임을 가지는 경우가 있었는데, 이때 노예주들이 가장 신경을 쓰며 기어이 빼앗으려 한 것도 북이었다. 노예들이 북을 치며 흥을 돋우는 것이 단순히 노는 정도를 넘어 위험한 수준으로 응집력을 가지게 된다는 것을 알았기 때문이다.

북을 치며 소리 지르고 노래하고 춤추는 행위는 인간을 서로 엮는 핵심적인 행위다. 그렇게 보면 가무는 일종의 '문화적 페로몬'이라고 할 수 있지 않을까.

아름다운 꽃마저
투기의 대상이 되다

해마다 4월 말이 되면 네덜란드의 하를럼 시 주변 지역은 지평선 끝까지 튤립으로 덮여 장관을 연출한다. 이 아름다운 튤립이 한때 광란에 가까운 투기의 대상이었던 적이 있다.

17세기 네덜란드에서는 강렬하고 다양한 색상을 가진 튤립이 큰 인기를 끌면서 가격이 급등했다. 이를 이용해서 돈을 벌 수 있다는 데 생각이 미치자 수많은 사람들이 전 재산을 털어 텃밭을 사고 튤립 구근球根을 키웠다.

이는 곧 역사상 유례를 찾기 힘든 투기 현상으로 이어졌다. 값이 오르리라고 예상되는 구근을 10퍼센트의 선금만 지급하고 미리 확보해 놓는다. 수확기가 되면 잔액을 지급한 다음, 값이 훨씬 올라 있는 이 구근을 다른 사람에게 되판다. 이렇게 되면 소액의 선금만 이용해서 큰 이윤을 남길 수 있다. 사실 이런 방식은 우리에게는 아주 친숙하지만, 당시에는 꽤나 충격적인 것이었다. 허황된 방식으로 돈을 번다고 해서 이런 거래를 '바람장사windhandel'라고 불렀다.

전체적으로 꽃값이 오르는 기간에는 많은 사람이 이런 방식으로 큰 수익을 올릴 수 있었다. 전설적인 구근 종자인 '셈페르 아우구스투스'는 1633년에 값이 500길더였으나 1637년에는 1만 길더에 거래됐다. 꽃 한 송이가 대저택 한 채 값을 상회할 정도였다. 이때에는 누구나 쉽게 돈을 벌 수 있을 것으로 보였다.

그러나 모든 일에는 끝이 있는 법이다. 머지않아 꽃값이 떨어지기 시작했고, 뒤늦게 막차를 탔던 사람들이 재산을 날리는 현상이 벌어졌다. 누구나 자신이 보유한 구근을 처분하려고 했지만 정작 사려는 사람은 한 명도 없었으므로 자연히 구근 가격은 급전직하로 떨어졌다. 5천 길더를 호가하던 상품이 50길더까지 내려가도 구매자는 나오지 않았다.

'튤립 광기tulipomania'는 자본주의적 투기가 어느 정도까지 극단으로 치달을 수 있는지 보여주는 흥미로운 사례다. 그런데 흔히 이 점만 언급하고 말지만, 이런 엄청난 사건이 나중에 어떤 방식으로 수습되는지도 눈여겨볼 필요가 있다.

가격이 폭락하자 구매 계약자가 잔액 지급을 거부하는 일이 도처에서 벌어졌다. 계약을 취소하려면 10퍼센트의 위약금을 지급해야 했으나 대부분 한 푼도 갚지 않으려고 했다. 당연히 재판 사태가 일어날 수밖에 없다. 전국을 광풍으로 몰아넣은 이 사태를 당국은 어떻게 풀 것인가. 사법 당국은 사건을 빨리 종결짓지 않고 시간을 지연시켰다. 계약 당사자들에게 자세한 정보를 찾아보라는 명령만 내리고 그때까지는 계약이 보류 상태라고 해놓았다. 이는 곧 당사자들 간에 알아서 해결책을 찾으라는 의미였다. 이런 상태가 오래 지속되자 흥분이 진정되어갔다. 드디어 하를럼 시에서 구매자가 3.5퍼센트의 위약금을 물면 계약을 취소할 수 있다는 지침을 정하자 이것이 대체적인 기준이 됐다.

많은 중산층 시민이 몰락하도록 내버려둘 수도 없고 그렇다고 재배 농에게 모든 피해를 전가할 수도 없는 상황에서, 양쪽이 적당한 수준에서 피해를 나누기로 합의를 본 것이다.

튤립 광기가 역사적인 투기 사건치고는 의외로 피해가 그리 크지 않았던 이유는 사회 전체가 효율적으로 충격을 흡수했기 때문이다.

발견의 날이냐 침략의 날이냐

콜럼버스가 대서양을 건너 처음 육지에 상륙한 날은 1492년 10월 12일이었다. 이날 어떤 일이 일어났는지는 그의 『항해일지*Diario*』에 자세히 기록되어 있다.

콜럼버스는 에스파냐 국왕의 이름 이니셜이 새겨진 깃발을 들고 몇 명의 부하들과 함께 상륙한 뒤 그 땅이 에스파냐 국왕의 소유라고 선언하는 의식을 치렀다. 벌거벗은 채 살아가던 현지 주민들이 모여들어 이 기이한 행동을 지켜봤지만, 물론 그들은 어떤 일이 벌어지고 있는지 전혀 파악하지 못했을 것이다. 곧 콜럼버스 일행은 모여든 사람들에게 붉은 모자·구슬 같은 물건을 주었고, 처음 보는 물건에 감탄한 주민들은 답례로 앵무새와 실타래 등을 주었다. 이런 식으로 그들과 접촉하고 난 후 콜럼버스는 그날 일지에 이런 글을 적었다.

자신들이 들은 것을 아주 빨리 되뇌어 말하는 것을 보니 그들은 똑똑한 하인이 될 것이다. 그리고 그들이 아무런 종교도 없는 것으로 봐

콜럼버스의 아메리카 상륙. 왕실 깃발과 칼, 십자가를 앞세워 상륙한 땅이 에스파냐 왕실 소유임을 선언하고 있다.

서 훌륭한 기독교도가 되리라고 믿는다. 내가 다시 떠날 무렵에 그들 중 여섯 명을 잡아서 국왕 전하께 데리고 가서 말하는 법을 가르치고 자 한다.

콜럼버스의 생각대로라면 현지 주민들의 언어는 언어도 아니고, 기독교가 아닌 종교는 종교도 아니다. 그들을 지배하고 노예로 삼으면 될 것이며, 우선 그중 몇 명을 짐승 잡아가듯 맘대로 잡아다가 통역 겸 앞잡이로 키우면 좋을 것이다. 이것이 유럽인들의 태도였다. 실제로 이 이후 일어난 일들은 '인디언'이라고 잘못 명명한 이 사람들에 대한 착취와 노예화, 학살이었다. 이날 일어났던 일 가운데 아마도 가장 상징적인 사건은 콜럼버스 일행이 보여준 칼을 현지인들이 움켜쥔 일이다. 칼을 처음 본 현지인들은 어디가 날이고 어디가 칼등인지 몰라 날

콜럼버스가 4차 항해에서 아메리카 주민들에게 월식 현상을 이용해 겁을 주는 일화를 그린 상상화.

을 잡았다가 손을 베고 만다. 조만간 이들은 서양의 무력 앞에 상처를
받고 굴복하게 될 것이다.

소위 지리상의 '발견'이나 식민지 '개발'의 실상은 이런 것이었다. 그
동안 콜럼버스를 영웅으로 기리던 미국 학교에서도 점차 실상을 숨김
없이 가르치고 있다. 최근 신문지상에 보도된 바에 따르면, 미국 펜실
베이니아 주의 한 초등학교 4학년 학생들이 콜럼버스를 피고로 해서
모의재판을 열었는데, 그 결과는 "에스파냐 왕실을 빙자하여 절도를
한 혐의"로 무기징역이 선고됐다고 한다.

일부 국가나 지역에서 '콜럼버스의 날'을 다른 이름으로 기념하는
것도 이런 흐름과 통하는 일이다. 아르헨티나, 베네수엘라, 콜롬비아,

칠레, 멕시코는 이날을 '인종의 날Día de la Raza'이라고 부르는데 이는 유럽인과 아메리카 주민이 처음으로 만난 것을 기념하는 의미다. 미국에서도 사우스다코타 주는 이날을 '아메리카 원주민의 날Native Americans' Day'로, 하와이 주는 폴리네시아인이 하와이를 처음 발견한 날이라는 의미로 '발견자의 날Discoverers' Day'로 바꾸었다.

과거 역사 인물 중 콜럼버스만큼 격정적인 논쟁의 대상이 되는 인물도 드물 것이다. 그는 이제 '신대륙을 발견'하고 새로운 세상을 연 인물이라기보다는 침략자, 학살자로 그려지는 경향이 있다. 역사를 보는 시각은 고정된 것이 아니라 이처럼 시간이 흐르면서 크게 바뀌어간다.

쇼 비즈니스의 주인공이 된
니콜라스 성인

크리스마스 이브에 사슴이 끄는 썰매를 타고 전 세계를 돌며 착한 어린이들에게 선물을 준다는 산타클로스의 전설은 언제부터 시작됐을까.

산타클로스의 기원이 됐을 법한 인물로는 로마 시대 말기인 3~4세기에 실존했던 니콜라스 성인을 들 수 있다. 그는 오늘날 터키 영토인 아나톨리아의 미라Myra라는 곳의 주교였는데, 가난한 사람들에게 풍성한 선물을 주었던 것으로 유명하다. 특히 곤궁에 빠진 한 기독교도의 세 딸에게 지참금을 마련해주어서 그 세 처녀가 창녀가 되지 않고 잘 결혼하도록 도와준 것으로 알려져 있다.

오늘날의 산타클로스와 더 직접적인 관련을 가진 인물은 네덜란드의 신터클라스Sinterklaas(니콜라스 성인)다. 네덜란드의 관습에 따르면 '니콜라스 성인의 밤'인 12월 5일 저녁에 아이들이 선물을 받기 위해 난로 옆에 신발—양말이 아니다!—을 걸어둔다. 그러면 착한 아이에게는 신터클라스가 선물을 놓고 가지만, 나쁜 아이에게는 조수인 '시

커먼 피트Zwarte Piet'가 막대기로 때려주고 간다. 아마도 미국 동부에 이주한 네덜란드인들에 의해 이런 관례가 전해져서 오늘날 산타클로스로 변화했을 것이다. 다만 요즘은 까만 인물—원래 흑인은 아니고 굴뚝 속으로 다니다 보니 검댕이 묻어서 까매진 것이라고는 하지만—이 악역을 맡는다는 게 느낌이 좋지 않아서인지, 이 인물이 점차 사라져가고, 아예 12월 5일의 관례가 약해지면서 12월 24~25일의 축제로 일원화되는 경향이 있다.

니콜라스 성인. 불가리아의 소피아에 있는 보야나 교회에 그려진 중세 시대의 프레스코화다. 오늘날 산타클로스의 통통한 모습과는 전혀 다른 인상이다.

우리에게 익숙한 모습의 산타클로스가 전 세계에 널리 알려지게 된 것은 미국의 영향 때문이다. 19세기 후반에 활동한 만화 작가 토머스 내스트Thomas Nast(1840~1902)는 산타클로스를 통통한 몸매에 발그레한 뺨, 흰 수염이 풍성하게 난 할아버지 캐릭터로 재창조했다. 1863년 1월 3일자로 발행된 『하퍼스 위클리Harper's Weekly』지에 등장한 산타클로스를 주의 깊게 살펴보면 성조기로 만든 옷을 입고 있고, 남북전쟁 당시 남부의 대통령이었던 제퍼슨 데이비스Jefferson Davis(1808~89)의 별칭인 제프Jeff라는 글자가 쓰인 책을 들고 있다는 것을 알 수 있다. 미국에서 만들어진 산타클로스는 참으로 이상한 이력을 가진 존재인 것이다! 여기에다가 1939년에 로버트 메이Robert May가 통신판매 백화점의 선전 스토리로 빨간 코를 가진 사슴 루돌프를 만들어내서 산타클

최초의 산타클로스 그림. 1863년 1월 3일자 『하퍼스 위클리』 표지에 토머스 내스트가 그린 산타클로스가 그 이후 정형화된 모습으로 굳어졌다.

로스의 세속적인 버전이 완성됐다.

원래 어린이와 여성, 선원의 보호성인이었던 니콜라스 성인은 현대 자본주의에서 상품 수요 창출의 성인, 백화점 매출 제고의 성인으로 변질된 것이 아닐까 여겨질 정도다. 이처럼 상업화된 산타클로스는 원래의 기독교와 아무런 관련이 없으며, 성탄절을 과소비 혹은 과시 소비의 축제일로 변질시키는 데에 일조했다는 비판을 받곤 한다. 그런데 정말 이상한 점 중 하나는 미국의 대중문화에서는 오히려 어린아이들에게 산타클로스의 존재를 믿도록 내버려두어야지 그런 신화를 깨는 것은 어린이의 순수성을 해치는 지극히 사악한 태도라고 매도되곤 한다는 것이다. 일부 유럽 국가에서는 텔레비전과 영화, 광고 등을 통해 떠들썩한 모습으로 각색된 크리스마스의 상업화가 고유의 종교 문화를 침해한다는 문제점도 제기됐다.

종교 축제가 최소한 '쇼 비즈니스'로 변모해서는 안 된다.

과거와 미래를 동시에 여는 달

영어로 1월을 가리키는 '재뉴어리January'는 '야누스의 달'을 뜻하는 라틴어 야누아리우스Januarius에서 나왔다. 야누스는 로마 신화에서 문門의 신인데, 반대 방향을 향하고 있는 두 개의 얼굴을 가진 존재로 그려진다. 전설에 의하면 야누스는 사투르누스 신에게서 미래와 과거를 다 볼 수 있는 능력을 받았다고 한다. 해가 바뀌는 1월은 지난해를 반성하고 올해의 일들을 계획하면서, 새로운 한 해로 들어가는 문과 같은 시기이기 때문에 야누스의 달이 됐을 것이다.

원래 로마의 달력에는 열 달밖에 없었다고 한다. 겨울은 황량한 시기여서 아예 달에 포함되지도 않은 일종의 빈 시간 취급을 당한 것이다. 로마의 창시자 로물루스에 이어 두 번째 왕이 된 누마 폼필리우스Numa Pompilius는 기원전 713년경에 '야누아리우스'와 '페브루움Februum(영어의 February)'이라는 두 달을 만들어 기존의 열 달 앞에 추가시켰다. 페브루움은 로마의 정화 의식인 페브루아februa가 열리는 시기라는 의미다. 이렇게 해서 그때까지 일 년의 첫 번째 달이었던 마르

바티칸 박물관에 있는 야누스 신상.

티우스Martius(영어의 March)가 세 번째 달로 밀려났다.

대개 로마 신화는 그리스 신화의 내용을 거의 그대로 받아들이고 이름만 바꾼 경우가 많지만, 야누스는 그리스 신화에 대응하는 신이 없는 거의 유일한 신이다. 로마의 초기 시대에는 야누스가 신들 가운데에서도 가장 앞자리를 차지했고, 그래서 종교의식에서도 다른 어느 신보다도 먼저 제물을 받았다. 이 신은 모든 것의 시초를 상징해서 세계의 시작, 새로운 삶의 시작, 새로운 시대의 시작, 혹은 새로운 사업의 시작을 주관한다. 또 지난 과거와 미래를 동시에 조망하므로 변화와 진보, 새로운 비전을 상징하기도 한다.

야누스 신의 달의 첫째 날, 즉 우리의 설날에 로마인들은 좋은 소망을 담은 즐거운 이야기들을 나누고, 소원이 이루어지라는 의미에서 대추, 무화과, 꿀, 그리고 동전을 선물했다. 그리고 밀과 소금으로 만든 빵을 야누스 신에게 바치고 제단에서 태웠다. 그러고 보면 선물 교환, 세배와 세뱃돈, 떡국, 그리고 차례와 같은 우리의 설 풍속과 로마 풍속이 어딘지 비슷하다는 느낌도 든다.

무슬림 여성의 옷을
둘러싼 문화투쟁

　부르카burqa는 전신을 가리는 무슬림 여성의 의상이다. 이제 유럽 각국에서는 공공장소에서 이런 의상을 착용하는 것이 불법이 되고 있다. 벨기에 하원은 거리와 공공건물에서 부르카 착용을 전면 금지하는 법안을 가결시켰고, 프랑스 국회도 비슷한 내용의 법안을 심의할 예정이다. 프랑스에서 이 법이 통과되면 부르카를 입은 여성은 150유로(22만 원)의 벌금을 내야 하고, 부르카 착용을 강요한 사람은 1년 징역형과 함께 1만 5천 유로(2200만 원)라는 엄청난 벌금까지 물 수 있다. 이미 이탈리아에서는 부르카를 입은 여성이 우체국에 갔다가 경찰에 적발되어서 지방정부 조례 위반으로 벌금을 낸 사례가 발생했다.

　각국에서 부르카를 금지하는 이유는 신원 확인이 어려워 테러에 이용될 수 있다는 것부터 이런 의상이 남성 지배적인 문화의 상징으로서 현대 유럽 문화에 어울리지 않는다는 것까지 여러 가지를 든다. 그러나 현재 유럽 내 무슬림 인구가 5천만 명에 달하는 데다가 인구 증가율이 훨씬 높아서 장차 기독교도 인구보다 더 많아질지도 모른다

부르카. 눈 부위만 빼고 전신을 가리는 무슬림 여성의 의상으로 각지에서 논란의 대상이 되고 있다.

는 사실에 위협감을 느끼는 것이 중요한 배경이라 할 수 있다. 실제 부르카를 입는 여성의 수는 극소수인데도 이런 과도한 조치를 취하는 것은 그 때문이다.

그렇다면 부르카는 정말로 이슬람교의 교리에서 나온 것일까.

우선 이런 의상이 아라비아나 페르시아에서 이슬람교가 성립되기 이전에 이미 여성들이 입었다는 기록으로 볼 때 이슬람교 교리에 따른 것이 아니라는 점을 알 수 있다. 즉 원래 존재하던 지방 관습 위에 이슬람교의 요구 사항이 덧씌워진 것에 가깝다. 이런 의상과 관련하여 이슬람 원리주의자들이 근거로 드는 『쿠란』의 구절은 "여성 신도들에게 시선을 낮추고 정숙하게 처신하고 가급적 몸의 윤곽을 드러내지 않도록 당부하라. 이슬람 여성들은 베일을 가슴 위로 드리워야 하며……"라는 부분이다. 여성들에게 단지 겸허한 태도를 지키고 몸의 상반신을 베일로 가리라고 충고하고 있을 뿐, 얼굴과 온몸을 꼭꼭 가리라는 내용은 없다.

그러나 각 지역 이슬람 공동체는 이런 규정을 다양하게 해석하고 있다. 그 해석이 어떠냐에 따라 해당 지역 여성들의 의상 규정이 달라지는 셈이다. 예컨대 사우디아라비아의 파트와(이슬람법에 따른 결정 사항)는 이에 대해 이렇게 선언한다. "여성의 얼굴은 반드시 가려야 하는 신체 부위awrah다. 대부분의 사람들이 얼굴을 가장 많이 보므로 얼굴은 신체 중 가장 유혹적인 부위다."

다른 나라의 종교, 그리고 그에 대한 사회적 반응에 대해 이러저러한 토를 달 일은 아니지만, 부르카를 강요하려는 쪽이나 금지하려는 쪽이나 모두 박약한 근거 위에서 치열하게 싸우고 있다는 느낌을 지울 수 없다.

영국 귀족 자제의 놀이가
전 세계로

　축구의 '기원'이 될 만한 것들로는 우리나라 고려 시대의 축국蹴鞠을 비롯해 고대 마야 문명의 공차기 놀이, 중세 이탈리아의 돼지 오줌보 축구 놀이 등을 들 수 있지만, 오늘날 우리가 아는 축구의 발생지는 분명 영국이다. 더 정확히 말하면 축구는 1840~50년대 영국의 귀족 자제들이 다니던 사립학교에서 탄생했다. 19세기 초반, 명문 럭비 고등학교의 토머스 아놀드 같은 교육자들이 당대 청소년들의 과도한 음주와 폭력을 딴 데로 돌리고 대신 페어플레이fair-play 정신을 키워주자는 의도에서 공을 차게 한 것이다. 이처럼 귀족 자제들의 훈육 과정에서 탄생한 공차기가 조만간 중류층으로, 다음에는 상층 프롤레타리아에게 퍼지더니 그 후 전 세계인에게까지 보급되기에 이르렀다.

　학교 다닐 때 공을 차던 사립학교 졸업생들은 졸업 후에도 계속 공을 차다가 1863년 정식으로 축구협회Football Association를 결성했다. 이들이 제일 먼저 해야 할 일 중 하나는 축구의 경기규칙을 통일하는 일이었다. 그리하여 더 이전인 1848년에 처음으로 제정된 첫 축구 경기

로열 엔지니어 축구팀. 1872년 제1회 잉글랜드컵대회 결승전에 올라갔으나 원더러스 팀에 1 대 0으로 패배하여 준우승에 머물렀다.

규칙인 케임브리지 경기규칙Cambridge Rules을 손봐서 공식 축구 경기규칙을 제정했다. 당시 풋볼은 크게 두 종류가 있었다. 하나는 '드리블링 게임dribbling game'으로, 이 경우는 손을 사용하지 못하고 해킹hacking(상대방 정강이를 발로 차는 행위)을 금지한 방식이었다. 이 방식의 공차기의 정식 이름이 바로 association-football이다. 말하자면 '축구협회 지정 경기방식에 따르는 축구'라는 의미이며, association이라는 단어의 중간 부분(-soc-)을 따서 사커soccer라는 별칭이 나왔다. 다른 하나는 '핸들링 게임handling game'으로 이는 손을 사용하는 데다가 폭력적인 행위에 조금 더 관대했다. 이 방식은 곧 럭비풋볼rugby-football이 됐고 1871년에 럭비풋볼협회Rugby Football Union를 결성하여 따로 독립했다.

축구는 폭발적인 인기를 누려 얼마 지나지 않아 민중 계급 최고의 놀이로 자리 잡아갔다. 1870년대부터 특히 잉글랜드 북부의 상층 노동자들에게 축구가 확산된 데에는 노동자들이 음주 대신 공놀이를 하는 쪽으로 유도하려 했던 교회와 기업가들의 노력도 일조했다. 그렇지만 축구가 음주와 무관하지는 않았으니, 펍pub 주인들도 축구팀 창단에 도움을 많이 주었다.

1885년부터는 프로팀이 만들어졌다. 운동선수의 사실상의 프로화化는 이전부터 있던 일로 1850년부터 크리켓 선수 중에 일부가 귀족들로부터 지원을 받고 있었다. 축구 클럽은 일종의 회사처럼 되어 수익이 생기면 회원들에게 5퍼센트 정도를 배당했다. 맨체스터 유나이티드 같은 일부 팀들은 독자적인 운동장도 갖추었다. 대기업 고용주들 중에는 축구를 건전한 놀이로 여기고 장려한 사람들이 많았다. 이런 발전의 결과 1890년경에 축구는 대표적인 겨울 스포츠가 됐고—대표적인 여름 스포츠는 크리켓이었다—1905년이 되면 축구협회에는 1만 개 이상의 클럽과 30만 명 이상의 선수(프로와 아마추어 합쳐서)가 등록되어 있었다.

축구 경기 보급에는 '영국식 토요일'도 영향을 끼쳤다. 토요일에는 오후 1시까지 일을 하므로 그 후에 노동자들은 운동장으로 몰려가서 3시에 시작되는 경기를 관람했다. 당시에 일요일은 교회에 가는 날이라 하여 경기가 없었다. 잉글랜드컵대회 결승 경기는 어느덧 대단한 축제가 됐다. 4월이 되면 수십만 명의 노동자들이 북부 지방에서 기차를 타고 런던으로 운집했다. 운동장에는 10만 명 정도가 들어갔으며, 1914년부터는 영국 왕도 참석하는 것이 전통이 됐다. 이후 잉글랜드컵대회 경기는 영국 노동자 문화의 중요한 전통으로 자리 잡았다.

인격적으로 성숙한
기업이 살아남는다

　1886년 미국 대법원의 수석재판관인 모리슨 웨이트는 미국 수정헌법 제14조에 근거하여 회사는 사람과 똑같은 권리를 가지는 존재라고 판결했다. 회사는 적어도 법적으로는 실제 사람과 똑같은 존재인 법인法人이 되어서, 그 자신의 이름으로 사업을 운영하고 자산을 취득하며 노동자를 고용할 뿐 아니라 법원에서 자기 권리를 옹호하게 됐다.

　자본주의 시장경제에서 회사는 어떤 성격의 존재였던가. 캐나다의 법률가이자 작가인 조엘 바칸Joel Bakan은 저명한 심리학자 로버트 헤어Robert D. Hare 박사가 창안한 심리검사 기준을 적용하여 회사(법인)가 실제 사람(자연인)과 같은 존재라고 가정하면 과연 어떤 성격의 사람인지 분석해보았다.

　회사는 자신의 목표를 달성하기 위해 다른 모든 사람을 위험에 빠뜨리는 '무책임한' 태도를 보인다. 여론을 포함해서 모든 것을 '조종'하려고 하며, 자신이 늘 최고라고 주장하는 '과대망상'의 성격을 가지고 있다. 자신 때문에 희생하는 사람들에 대해 전혀 개의치 않는 '동정심 부족'과 '비사회적 태도'라는 특징도 보인다. 회사가 위법 행위를 하다가 발각되면 약간의 벌금을 물고는 다시 같은 행위를 반복하는 점에서 '자기 행동에 대해 책임감이 없고 양심의 가책을 느끼지 않는' 존재다. 회사는 일반 대중에게 자신의 이미지를 각인시키려는 의도로만 관계를 맺으려고 하므로 대인관계는 언제나 '피상적'이다. 실제 이런 성격을 가진 사람은 다름 아닌 사이코패스, 즉 폭력성을 동반한 이상심리 소유자다. 지금까지 많은 회사는 분명히 이런 성격의 존재였다. 예컨대 멕시코 만에 엄청난 원유 유출 사고를 일으킨 영국의 글로벌 석유회사 BP아모로의 행태를 보면 그런 분석에 공감하지 않을 수 없다.*

그러나 현대 사회경제 역시 진화를 거듭하여, 이제는 과거와 같은 행태를 고집하기가 쉽지 않다. 현대 마케팅 이론의 대가인 필립 코틀러는 기업의 사회적 책임CSR(Corporate Social Responsibility)을 다하는 '착한 기업'만이 살아남는다고 주장했다. "사회적 책임을 다하는 기업은 소비자들에게 좋은 이미지를 전달하기 때문에 소비자들은 그 회사 제품을 더 사려 하고, 회사는 더 좋은 인재를 유치할 수 있으며, 협력회사로부터는 더 유리한 업무 협조를 받을 수 있다"는 것이다. 이익을 위해서는 온갖 악행도 마다하지 않는 천민자본주의식 기업은 큰 장사를 못한다.

기업의 선행은 단순히 위장된 쇼가 아니라 국내외 경제 환경에서 다

---

* 2010년 4월, BP아모로 소유의 마콘도 유정(油井)에서 해상 원유 시추 시설 '딥워터 호라이즌'이 폭발하면서 현장 근로자 11명이 숨지고 87일 동안 490만 배럴의 원유가 유출됐다. 유출된 기름떠는 루이지애나, 미시시피, 앨라배마 해안을 거쳐 플로리다 서부 해안까지 확산되어 환경에 막대한 피해를 주었으며 주변 어업과 관광업을 황폐화시켰다.

른 사람들(자연인이든 법인이든)과 함께 어울려 살아가는 데 필수적 요소로 자리 잡아가고 있다. 물론 기업들에게 천사 같은 박애주의자가 되라고 할 수는 없다. 기업의 1차 목표는 결국 돈 버는 일이다. 다만 이 사회에서 조화롭게 살아가며 선한 방식으로 돈을 버는 성숙한 인격자가 되어야 마땅하다.

200년 넘게 지속된 입시제도

세계의 대학 입학제도 가운데 널리 알려진 것으로는 프랑스의 바칼로레아가 있다. 이것은 중등교육과정을 잘 수료하여 대학에 입학할 수 있는 능력을 갖추었는지 검정하는 시험으로, 우리의 고등학교에 해당하는 리세lycée 마지막 학년에 치른다. 이 제도는 나폴레옹 시대인 1808년에 처음 도입됐으니, 무려 200년이 넘는 역사를 자랑한다.

바칼로레아는 프랑스의 사회 변화를 반영하며 진화를 거듭해왔다. 초기에는 대학 입학이 상층 계급의 전유물이어서, 1808년 첫해에는 과학 영역 바칼로레아 한 종류만 있었고, 구술시험을 통해 31명의 자격자bachelier만 배출했다. 제1차 세계대전 전야만 해도 여전히 자격자는 7천 명에 불과할 정도로 소수였으나, 1960년대에 이르러 큰 변화가 찾아왔다. 이때까지 대학은 대부분 도시 상층민에게만 문호가 개방되어 있었고, 농촌 지역에서는 초등교육 수준을 크게 벗어나지 못했다. 1960년대에 이러한 사실상의 구분이 사라져서 전국의 모든 학생이 바칼로레아를 거쳐 대학에 가는 길을 택하게 됐다.

바칼로레아 자격증. 중등교육과정을 잘 이수했는지 판단하는 시험을 거쳐 이를 통과한 사람에게 대학 입학 자격을 인정하는 내용이다.

여기에 베이비붐의 영향이 더해졌다. 청소년의 수가 크게 늘어났고, 이들 중 많은 수가 교육을 더 많이 받아 사회 상층으로 상승하려는 욕구를 가지고 있었으므로, 바칼로레아 응시자가 크게 늘어날 수밖에 없었다. 1960년에 5만 명이었던 자격자는 5년 안에 10만 명에 육박했다. 이때는 또한 소위 '68년 혁명'의 시대였다. 베트남 전쟁에 반대하는 낭테르 대학(파리 10대학) 학생 시위를 우파 정권이 진압하면서 시작된 학생과 시민의 항의 시위는 5월 13일 무려 100만 명의 파리 시민들이 길거리에 나서서 행진하게 됐고, 그 후에는 무려 1천만 명이 넘는 노동자들이 파업을 하는 초유의 사태로 이어졌다. 이와 같은 사회·정치적 변화에 맞추어 대학 체제에도 변화가 찾아왔고(예컨대 단기공과대학IUT이 만들어졌다) 그런 변화에 맞추어 바칼로레아 체제 역시 조정됐다. 1985년에 세 번째 영역인 전문 분야 바칼로레아가 만들어져 이제 학생들은 자신의 진로에 맞춰 일반·전문·기술 세 영역의 바칼로레아 중 한 가지를 선택하여 응시한다. 프랑스 교육 당국은 한 연령층 학생 중 80퍼센트가 바칼로레아 자격자가 되도록 만드는 것을 목표로 하고 있다. 그러나 현실에서는 자격 미달인 학생들이 많아 오늘날 그 수치가 대체로 65퍼센트 정도에 머물고 있다.

영역에 관계 없이 모든 응시자들이 치르는 철학시험에서는 광범위한 독서와 독창적 사고를 요하는 논술 문제가 출제된다. "스스로 의식하지 못하는 행복이 가능한가", "우리는 과학적으로 증명된 것만을 진리로 받아들여야 하는가" 하는 식의 문제들은 응시자만 아니라 전 국민이 한번쯤 이야기하는 화제가 되곤 한다.

이 제도 역시 여러 문제를 안고 있고 많은 개선 요구에 직면하지만, 장구한 기간 큰 틀을 유지하는 가운데 사회의 민주화와 다양화를 반영하면서도 동시에 품위와 권위를 누린다는 것은 정말로 큰 장점이다. 말로는 교육이 백년대계百年大計라고 하면서도 쉴 새 없이 제도를 바꾸면서 그때마다 수험생들과 학부모들을 고통 속에 밀어넣는 우리나라의 현실과는 얼마나 대조적인가. 앞으로도 또 어떤 새로운 대입제도가 계속 나타날지 궁금하다.

인류의 평화를 기원한 노래?

베토벤Ludwig van Beethoven(1770~1827)의 9번 교향곡 「합창」은 송년 음악회에서 가장 많이 연주되는 곡 중 하나일 것이다. 특히 실러Johann Christoph Friedrich von Schiller(1759~1805)가 지은 시 「환희의 송가」에 베토벤이 곡을 붙인 4악장은 장엄한 아름다움으로 우리의 영혼을 사로잡는다. '모든 사람이 형제가 되리라Alle Menschen werden Brüder'는 노래를 통해 베토벤은 인류의 평화를 기원하지 않았을까.

그렇지만 베토벤 본인의 의도와는 상관없이 그의 곡들은 후대에 다양한 목적으로 이용됐다. 아마도 히틀러가 개인적으로 가장 좋아했던 작곡가는 바그너였을 테지만—그래서 바그너 축제가 열리는 바이로이트를 일종의 성지처럼 여겼다—가장 존경했던 작곡가는 베토벤이었다. 그는 "베토벤이라는 단 한 명의 독일인이 모든 영국인을 합친 것보다 음악에 더 큰 공헌을 했다"고 단언했다.

9번 교향곡도 히틀러와 나치들이 가장 즐겨 연주했던 곡이었다. 특히 1933년에 나치 당원이 됐던 카라얀이 지휘하는 베를린 필하모닉 오

1941년 베를린 필하모닉 오케스트라를 지휘하던 헤르베르트 폰 카라얀. 카라얀의 나치 당원 이력은 논란의 대상이다. 그는 1933년 4월 1일 잘츠부르크에서 나치당에 가입했지만(당원 번호 1,607,525) 그해 6월에 오스트리아에서 나치당이 불법화됐다. 그럼에도 그의 당원 자격은 1939년까지 유효했다. 그동안 그가 어떤 상태의 나치 당원이었는지에 대해서는 명확하게 밝혀지지 않았다. 카라얀이 1945년까지 나치 체제에서 지휘자로서 승승장구한 것이 나치 당원 자격과 관련이 있으리라고 추측하는 사람들이 많지만, 반론도 만만치 않다.

케스트라의 레퍼토리에는 이 곡이 빠지지 않았다. 1936년 베를린올림픽, 1937년과 1942년의 히틀러 생일, 그 외에도 히틀러청년단이나 나치군, 히틀러친위대를 위한 연주에 「환희의 송가」가 자주 울려퍼졌다. 나치의 공식 라디오 방송도 모두 베토벤의 음악을 시그널 음악으로 사용했다.

1934년 11월 실러의 탄생 175주년 기념일에 히틀러는 실러가 활약한 곳이자 사망지인 바이마르에 찾아가 "20세기의 천재가 18세기의 천재에게 경의를 표한다"고 과장하여 말했다. 그러고는 한스 피츠너의 지휘로 9번 교향곡을 웅장하게 연주하게 했다. 나치는 이 곡을 세계 만민을 위한 노래가 아니라 독일 국민을 위한 노래로 만든 것이다. 사실 그럴 가능성은 이미 이 음악 자체에 내재해 있는지도 모른다. 「환희의 송가」가 만들어지던 시대는 동시에 영국 국가인 「하느님, 국왕 폐하를 지켜주소서God save the King」,* 프랑스 국가인 「라 마르세예즈La Marseillaise」, 그리고 하이든이 작곡하여 독일 국가로 쓰이는 「황제 찬가」 등이 만들어지던 때가 아니던가. 같은 곡도 누구에게는 전 세계 보편적 인류애를 위한 노래가 되고, 어떤 사람들에게는 독일 민족의 노래가 되는 것이다. 1824년에 9번 교향곡을 작곡할 때 베토벤은 민족적인 영웅

베토벤의 초상화. 1820년 요제프 카를 슈틸러가 그린 초상화에는 베토벤의 눈이 푸른색이 아니라 갈색이어서 나치 당원들에게는 불만이었다.

으로 받아들여졌고, 3년 뒤 그가 죽었을 때 일종의 국민장이 치러졌다.

나치는 베토벤을 인종주의적으로 해석하려고 노력했다. 그런데 베토벤의 용모가 암만해도 나치가 주장하는 노르딕 인종의 용모와 다르다는 것이 마음에 걸렸던 것 같다. 그들은 베토벤의 모든 초상화에 눈이 갈색으로 그려져 있는데도 베토벤의 눈이 푸른색이라고 강변했다. 발터 라우셴베르거는 『국민과 인종』에서 할 수 없이 이렇게 썼다.

용모는 노르딕이 아닌데 어쩌면 그렇게도 스칸디나비아적인 영혼을 가지고 있단 말인가.

그보다 더 괴로운 문제는 1924년에 다름 아닌 공산주의 인터내셔

---

* 현재처럼 영국 국왕이 여왕일 때에는 「God Save the Queen」으로 바꾸어 부른다.

베토벤의 9번 교향곡 「합창」의 원본 악보.

널(코민테른)이 「환희의 송가」를 자신의 철학을 표현하는 음악으로 사용했다는 점이다. 실러가 시에서 이미 모든 사람이 형제가 된다고 하지 않았던가. 이에 대해 나치 음악학자 한스 요아킴 모저 Hans Joachim Moser(1889~1967) 는 「전 세계 인민에게 입맞춤」이라는 글에서 열등 민족은 배제되는 것이라고 주장했다. 다시 말해서 이 노래는 평화에 대한 노래가 아니라 독일 민족 공동체를 노래한 것이라고 주장했다. 후일 유명한 공산주의 계열 작곡가인 한스 아이슬러 Hanns Eisler는 이 점을 비꼬아 이렇게 말한 바 있다. "우리가 영토를 지배하려는 곳 주민들, 유대인, 흑인 같은 사람들만 빼고 모든 사람이 형제가 되리라."

　나치는 베토벤을 나치의 선구자처럼 강변했지만, 다른 사람들은 전혀 다른 목적으로 이 곡을 이용했다. 독일 출신으로 미국에서 활동했던 지휘자 발터 담로슈 Walter Damrosch는 '유럽의 전쟁광들을 진정시킨다'는 의미로 1938년에 뉴욕에서 「환희의 송가」를 연주했다. 심지어 1944년 3월에 아우슈비츠 수용소에서도 사람들이 합창단을 조직하여 체코어로 「환희의 송가」를 불렀다. 이때 이 곡은 나치에 대한 저항의 상징이었다. 오늘날에도 사정은 유사하다. 1972년 이래 유럽연합의 노래로 이 곡을 사용하고 있는가 하면 가장 추악한 인종주의 국가였던 로디지아가 이 곡을 국가로 부르기도 했다. 죽은 변도변(베토벤)씨는 지하에서 무슨 생각을 하고 있을까.

국가의 존속이 걸린 재정 문제

국고의 수입과 지출을 잘 맞춘다는 것은 역사상 언제나 지극히 어려운 과제였다. 과거로 거슬러 올라가면 전 국민에게 공평하게 세금을 부과하고 효율적으로 징세한다는 것은 아예 불가능한 일이었다. 그러니 국왕과 정부는 우선 필요한 대로 지출을 하고 그다음에 그 비용을 어디에선가 찾아내는 방식으로 재정을 운용했다. 급전이 필요할 때 가장 쉽게 생각할 수 있는 방안은 거금을 가진 대상인들에게 돈을 빌리는 것이다. 그렇지만 대개 그 돈을 갚기 위해 다시 돈을 빌리는 일이 계속되어서 부채 액수가 눈덩이처럼 불어나는 상황이 벌어지곤 했다. 대표적인 경우가 16세기의 에스파냐였다.

펠리페 2세(1527~98, 재위 1556~98)가 에스파냐 국왕으로 등극했을 때, 그는 자신의 아버지 합스부르크가의 카를 5세가 남긴 엄청난 재정 부담을 그대로 물려받았다. 카를 5세는 유럽 전체를 지배하는 대제국을 건설하여 로마 제국을 부활시키겠다는 거대한 야망을 가지고 끊임없이 전쟁을 치렀다. 그는 프랑스와 전쟁을 치르기 위해 푸거Fugger가

를 비롯한 대상인들로부터 600만 두카트라는 거액의 돈을 빌렸고 그때 장차 들어오게 될 왕실 수입을 담보로 사용했는데, 펠리페 2세가 왕이 됐을 즈음에는 이미 몇 년치의 수익이 담보로 잡혀 있었던 것이다.

사실 그 자신도 과도한 정치적 야망을 가지고 있었고 이를 위해서 계속 전쟁을 치렀으므로 사태는 더욱 악화됐다. 그 역시 당장 급한 전쟁 혹은 반란 진압을 위해 상인들에게 돈을 빌리는 수밖에 없었다. 당시에는 공채公債 발행 기법이 그리 발달하지 않아서,

에스파냐 마드리드의 사바티니 정원에 있는 펠리페 2세 조각상. 과도한 정치적 야망 때문에 늘 재정 문제에 시달렸던 그는 대상인들에게 거금을 빌린 후 상환하지 못하여 정부 파산을 선언하곤 했다.

아시엔토asiento라고 부르는 단기 차입 방식에 의존했다. 이는 빌린 돈을 언제 어느 곳에서 어느 수준의 이자로 되갚겠다는 것을 약속하는 단순한 방식이었다. 그런데 이 거액의 아시엔토를 되갚을 수 없었던 펠리페 2세는 이를 해결하는 방편으로서 다시 더 큰 돈을 빌리는 아시엔토를 체결할 수밖에 없었다. 담보로 잡혀 있던 여러 지역의 땅이나 광산이 부유한 상인의 수중으로 들어갔다. 그렇지만 이런 식의 차입에는 한계가 있을 수밖에 없었다. 결국 국왕은 단기 유동부채를 장기채로 강제 전환하는 조치를 취했다. 1557년 아시엔토를 연리 5퍼센트의 상환가능 연금juros al quitar으로 전환시키는 칙령을 내렸다. 이렇

게 함으로써 우선 급한 재정 압박은 피했지만, 문제가 해결된 것은 아니었다. 계속 채무에 시달리던 국왕이 할 수 있는 일은 이자율을 강제로 낮추든지, 더 나아가서는 노골적으로 파산선고를 하는 것이었다.

펠리페 2세는 1560년에 처음 정부 파산선고를 했다. 그 후에도 전쟁에 따른 정부 지출이 계속 증가함에 따라 에스파냐는 여러 차례 파산선고를 하는 수밖에 없었다(1575, 1596, 1607, 1627, 1647, 1653). 그때마다 매번 이전에 빌린 차입금을 장기채로 전환하여 강제로 받아들이게 했다. 당연히 국가의 채무 액수는 증가했다. 1560년에 380만 두카트였던 국가 채무는 1598년에 460만 두카트, 그다음 국왕 대에 들어가서 1623년에 560만 두카트, 1667년에 900만 두카트로 증가했다. 1660년대에는 정부 수입 중 70퍼센트가 이자 지불용으로 사용됐다. 정부 소득 10여 년치에 해당하는 원금은 갚을 생각도 하지 못했다.

에스파냐의 상황은 기본적으로 과잉 팽창의 전형적인 사례로서, 감당하기 힘든 부채에 몰릴 수밖에 없는 구조적인 여건 하에 있었다. 지출은 지극히 컸던 반면, 국고 수입은 불확실하고 불충분했다. 국내 경제는 제국의 의욕적 정책을 지탱하기에는 턱없이 부족했다. 그러나 같은 여건 하에서도 재정 운용 방식을 개선했다면 그나마 훨씬 나은 결과를 가져올 수도 있었겠으나, 이 나라의 재정 처리 방식은 기껏해야 대상인으로부터 돈을 계속 빌리다가 결국에는 파산선고를 하는 수준이었다.

국가의 운명은 많은 부분이 재정 문제를 어떻게 해결하느냐에 달려 있다. 이 문제를 매끄럽게 해결하지 못하면 에스파냐처럼 몰락해서 이류 국가로 떨어질 수도 있고 프랑스처럼 대혁명을 겪을 수도 있다. 21세기 현재 남유럽 국가들이나 미국이 직면한 기본적인 문제가 이것이다.

이혼

성스런 기독교적 결혼의
전통을 깨다

1792년 9월 20일, 즉 프랑스혁명을 분쇄하기 위해 침략해 들어온 프로이센과 오스트리아 연합군을 프랑스군이 격파한 발미Valmy 전투가 있던 날 파리의 입법의회 의원들은 1천 년 동안 내려온 전통을 단한 시간 만에 깨뜨리고 있었다. 프랑스에서 이혼제도가 성립된 것이다.

결혼을 '해소할 수 없고 파기할 수 없는' 성사聖事로 만든 것은 가톨릭교회였다. 원래 초대 교회는 가급적 결혼과 육체관계를 피하고 정결하게 살 것을 권했다. "결혼은 지상을 만족시키고, 순결은 하늘을 만족시킨다"는 것이다. 종말을 대비해야 하는 우리는 '하늘'의 일을 기다리며 사는 것이 마땅하다. 초기 기독교 교회의 철학자이자 사상가인 아우구스티누스에 따르면 "결혼은 좋은 일이며, 성은 후손을 보기 위해 좋은 일이다. 그러나 금욕과 순결이 더 좋은 일이다." 사실 초기 기독교에서는 이런 태도가 더 엄격해서 많은 성인들은 차라리 황야로 가서 고행하며 성을 피하고자 했다. 그러나 모든 사람이 다 결혼하지 않고 섹스를 거부하면 결국 인류는 멸망하지 않겠는가. 이 문제를 정리한 것이 그레고리우스 7세 교황(재위 1073~85)의 개혁이었다. 이에 의하면 성직자는 금욕의 규칙을 준수하고, 일반 신도는 결혼을 하되 교회의 주관하에 이루어지는 '기독교적 결혼'을 하라는 것이다.

성사(聖事)로서의 결혼. 가톨릭교회는 결혼을 7대 성사의 하나인 혼배성사로 의례화하여 '기독교적 결혼'을 성립시켰는데, 이에 따라 엄격한 일부일처제가 성립됐고 원칙적으로 이혼이 불가능했다.

'기독교적 결혼'이 확립되기 이전에는 많은 귀족들이 여러 여자를 거느리고 살거나 마음대로 부인을 내쫓는 일이 빈번했고, 이런 것들이 별로 이상할 것도 없는 일로 여겨졌다. 그러니까 교리로는 결혼을 억제하라는 가르침이 너무 엄했고, 실제로는 너무 무질서했다. 이런 상황을 가톨릭교회가 정리한 것이다. 교회는 결혼을 교리 체제 내로 끌어들여 와서 이것을 성사聖事의 하나로 만들었다. 따라서 결혼은 엄격한 일부일처제이고 양자의 동의에 바탕을 두어야 하며 결코 해소할 수 없는 것이 됐다. 하늘이 맺어준 것을 사람이 해소할 수 없다는 것이니, 이에 의하면 원칙적으로 이혼은 불가능하다. 한 번 맺어진 부부가 정식으로 헤어지려면, 많은 국왕들이 정치적인 의미에서 그렇게 했듯이 교회로부터 '결혼 무효'라는 것을 받아내야 한다. 이런 주장은 대개 결혼하고 나서보니 두 사람이 친척 관계에 있어서 인륜에 어긋나므로 결혼을 원인 무효로 만들어달라는 가당치 않은 말이다.

결혼을 아름답게 묘사한
중세 프랑스의 장식화.

　그런데 이혼 불가의 원칙이 많은 사람들을 고통스럽게 했다. 더 이상 함께 살기 힘든 부부가 어쩔 수 없이 황량한 결혼생활을 해야 했고, 또 서로 사랑하지 않는 부모 사이에서 아이들이 괴로워하며 살았다. 이런 점을 거론하며 계몽주의 사상가들이 교회를 강력히 비판했다. 그런 움직임이 혁명 상황에서 결실을 본 것이 1792년의 법률이었다. 이제 결혼은 민법상의 계약이 됐고 이혼의 가능성도 열렸다. 그러자 이혼 사태沙汰가 벌어졌다. 조만간 파리에서는 이혼 건수가 결혼 건수보다 많아졌다. 심지어 두 자매와 차례로 결혼과 이혼을 한 후에 장모와 결혼하려 한 사람까지 생겨났다. '혁명의 지나침'은 다시 반동을 불러와서 왕정복고기에는 이혼이 거의 불가능한 일이 됐다가, 1884년에 다시 이혼을 허가하는 나케Naquet법이 가결되어 원점으로 되돌아갔다.

　이혼이 아예 불가능하다면 숨 막히는 사회가 되고, 현재 우리 사회처럼 너무 과하면 모든 것이 불안정해진다. 이 역시 적절한 균형이 필요할 터다. 다만 요즘 우리 사회에서는 이혼 이전에 아예 젊은이들이 결혼을 하지 않는 경향이 커져서 어쩌면 그것이 더 큰 문제다.

애정의 체위를 둘러싼
오해와 진실

　남녀가 성애를 나눌 때 남자가 여자 몸의 위에 올라가 서로 마주 보는 소위 '정상 체위'를 서양에서는 '선교사 체위missionary position'라고 도 부른다. 흔히 하는 설명은 유럽의 기독교 선교사들이 해외에 나가 서 전도 사업을 벌일 때 현지 주민들이 낯선 자세로 사랑을 나누는 것 을 보고 충격을 받아 반드시 정상 체위로만 할 것을 강요했기 때문에 이런 이름이 생겼다는 것이다.

　중세부터 근대 초까지 기독교 쪽에서 남녀간 성애의 자세에 대해 간섭하려 했던 것은 사실이다. 교회의 입장은 금욕이 최선이지만, 나 약한 인간들이 모두 그럴 수는 없으므로 결혼한 부부간에 사랑을 나 누되, 오직 후손을 보는 목적이어야만 한다는 것이다. 예컨대 임신 중 에 성행위를 하는 것처럼 후손을 얻기 위한 목적이 아니고 쾌락에만 몰입하는 것은 대죄大罪다. 결혼하지 않은 남녀만이 아니라 부부 사이 라 하더라도 쾌락을 위해 섹스를 했다면 '부부간의 간통'이라는 희한 한 죄가 성립된다. 입이나 항문을 이용한 '자연스럽지 못한' 성교, 수

킨제이 보고서. 인간의 성생활에 대한 체계적 연구로 유명한 킨제이 보고서는 1만 8천 명과 인터뷰한 내용을 분석한 결과로서, 『남성의 성생활』(1948)과 『여성의 성생활』(1953)이라는 두 권의 저서로 되어 있다.

간이나 동성애 같은 것은 거의 살인죄에 버금가는 중대한 죄여서, 때로는 10여 년간 금식의 고해를 해야 했다. 하여튼 섹스는 오직 후손을 보기 위해서만 해야 했으므로, 회임懷妊에 가장 적합하다고 생각했던 정상 체위만 인정하고 나머지 자세들은 쾌락만을 좇는 사악한 방식이라며 비난했다. 남자는 적극적이고 여자는 수동적이므로 반드시 남자가 위로 올라가야 하고 여자가 밑에 있어야 한다. 이것이 신이 인간에게 부여한 역할이었다고 신학자들은 강변했다. '여성 상위'와 같은 뒤집어진 방식은 말세에 유행하는 일이라고도 주장했다. 신학자들의 전통적인 해석이 이러했으므로, 해외에 나간 선교사들이 똑같은 주장을 했을 가능성도 없지 않다. 그런데 언제, 어디에서 그런 일이 있었단 말인가.

최근 프리스트R. Priest라는 연구자가 이 말의 유래에 대해 합당해 보이는 설명을 제시했다. 이 말이 처음 등장한 것은 1948년에 나온 유명한 킨제이 보고서, 즉 『남성의 성생활』이다. 킨제이는 이런 표현을 어떻게 해서 사용하게 됐을까. 그는 인류학자 말리노프스키Bronislaw Malinowski(1884~1942)의 『북서 멜라네시아 미개인들의 성생활』(1929)이라는 책 내용을 인용하고 있다. 그런데 그 책 내용을 재검토한 프리스트의 설명에 의하면, 말리노프스키가 정확히 똑같은 표현을 한 적은 없으며, 다만 책의 여기저기에 유사한 내용들이 나오는데, 아마도 킨제이가 혼동을 일으켜서 그런 용어를 만들어낸 것이라고 한다.

말리노프스키의 책에 나오는 내용은 남자가 위로 올라가서 서로 얼굴을 마주보는 성행위 방식은 트로브리안드 제도에는 원래 없고 근자에 들어온 선교사들이 하는 새로운 방식, 즉 '선교사 방식missionary fashion'인데, 현지 주민들은 보름밤에 벌이는 향연에서 이를 놀리며 즐거워했다는 것이다. 그렇다면 선교사들이 정상 체위를 강요했기 때문이 아니라 차라리 현지 주민들에게 들켰기 때문에 그런 용어가 만들어졌다고 보아야 할 것이다.

태어난 날을 축하하기까지

자신의 생일을 기념하는 것은 생각만큼 그렇게 일반적인 관행이 아니었다. 프랑스의 희곡작가 몰리에르Molière(1622~73)의 작품 속 주인공 중 한 명이 늙은 나이에 젊은 처녀와 새 결혼을 하려고 할 때 친구가 나이가 몇이냐고 묻자 이렇게 답한다. "내 나이가 얼마인지 어떻게 아나? 그런 것까지 외우고 다니는 한가한 사람도 다 있나?"

중세 유럽에서 1년에 한 번 돌아오는 기념일이라는 의미의 'anniversary'라는 단어는 흔히 태어난 날이 아니라 죽은 날을 의미했다. 교회에서도 생일을 축하하는 데 대해 별로 호의적이지 않았다. 성경에는 생일에 대한 언급이 있지만, 그것은 자신이 겪는 불행의 시작을 한탄하는 데 주로 쓰였다. 예컨대 욥이나 예레미야는 자신이 태어난 날을 저주했다. 아우구스티누스는 육신이 태어난 날은 원죄를 영구히 존속시키는 날 정도로 생각하여 이런 날을 기념하는 것은 합당하지 않다고 여겼다. 차라리 고인을 위해 미사를 드려야 하는 죽은 날이 더 기억할 가치가 있는 날이었다. 물론 예수의 탄생일(12월 25일), 마리아의

노래 「생일 축하합니다」의 원곡 악보. 처음 만들어졌을 때에는 유치원 아이들과 아침 인사를 나누는 내용의 노래였다.

탄생일(9월 8일), 혹은 세례 요한의 탄생일(6월 24일)을 기념하지만, 이는 예외적인 인물들의 경우다. 그리고 이처럼 종교적으로 중요한 탄신일이 대체로 하지와 동지 시기인 것은 우연이 아니다. 하지나 동지는 이교 신앙에서 중요한 축제일이었기 때문에 이런 날을 기독교의 중요 기념일로 만든 데에는 신자들을 이교의 영향에서 지켜내려고 한 목적도 있었을 것이다.

생일을 기념하는 관습은 중세 말기에 식자층으로부터 서서히 시작됐다. 예컨대 14세기에 왕실과 귀족 가문에서 점성술이 유행했는데, 이때 어떤 사람의 미래를 예견하기 위해서는 그 사람이 태어난 날을 정확히 알고 있어야 했다. 종교개혁 이후 개신교에서는 가톨릭의 성인 숭배를 비판하려는 목적으로 수호성인보다는 차라리 당사자의 탄생에 더 큰 의미를 부여하려 했다. 그렇지만 일반인들에게 생일을 기념하는 관행은 아주 느리게 자리 잡아갔다. 괴테(1749년 8월 28일생)가 그런 사례다. 괴테의 말년에는 그의 생일 축하 행사가 공공 행사가 됐으며, 1819년에는 독일 전체에서 그의 생일을 축하했다. 전 세계적으로 널리 퍼진 생일 축하 노래 「생일 축하합니다Happy Birthday to You」는 1893년에 작곡됐고, 노랫말은 20세기에 들어와서 붙여졌다.*

　나 개인의 삶이 시작된 날을 소중히 여기고 기념하는 관행은 단순한 일 같지만, 크게 보면 근대 개인주의 문화의 발전을 나타내는 것이며, 생각보다 훨씬 후대에 널리 퍼진 일이다.

---

* 이 노래를 작곡한 사람은 미국인 힐 자매(패티 힐, 밀드레드 힐)였다. 패티 힐은 유치원 교장 선생이었는데, 아이들에게 쉽게 따라 부를 수 있도록 이 노래를 작곡했다. 원래 제목은 「모두에게 아침 인사를(Good Morning to All)」이었으며 아이들과 아침 인사를 나누는 노래였다. 오늘날 널리 알려진 가사가 붙여진 악보는 1912년에 처음 인쇄됐지만, 그 이전에 만들어졌을 가능성도 있다.

세계사의 중요한 구성 요소인
중국 인구

　59,594,978명. 이 수치는『한서漢書』「지리지地理志」에서 밝히고 있는 서기 2년 중국 한나라의 인구다. 당연한 이야기이지만 과거 인구는 현재보다 훨씬 소규모여서, 오늘날 남·북한 인구를 합치면 옛날 중국 인구보다 많은 셈이다.

　과연 이 수치는 믿을 만한 것일까. 전통적으로 이 수치는 직접적인 인구조사 결과로 간주됐지만, 아마도 각 행정구역의 자료들을 더해서 얻은 것일 가능성도 있다. 인구사人口史 전문가들은 실제 인구는 이보다 10퍼센트 정도 많았을 것으로 추산한다. 세금과 징병 의무를 지지 않는 상위 귀족들이나 대부분의 노비들이 누락됐기 때문이다. 어쨌든 전문가들은 이 인구 추산치는 충분히 받아들일 만한 것으로 본다. 고대 중국의 제국 체제는 꽤 정확한 인구 통계를 낼 수 있을 정도로 효율적이었던 것이다. 사실 오늘날에도 한 나라의 인구를 정확히 파악한다는 것은 결코 쉬운 일이 아니다.

　이 자료를 통해 인구사 전문가들은 당대 중국의 인구분포까지 그

인구센서스. 1925년 네덜란드에서 이동식 주택에 사는 가족을 방문한 인구조사원의 모습.

려보았다.

그 결과 첫 번째 특징은 북부 지방이 압도적인 중요성을 가진다는 점이다. 오늘날의 허베이성河北省, 허난성河南省, 산둥성山東省, 안후이성安徽省, 장쑤성江蘇省의 인구를 합치면 4천만 명 이상이어서 전체 인구의 3분의 2 이상을 차지한다. 약 50만 제곱킬로미터인 대평원 지역에만 3300만 명이 모여 살아 이곳이 최대 인구 밀집 지역임을 알 수 있다. 물이 풍부하고 농사가 잘되는 이곳이 신석기 시대 이래 중국 문명의 중심지였다.

이에 비해 중국 남부 지역은 벼농사를 위주로 하는 곳인데, 이 시대에는 아직 개발이 덜 되어 있었다. 그 가운데 관개가 된 일부 지역에서만 도시들이 발달해 있어서 중심지 역할을 했다. 그 나머지 지역은 사실상 빈 곳으로 원주민들이 독립적인 상태에 있었다. 한나라는 이 지역의 주요 도로를 지키기 위해 주둔군을 파견해두어야 했다. 한나라는 사마천司馬遷(기원전 145?~기원전 86?)이 말하듯 말 등에 올라타서 정복하고 통치해야 하는 곳이었다. 중국 북부의 수도 장안長安으로부터 도로망이 뻗어 있는데, 상품보다는 말을 이용하는 사람들의 이동에 주로 쓰였다. 이처럼 수송의 어려움 때문에 중국 인구가 더 이상 늘어나기 힘들었다. 약 6천만 명에 달했던 인구는 그 후 수백 년 동안 그 수준 그대로 머물러 있었다.

중국 인구는 그 자체로 세계사적인 의미를 지닌다. 대체로 중국 인구는 세계 인구의 5분의 1 정도를 차지해왔다. 현재에도 중국 인구 13억은 세계 인구 69억 중 19.5퍼센트다. 한나라 때 약 6천만 명이었던 인구는 2천 년 동안 20배로 증가했다. 그 증가 추세 중 중요한 전환점은 18세기라 할 수 있다. 청대에 정치·경제적으로 안정기를 맞아 자연스럽게 인구가 증가한 측면도 있고, 영토가 크게 확대되어 중국 국민으로 편입된 사람들 수가 늘어난 측면도 있다. 하여튼 18세기를 경과하며 중국 인구가 크게 증가하여 1820년대가 되면 중국 인구는 세계 인구의 37퍼센트나 됐다. 세계인 10명 중 거의 4명이 중국인이었던 셈이다!

현재 우리나라의 경우를 보면 남한 인구 4900만 명은 세계 인구의 0.7퍼센트이며, 국가 순위로는 세계 26위다. 여기에 북한 인구 2400만 명을 합쳐서 계산하면 7300만 명이 되어 세계 인구의 1.1퍼센트를 차지한다.

1925년 이후 5년에 한 번씩 치러지는 인구주택총조사(센서스)는 우리나라의 가장 기본적인 자료를 구축하는 사업이다. 마찬가지로 시간 속에서 인구가 변화해가는 양상을 추적하는 인구사는 인류 역사의 기본 골격을 파악하는 분야라 할 수 있다.

재앙인가 축복인가

그리스 신화에 나오는 무녀 시빌Sibyl은 아폴론 신의 사랑을 받아 무엇이든 소원을 한 가지 들어주겠다는 말을 들었다. 시빌은 한 움큼의 모래를 쥐고는 모래알 수만큼의 수명을 달라고 말했다. 그렇지만 수명이 다할 때까지 젊음을 유지하게 해달라고 하지 않았기 때문에 나이가 드는 만큼 계속 늙어갔다. 늙어갈수록 점점 몸이 졸아든 그녀는 마침내 병 속에 담겨 동굴 천장에 매달린 채 아이들의 조롱을 당하는 신세가 됐다. T. S. 엘리엇은 그의 시 「황무지」의 에피그래프題詞에서 이 이야기를 인용하고 있다.

나는 쿠마이의 무녀Cumáean Sibyl가 병 속에 매달려 있는 것을 내 눈으로 보았다. "넌 소원이 뭐니?" 하고 소년들이 물었을 때 무녀는 이렇게 답했다. "난 죽고 싶어."

세계 여러 지역의 신화는 황금 시대에 살았던 우리 조상들이 장수

1996년 121세 생일 축하를 받는 잔 칼망 할머니.

1897년 22세 당시의 잔 칼망.

를 누렸다고 이야기한다. 예컨대 아담의 자손들은 모두 수백 년을 살았고 그 가운데에서도 특히 므두셀라(에녹의 아들이며 노아의 할아버지)는 969세를 살았다고 한다. 반면 메소포타미아 문명은 비관적인 성격이 짙어서일까, 신화의 주인공이라 해도 그렇게까지 오래 살지는 못하는 것으로 그려진다. 영생불사를 찾아 헤매던 길가메시는 결국 그 꿈을 이루지 못하고 120세의 수명을 누리다가 죽었다.

그리스 신화에서는 인류 역사를 금의 시대, 은의 시대, 청동의 시대, 철의 시대 등으로 나눈다. 금의 시대에 사람들은 신들과 함께 살았고, 일하지 않아도 대지가 스스로 제공하는 것들을 풍족하게 누리며 늙지 않고 청년의 모습으로 장수를 누렸다. 은의 시대로 쇠퇴한 후에는 사람들은 100년 동안 어머니의 보호 하에 산 후 짧은 기간 동안 어른으로 사는데, 어른이 되어 하는 일은 서로 싸우는 것이었다. 후대로 갈수록 인간은 더 부덕하고 참혹한 삶을 짧게 살았다. 철의 시대에 이르면 모든 덕이 사라지고 사람들은 서로 잔인하게 싸우는데, 이때 아이는 이미 노인처럼 백발로 태어난다. 인간의 수명은 먼 옛날 호시절에는 아주 길었다가 점차 짧아지는 것으로 그려지는 것이다. 실제로 못 먹고 못 살던 대부분의 역사 시대에 인간의 평균 수명은 30세 정도에 불과했고, 50대가 되면 이미 노인 취급을 당했다. 신성로마제국 황제 카를 5세(1550~58)는 55세에 자신이 너무 늙어 정치를 하지 못한다고 선언하고는 수도원으로 은퇴했다가 3년 후 실제로 늙어 죽었다.

인간 수명의 한계는 대체로 120년 정도로 보인다. 현재까지 공식적으로 가장 오래 산 사람은 프랑스의 잔 칼망Jeanne Calment(1875~1997)으로서 122년 164일을 살았다. 이 할머니는 120세 이상 생존했던 유일한 사람이다. 칼망 할머니는 대대로 장수하는 집안에서 태어난 것으로 알려졌다. 금연운동가들에게는 조금 실망스러운 소식이겠지만, 21세부터 117세까지 하루 두 대씩 꾸준히 담배를 피웠음에도 놀라운 정도로 건강을 유지하여 85세에 펜싱을 배우고 100세까지 자전거를 타다가 110세가 되어서야 요양원에 들어갔다.

의학이 발달하고 생활 환경이 개선되면서 평균 수명이 점점 늘어나고 있다. 통계청이 발표한 2009년 기준 한국인의 기대 수명(신생아의 경우)은 남자 77세, 여자 83.8세다. 언젠가는 인간의 '평균' 수명이 120세가 되고 오래 사는 사람은 150세까지 사는 날이 올 지도 모를 일이다. 그렇게 오래 사는 게 좋은 일일까. 알렉산드로스가 인도에서 만난 한 철학자는 인간이 얼마 동안 사는 것이 좋으냐는 물음에 "죽는 것이 사는 것보다 낫다고 생각할 때까지"라고 답했다.

나폴레옹은
정말 키가 작았을까

우리 조상의 키가 어느 정도였는지 알 수 있을까. 이런 물음에 대한 답은 결국 어떤 사료를 개발하느냐에 달려 있다. 콤로스J. Komlos라는 독일의 경제사 연구자는 1666년부터 1760년까지 프랑스의 징병 기록을 분석해서 당시 사람들의 키에 대한 흥미로운 결과를 얻어냈다.

모두 3만 8,700건에 달하는 방대한 양의 징병자료에는 장정壯丁의 입영 날짜와 중대 이름 외에도 출생일, 본인의 직업, 때로는 아버지의 직업과 함께 키가 적혀 있었다.

이 기록에서 알 수 있는 첫 번째 놀라운 사실은 17세기 후반에 프랑스 성인 남자들의 키가 평균 161.7센티미터에 불과하다는 점이다. 이 수치는 이후 시대에 두 번 다시 볼 수 없는 최저치다. 그만큼 17세기 후반에 흉작과 기근이 심각했음을 알 수 있다. 반대로 1694년의 대흉작을 고비로 해서 농작물 작황이 개선되자 12년이라는 비교적 짧은 기간에 평균 키가 3.8센티미터나 커져서 165.5센티미터가 됐다. 이후 시기에도 농업 사정에 따라 평균 신장은 약간의 등락을 거듭하여

나폴레옹. 흔히 거론되는 것처럼 나폴레옹은 당시 기준으로는 단신이 아니었으며, 따라서 작은 키에 대한 콤플렉스를 가질 이유도 없었다.

1740년에 최대치 167.8센티미터를 기록하고는 다시 약간 감소하여 1760년에 164.9센티미터가 됐다. 과거에 사람들이 잘 먹으면 키가 커지고 못 먹으면 작아졌다는 것이 단순한 추측이 아니라 이처럼 사료를 통해 입증됐다는 점이 중요하다.

키 작은 사람의 열등 콤플렉스를 가리키는 나폴레옹 콤플렉스 혹은 나폴레옹 증후군이라는 말이 있다. 나폴레옹이 키가 작아 내적으로 열등감을 가지고 있었는데, 그에 대한 보상을 얻기 위해 권력 추구, 전쟁, 정복을 밀어붙였다는 것이다. 그렇지만 키가 168센티미터였던 나폴레옹은 당시 기준으로는 결코 작은 키가 아니었다. 아마도 그의 근위 병사들이 키가 컸기 때문에 그가 상대적으로 작게 보인 것이 아닐까 추측할 수도 있다. 하여튼 나폴레옹은 나폴레옹 콤플렉스를 가질 이유는 없었던 것이다.

키 관련 수치와 곡물 가격 변동 자료를 비교해보니 곡가가 크게 오르고 나서 5년 후부터 장정들의 키가 작아진다는 점도 확인할 수 있었다. 사람들의 키가 식량 사정에 따라 이런 정도로 민감하게 변화한다는 점은 정말로 놀라운 일이다. 빵장수나 푸주한처럼 음식과 관련이 있는 직업의 사람들이 다른 직종 사람들에 비해 평균 0.7센티미터나 큰 점도 흥미롭다. 이들은 어릴 때부터 남들보다 최소한 밥은 잘 먹고 자라지 않았을까.

19세기에 문자 해독이 가능한 사람들(그러므로 대개 중상층 사람들)이 그렇지 못한 사람보다 평균 1.2센티미터가 크다는 다른 연구 결과를 보아도 사람의 키는 사회적 영향을 크게 받는다는 점을 알 수 있다.

요즘 학교에서는 기골이 장대한 육척 거구의 학생들을 심심찮게 만날 수 있다. 우리나라의 중·장년층에 비해 청소년의 키가 전반적으로 큰 것 역시 그동안의 경제 성장의 결과일 것이다.

인도로부터 전 세계로 퍼져간
나른한 옷

파자마는 원래 인도와 페르시아 지방에서 남녀 모두 즐겨 입던 옷으로서, 허리에 졸라매는 끈이 있는 가볍고 느슨한 바지였다. 영어의 파자마pajama 혹은 프랑스어의 피자마pyjama라는 단어는 페르시아어로 하의를 뜻하는 '파이자마'에서 유래했다. 이 의상은 일찍이 17세기에 편안한 실내복으로서 영국에 들어온 적이 있지만 이때에는 일시적인 유행에 그치고 곧 사라져버렸다.

유럽인들이 다시 이 의상을 입기 시작한 것은 18세기 이후의 일이다. 아마도 인도에 나가 있던 포르투갈인들이 현지의 무슬림들을 따라서 파자마를 입기 시작했고, 영국인들이 포르투갈인들을 따라 한 것으로 보인다. 유럽에서 본격적으로 파자마를 잠옷으로 사용한 것은 1870년경부터다. 인도에서 식민지 관리로 일하던 사람들이 귀국할 때 이 옷을 가지고 들어와서 입은 것이 유행을 타게 된 것이다. 이때 파자마는 바지와 상의 한 세트로 구성됐다. 『옥스포드 영어 사전』에서 이 단어를 찾아보면 19세기의 여러 기록에서 다음과 같은 용례들을 볼

1844년 인도에서 흰색 파자마를 입은 군인의 모습.

수 있다. "그가 누리는 큰 기쁨은 느슨한 파이잠Paee-jams을 입고 현지인들의 슬리퍼를 신은 채 담배를 피는 것이다." 혹은 "우리의 의상은 특별히 가볍고 통풍이 잘되는 흰색 플란넬 의복으로, 인도 전체에서 피자마라고 알려진 옷이다."

20세기에 들어와서 파자마는 유럽에서 중국으로 역수출됐다. 서구 문화의 수용에 민감한 상하이 시민들이 파자마를 입기 시작했는데, 놀랍게도 부유층 시민들은 파자마나 심지어 알록달록한 내복을 편안하면서도 매력적인 서양풍 의상으로 받아들여서 외출복으로 사용했다. 이런 현상은 1980년대부터 다시 재발했을 뿐 아니라 일반 시민들에까지 널리 확대됐다. 빠른 경제 성장으로 부유해진 사람들이 더 이상 아무 옷이나 걸치고 자는 게 아니라 제대로 파자마를 입고 잔다는 사실을 과시하고 싶어 한 것으로 보인다. 파자마가 부의 상징이 된 것이다. 문제는 많은 사람들이 대낮에도 파자마를 입고 시장에 가서 물건을 사거나 산책을 하기에 이르렀다는 점이다.

2010년 상하이 엑스포 개최를 앞두고 상하이 시 정부는 시민들에게 내복이나 파자마를 입고 거리를 돌아다니지 말자는 캠페인을 벌였다. 창피한 모습을 외국 손님들에게 보여서 중국의 품격을 떨어뜨리지 말자는 의도다. 이에 대해 일부 시민들이 옷을 자유롭게 입을 권리가 있다며 '잠옷 패션' 혹은 '내복 패션'을 옹호하기도 했다. 이런 현상은 아시아 문화가 유럽을 거치면서 이상한 변종이 되어 역수입된 흥미로운 사례다.

일본 사람들이 빵을 먹기까지

빵이라는 말의 어원이 포르투갈어인 데에서 알 수 있듯이 일본인들이 처음 빵을 접한 것은 16세기에 포르투갈인들이 들어오면서부터다. 그렇지만 빵은 너무나도 생소한 식품인지라 19세기가 될 때까지도 호기심으로 먹어보는 정도였지 일상적인 먹을거리가 되지는 못했다. 일본인들은 오랫동안 빵에 대해 정확한 이해를 하지 못했다. 1799년에 나온 『란세쓰벤와쿠蘭說弁惑』라는 책에는 빵과 관련해서 다음과 같은 문답을 하고 있다.

문 네덜란드인들이 먹는 빵은 어떤 원료로 만들어진 것인가?

답 밀가루에 감주 만들 때 쓰는 것을 넣어 반죽해 찜식으로 구운 것을 아침저녁으로 먹는다.

문 네덜란드는 쌀밥은 전혀 먹지 않는가?

답 인도 쌀로 밥을 해서 조금 먹는 것 같다.

문 빵은 어느 나라 말인가?

답 잘 모르겠다. 네덜란드 사람은 브로트, 프랑스 사람은 팽이라고 부른다.

당시까지도 일본인들은 빵에 들어가는 효모라든지 빵 굽는 오븐 같은 것에 대해 잘 모르고 있었음을 알 수 있다.

빵이 중요한 지위를 차지하게 된 것은 전적으로 전쟁 때문이었다. 아편전쟁(1839~60) 때 대국 청나라가 외세에 밀려 휘청거리는 것을 보고 군사력 강화를 도모하게 됐고, 군용 식량도 개발해야 했다. 이때 휴대가 간편하고, 보존이 잘되며, 따로 조리하지 않고도 먹을 수 있어서 군사 식량으로 좋았던 빵에 주목하게 됐다.

일본 빵의 아버지라 불리는 에가와 다로자에몬江川太郎左衛門이 선구자였다. 그는 1842년 나가사키長崎의 데지마出島 지역에 있는 네덜란드인 저택에서 요리사로 일했던 경험이 있어 제빵 기술을 알고 있던 사쿠타로朔太郎를 초대해 자기 집에 빵 굽는 가마를 설치하고 군사용 빵을 만들기 시작했다. 그는 사슴사냥을 하면서 빵이 휴대용 식량으로 좋다는 사실을 알고 있었다. 이 지역에서는 그의 공적을 기려 매달 12일을 '빵의 날'로 지정했다.

곧 각 번藩(다이묘大名가 맡아 다스리는 영지)이 경쟁적으로 군사용 빵 개발에 나섰다. 예컨대 미토 번水戶藩에서는 한가운데 구멍이 뚫려 있어서 마치 엽전 꿰듯 줄로 여러 개의 빵을 묶어 허리에 찰 수 있는 '효로센兵糧錢'이라는 건빵을 만들었고, 사쓰마 번薩摩藩에서는 영국 기술을 들여와서 검은깨를 넣은 딱딱한 군용 빵인 '무시모치蒸餅'를 만들었다. 이때 군용 빵을 많이 공급한 곳 중 하나가 오늘날에도 일본 전국에 지점을 두고 있는 유명한 빵집 후게쓰도風月堂다.

그 후 메이지유신明治維新을 거치면서 해군이 빵을 원양항해용 식량으로 채택했고(1872), 곧이어 육군 역시 군용 식량으로 빵의 장점을 확인하고는 쌀밥과 빵을 병용하기로 했다(1877). 19세기 말에는 유럽 각국의 군용 빵을 조사하여 자신들의 군용 빵을 개선해나갔는데, 이때 쌀밥에 대한 강한 애착을 가진 일본인의 취향에 맞추기 위해 쌀가루, 볶은 콩가루, 검은깨 등을 첨가하기도 했다. 실제로 러일전쟁 이후 빵이 군용 식량으로 대단히 중요한 역할을 했다.

제2차 세계대전 이후에는 민간인들 사이에도 빵이 널리 보급되어갔는데, 이때에는 일일이 손으로 만드는 기존의 영국식 빵이 아니라 대량생산하는 미국식 사각빵이 주종을 이루었다. 이 빵에다가는 쌀밥 대신 먹을 수도 있다는 의미에서 밥 식食 자를 붙여서 '식빵'이라는 창의적인 이름을 붙였다. 아무리 그래도 빵을 먹으면 금방 배가 꺼지므로, 보기에만 좋지 실속이 없다는 의미로 '양복점 기모노'에 비유됐다.

결국 빵은 주식은 못 되고 간식 정도의 자리만 차지했다. 일본을 통해 뒤늦게 빵을 받아들인 우리나라에서는 오히려 최근 빵 소비가 급격히 늘어나서 쌀 소비가 줄어들 정도가 됐다고 한다.

피자

세계화된 나폴리 서민음식

피자를 먹을 때마다 혹시 '피자의 세계사' 같은 연구서는 없을까 생각하곤 했다. 과연! 프랑스 파리의 사회과학고등연구원 교수인 실비 산체스Sylvie Sanchez라는 여성 역사가가 바로 그런 책을 출판했다.

한국을 방문했던 어느 이란 요리사가 피자의 원조는 이탈리아가 아니라 이란이라고 주장했지만 그런 식의 기원 논란은 너무 모호해서 결론을 내리기 힘든 일이다. 다만 오늘날 우리가 먹는 유형의 피자가 16세기에 나폴리에서 나타난 것은 분명하다. 그렇지만 19세기까지도 피자는 이탈리아의 정식 요리에는 들지 못하고, 구멍가게나 혹은 거리의 좌판에서 많이 팔리는 간편한 간식거리 정도였다. 그렇기 때문에 오히려 더 놀라운 적응력을 지니게 됐을 것이다.

피자pizza라는 단어는 997년에 중세 라틴어 형태로 처음 등장했다. 그때는 이 말이 비스킷 종류 혹은 케이크나 크레프crêpe 종류를 뜻했다. 그러다가 16세기에 나폴리에서 오늘날의 뜻으로 사용되기 시작했다. 당시 피자는 제빵업자에게 가외의 일이었다. 빵을 만드는 화덕은 아주 뜨겁게 달구어야 하는데, 빵을 만들고 남은 열을 이용해서 빵 아닌 여분의 맛있는 음식을 만든 것이 피자로 발전한 것이다. 이탈리아인들은 그때부터 여러 재료를 가지고 다양한 피자를 만들었다. 1844년에 이탈리아를 방문했던 알렉상드르 뒤마Alexandre Dumas(1802~70)는 이렇게 썼다.

> 피자는 기름으로 만들고, 지방으로 만들고, 돼지기름으로도 만들고, 치즈로도 만들고, 토마토로도 만들고, 작은 생선으로도 만든다. 그것은 시장의 식도락 온도계 역할을 한다. 그 위에 얹는 음식의 가격에 따라, 그해에 물자가 풍부한지 부족한지에 따라 가격이 오르내린다.

그렇지만 피자가 아무리 다양해도 크게 보면 흰색bianca과 붉은색rossa 두 종류였다. 흰 것은 크림이나 돼지기름을 이용해서 만들고 붉은 것은 토마토 소스로 만든 것이다. 어느 것이나 서민의 음식으로서 주로 길거리 좌판에서 팔았다. 약간 의심스러운 종류의 음식이었기 때문에 정식 이탈리아 요리에 들지는 못했다.

피자의 역사에서 가장 유명한 일화는 1889년 이탈리아 국왕 움베르토 1세와 왕비 마르게리타가 나폴리를 방문해서 피자를 주문한 일이다. 왕비가 나폴리의 서민 음식을 맛보고 싶다고 하자 에스포지토라는 요리사가 토마토(적색), 바질(녹색), 모차렐라 치즈(백색)를 이용하여 이탈리아 국기를 본뜬 3색 피자를 만들었다. 이 피자는 왕비 이름을 따서 마르게리타 피자라 불리게 됐다. 이탈리아의 통일이 이루어진 시대에 나온 다소 애국적인 냄새가 나는 피자라 하지 않을 수 없다.

19세기 말 많은 이탈리아인들이 미국과 프랑스로 이민을 가면서 피자 역시 국외로 널리 퍼져갔다. 미국 뉴욕에는 20세기 초에 첫 피자 가게가 들어섰다. 리틀 이탈리아Little Italy라 불리는 구역에서였다. 역시나 많은 이탈리아인들이 이주해온 프랑스의 마르세유에서도 일찍이 1903년에 피자 가게가 세워졌다. 마르세유에서는 이탈리아인들이 만드는 흰색 피자가 이 지방의 특색 있는 요리로 자리 잡았다. 붉은 피자는 다시 오랜 세월이 흘러 1930년에 가서야 등장했다. 프랑스 남부 지방의 피자는 점차 '프랑스화'해서 이탈리아 본토 피자와는 많이 다른 맛을 낸다. 이탈리아인 이주민이 번듯한 피자 가게를 여는 것은 프랑스 사회에서 신분 상승을 하는 지름길이었다고 한다.

피자가 정말로 널리 보급된 것은 1950년대 이후 미국에서 일어난 일이다. 1958년 하나의 피자 가게로 시작해서 10년 만에 135개의 지점을 거느리게 된 '피자헛' 체인의 설립자 프랭크 카니, 피자를 집에 배달해주는 새로운 개념의 피자 가게인 '도미노 피자'를 설립한 톰 모너건 같은 사람들이 피자의 대중화에 중요한 공헌을 했다. 이후 피자는 전 세계로 확산됐다. 현재 1년에 세계에서 소비되는 피자는 300억 판으로 세계의 모든 사람이 매년 다섯 판씩 먹는 셈이다.

피자는 '세계화'가 반드시 '균일화'만은 아니라는 것을 보여주는 훌륭한 사례이기도 하다. 둥그런 밀가루 반죽 위에 여러 재료를 얹어 굽는다는 점만 같을 뿐 세계 각지의 피자는 사람들의 다양한 입맛과 사회 관습에 적응하며 진화해가고 있다. 코셔kosher(유대 음식), 할랄 halal(이슬람 음식), 채식주의, 하와이안, 불고기 피자 같은 것들이 그런 사례들이다.

육체의 치료약에서
마음의 치료약으로

'소주'라는 말은 '태워서 얻은 술'이라는 의미다. 옛 문헌에는 '燒酒
소주'라고 썼는데, 최근에는 술 주酒 자 대신 소주 주酎 자를 써서 '燒
酎소주'라고 표기한다. 이는 근대에 일본이 만들어낸 신제 한자어다.

'태운다'는 것은 증류蒸溜를 의미한다. 곡물이나 과일을 원료로 하여
발효시킨 술, 곧 막걸리·포도주·맥주 등은 양조주醸造酒이고, 이것을
증류하여 도수를 높이면 위스키나 보드카 같은 증류주가 된다. 안동
소주나 개성소주 같은 전통 소주가 증류주에 속한다. 이것을 여러 번
더 증류하면 순수 알코올에 가까운 주정酒精(spirit)을 얻는다. 우리가
흔히 마시는 공장 제조 소주는 주정에 물을 타서 도수를 조정한 후
향신료를 첨가한 혼성주混成酒 혹은 재제주再製酒에 속한다. 물을 타서
만들었기 때문에 희석식 소주라고도 칭한다.

증류는 상당한 정도의 기술 발전을 전제로 한 것이며, 따라서 소주
와 같은 증류주는 문명 지역에서만 볼 수 있는 술이었다. 유럽에서 증
류기는 오래전부터 존재했지만, 포도주를 증류하여 브랜디brandy(혹은

소줏고리. 막걸리와 같은 양조주를 가마솥에 담아 아궁이에 고정시키고 그 위에 소줏고리를 올려놓는다. 아궁이에 불을 펴고 가열하면 술이 증발하여 소줏고리 윗부분으로 올라가고, 이 기체는 그곳에서 시원한 물이 담긴 용기에 닿아 온도가 내려가면서 액화된다. 이 액체가 허리 부분의 주둥이를 통해 내려오는데 이것이 소주다.

gebrannt Wein)를 만든 것은 대체로 1100년경 이탈리아 남부의 살레르노 대학에서 있었던 일로 거론된다. 증류기를 가리키는 알람빅alambic이라는 아랍식 용어에서 알 수 있듯이 아랍 과학의 영향을 받았을 가능성이 크다. 우리나라에 들어온 소주 제조기법도 마찬가지다. 아랍권에서 증류주를 아락arag(arak)이라 부르는데, 이 말의 흔적이 곳곳에 보인다. 개성 지방에서는 소주를 '아락주'라 칭하며, 경상도와 전라도에서 소주를 골 때 풍기는 냄새를 '아라기' 냄새, 소주를 고고 남은 찌꺼기를 '아라기'라 부르는 것이 그런 사례다.

처음에 브랜디는 치료약으로 사용됐기 때문에 포도주 증류는 주로 약사들이 했다. 중세 유럽의 유명한 방랑 의사 아르노 드 빌뇌브는 『젊음의 유지』라는 멋진 제목을 단 책을 썼는데, 그에 따르면 아쿠아 비타에aqua vitae('생명의 물'이라는 뜻으로 브랜디)야말로 젊음을 유지시키는 기적을 일으킨다. 브랜디는 남아도는 여분의 체액을 소산시키고, 심장을 소생시키며, 심한 복통, 수종水腫, 마비, 열대열을 낮게 하며, 치통을 진정시키고, 페스트로부터 지켜준다! 18세기에 나온 『화학론』이라는 책에도 "브랜디를 잘 쓰면 만병통치약"이라는 말이 나온다. 그렇지만 브랜디를 약으로만 사용한 것은 아니어서, 곧 약국을 벗어나 많은 사람들의 사랑을 받은 것이 분명하다. 1493년 뉘른베르크의 한 의사는 이렇게 썼다.

오늘날 모든 사람이 아쿠아 비타에를 습관적으로 마시므로, 신사처럼 행동하고 싶은 사람은 각자 자신이 마실 수 있는 양을 기억해두어야 하고, 자신의 주량에 따라 마시는 법을 배울 필요가 있다.

정말 맞는 말이다.

우리나라에서 매년 소비되는 소주는 33억 병에 가까운데 이는 성인 1인당 평균 80병이 넘는 엄청난 양이다. 과거에도 마찬가지여서 『조선왕조실록』을 검색해보니 소주를 과음하다 죽었다는 사례가 꽤 자주 나온다. 예를 들면 이런 식이다.

진안군鎭安君 이방우李芳雨는 임금의 맏아들인데, 성질이 술을 좋아하여 날마다 많이 마시는 것으로써 일을 삼더니, 소주燒酒를 마시고 병이 나서 졸卒했다.

—1393년(태조 2) 12월 13일.

경상도 경차관慶尙道敬差官 김단金端이 옥주沃州에 이르러 갑자기 죽으니, 임금이 듣고 불쌍히 여겨 내수內竪를 보내어 그 집에 조문用問하고, 쌀·콩 아울러 30석을 하사했다. 김단의 아우 주서注書 김위민金爲民에게 명하여 역마驛馬를 타고 옥주에 가서 장사하게 했다. 김단이 청주淸州를 지나는데, 청주의 수령이 소주燒酒를 권하여서, 김단이 과음했던 까닭이었다.

—1404년(태종 4) 7월 20일.

우리나라는 역사상 계속 '소주 권하는 사회'였던 모양이다.

제3부

역사 속의 사람들

알려지지 않은
급진적 사회주의자

위인이나 영웅의 실상은 흔히 과장되거나 왜곡되기 십상이다. 때로는 한 시대의 이데올로기적인 편향성 때문에 유명 인사의 삶의 일면만 크게 부각되고 다른 부분은 은폐되기도 한다. 헬렌 켈러Helen Keller(1880~1968)가 대표적인 사례다.

통상 우리가 알고 있는 헬렌 켈러는 태어난 지 얼마 안 되어서 시각과 청각을 잃고 암흑과 침묵의 세계에 갇혀버렸으나 앤 설리번 선생님의 헌신적인 노력 덕분에 장애를 이겨내고 자신의 뛰어난 재능을 펼쳤다는 것이다. 그렇지만 그녀가 구체적으로 어떤 활동을 했는지에 대해서는 거의 언급되지 않는다. 다소 놀라운 일일지 모르겠으나, 실상 그녀는 급진적 사회주의자로서 매사추세츠 주 사회당원이었다. 러시아혁명이 일어나자 소련을 찬양하고, 책상 위에는 붉은 기를 걸어둘 정도였다. 그녀의 생애를 다룬 책과 영화들은 대개 이런 점들을 무시하고 단지 교육과 사회봉사에 헌신했다는 식으로 막연하게 그릴 뿐이다.

헬렌 켈러가 사회주의에 기울게 된 것은 자신의 경험에서 우러나

온 깨달음이 있었기 때문이
다. 그녀는 맹인이 전 인구
에 골고루 분포된 것이 아
니라 하층 계급에 몰려 있다
는 사실을 알게 됐다. 가난
한 사람들은 안전사고를 더
많이 당하는 데다가 적절한
치료도 제대로 받지 못해서
맹인이 되는 비율이 훨씬 높
았으며, 또 많은 빈민 여성
들이 매춘으로 내몰려서 매
독에 걸려 시력을 잃기도 했
다. 계급제도는 시각 장애

헬렌 켈러와 앤 설리번. 헬렌 켈러가 한때 급진적 사회주
의자였다는 사실은 널리 알려지지 않았다.

비율에 영향을 미칠 정도로 인간의 삶에 결정적이라는 것이 그녀가 내
린 결론이었다.

사회주의자가 되자 그녀에 대한 세간의 평판이 완전히 뒤바뀌었다.
지금껏 그녀의 용기와 지성을 예찬했던 신문들은 이제 그녀가 불구자
라는 점을 부각시키며 야비하게 공격했다. 장애 때문에 제대로 판단을
하지 못한다는 식의 비판이 이어졌다. 그녀는 순식간에 훌륭한 위인으
로부터 분노의 대상으로 변했다.

예컨대 『브루클린 이글Brooklyn Eagle』지 편집자는 "그녀의 실수는 그
녀의 발육 중의 제약 때문에 일어난 일"이라고 썼다. 그 글을 쓴 인물
은 과거에 헬렌 켈러의 정치적 견해를 알기 전에는 극찬을 한 바 있었
다. 그녀는 이렇게 응답했다.

당시 그가 나에게 해준 칭찬은 너무 과도해서 생각하면 부끄러울 정도였다. 그렇지만 내가 사회주의를 지지한다고 하자 그는 나 자신과 일반인들에게 내가 장님이고 귀머거리이며 실수를 저지른다는 사실을 언급한다. ……한심한 『브루클린 이글』지여! 당신들은 사회적으로 눈 멀었고 귀먹었음이 분명하다. 당신들은 참을 수 없는 체제를 수호하려고 한다. 그 체제야말로 우리가 예방하려고 노력하는 육체적 실명失明과 난청難聽의 중요한 원인이 되는 체제다.

소련에 대한 그녀의 찬사 같은 것은 현재 입장에서 보면 유치해 보일 수 있다. 그러나 중요한 것은 그런 게 아니다. 마음속 깊이 깨친 바를 행동으로 옮긴 헬렌 켈러는 진실로 용기 있는 사람이었다. 역사상의 인물들에 대해 편향된 시각에서 우상화하거나 악마화할 것이 아니라 삶의 본연의 모습을 있는 그대로 이해하려는 노력이 필요하다.

죽음 앞에서 편안했던
세계의 정복자

알렉산드로스Alexandros(기원전 356~기원전 323)는 역사상 가장 위대한 정복자 중 한 명이다. 그는 숱한 정복 전쟁을 치르는 동안 한번도 패한 적이 없으며, 그 결과 그가 사망할 당시에는 페르시아를 비롯해 이집트, 아나톨리아, 메소포타미아, 인도 서부의 펀자브 지방까지 아우르는 대제국을 건설했다. 그 당시 사정으로 보면 알렉산드로스는 그야말로 세계를 정복했다고 해도 과언이 아니다. 그러나 그는 정복 과업을 마친 직후 서른셋이라는 이른 나이에 열병에 걸려서 죽었다.

영웅은 곧 신화와 전설의 주인공이 됐다. 중세 유럽에서는 알렉산드로스에 대한 수많은 이야기들이 지어졌고, 서아시아의 여러 지역에서는 오늘날에도 장터에서 이야기꾼들이 사람들을 모아놓고 알렉산드로스 이야기를 들려주고 있다. 그에 관한 이야기는 수도 없이 많으며, 모두 그의 용맹과 신과 같은 위업을 말해준다. 그가 아폴론 신탁을 들으러 델포이 신전에 간 일화가 그런 예다. 무녀가 신탁을 말해주려 하지 않자 그는 무녀를 신전으로 강제로 끌고 갔는데, 당황한 무

지상낙원. 중세 서양에서는 성경을 문자 그대로 믿어 에덴동산이 지구상에 실제로 존재했으며 아시아의 동쪽 끝에 위치한다고 믿었다.

녀는 "당신은 천하무적이오, 젊은이! aniketos ei o pai!" 하고 외쳤고, 이것이 그대로 신탁이 됐다. 신의 말씀마저 힘으로 밀어붙여 강제로 이끌어냈다고나 할까. 알렉산드로스는 신격화되어 제우스의 아들이자 동시에 이집트 아몬ammon 신의 후예라고도 일컬어졌다.

알렉산드로스의 신화 가운데에는 그가 지상낙원paradise에 찾아간 이야기도 있다. 예로부터 세상의 동쪽 끝에 지상낙원이 존재한다고 알려져 있었으므로, 당시 세계의 끝이라고 여겨지던 인도의 갠지스 강에 도달한 알렉산드로스는 그 근처에서 낙원을 찾아 나섰다. 드디어 강변에 큰 벽으로 둘러싸여 있는 도시를 발견했다. 그러나 끝없이 계속이어지는 벽만 있을 뿐 어디에도 성문이 보이지 않았다. 알렉산드로스 일행은 도시의 입구를 찾기 위해 배를 타고 사흘 동안 강을 거슬러 올

페르시아 대왕 다리우스 3세와 전투를 벌이는 알렉산드로스. 33세에 사망할 때까지 그
는 전투에서 패한 적이 한번도 없었다.

라가다가 마침내 작은 창 하나를 찾아냈다. 그곳에 한 노인이 나타나
서, 이 도시는 지복至福을 누리는 사람들의 도시이니 들어올 수 없다고
말하며, 그 대신 신비의 돌을 하나 주었다.

알렉산드로스는 이 돌의 의미를 이해할 수 없었다. 그때 현자賢者
한 명이 알렉산드로스에게 이 돌의 신비를 설명해주었다. 그는 우선
천칭저울로 이 돌의 무게를 쟀다. 그런데 한쪽 접시에 이 돌을 올려놓
고 다른 쪽 접시에 그 어떤 무거운 물건을 올려놓아도 언제나 이 돌이
더 무거웠다. 그런데 돌에 살짝 먼지를 묻히고 나자 이 돌이 깃털보다
도 가벼워지는 것이 아닌가.

이 이야기가 의미하는 바는 무엇이었을까.

여기에서 먼지는 죽음을 상징한다. 인간의 야망, 명예, 권력도 이 돌
과 같아서 그것이 아무리 위대해 보여도 죽음이 닥치면 한낱 깃털만
큼의 무게도 나가지 않는 것이다! 알렉산드로스는 이 이야기의 교훈

을 깨닫고 바빌론에서 편안하게 죽음을 맞이했다고 한다. 12세기 중엽에 쓰인 『알렉산드로스 대왕 지상낙원에 가다』라는 책의 내용이다. 신과 같은 영웅도 죽음 앞에서는 범부와 다를 바 없나니…….

조국의 독립과 일제 부역

수카르노Sukarno(1901~70)는 네덜란드의 식민 지배로부터 인도네시아를 독립시키고 신생 공화국의 초대 대통령이 됐다. 인도네시아의 독립에 중요한 계기가 된 것은 일본 제국주의의 동남아시아 침략이었다. 1942년 일본군은 인도네시아를 정복하고 군사정부를 수립한 후 이 나라의 독립운동 세력과 접촉했다. 일제日帝는 이미 상세한 정보를 입수해가지고 있었기 때문에 수카르노에 접근하여 그에게 일부 권력을 약속하는 대신 일제에 협력할 것을 종용했다.

수카르노는 조국의 독립을 이루는 데 일본의 힘을 이용할 수 있으리라고 생각하여 이런 제안을 수용했다. 당시 그는 '신께서 내게 길을 열어주셨다. 인도네시아의 독립은 오직 일본의 협력을 통해서만 가능하다'고 생각했다. 서구 제국주의 침략자에 비해 일본은 적어도 같은 아시아인으로서 서로 공감하며 도울 수 있으리라고 생각했을 것이다. 일제는 네덜란드인 관리들을 구금하고 군사정부의 상급직에는 일본인들을 배치했지만 하급직에는 교육받은 인도네시아인들을 고용했다.

인도네시아 초대 대통령인 수카르노.

일제가 동남아시아 침공이 반反제국주의 해방운동이라고 뻔뻔스럽게 강변하는 것이 이런 정황에서 나온 것이다.

그러나 일제는 구 식민세력을 대신한 또 다른 식민세력일 뿐이었다. 그들은 연합군과의 전쟁에 필요한 물자와 인력을 최대한 확보하기 위해 네덜란드보다 더 악랄한 착취를 했다. 수카르노는 라디오 방송과 연설을 통해 일제에 대한 협력을 촉구했으며, 특히 일제의 전쟁 수행에 필요한 징병과 징용 작업에 앞장섰다. 1945년까지 계속된 자바 섬 주민들의 '지원병' 징집은 무려 200만 명에 이르렀고, 수많은 농민이 '로무샤勞務者'로 동원되어 강제 노역을 해야 했다(그 수치는 정확하지 않으나 400만 명에서 1천만 명 사이로 추산된다). 농민들은 군용미를 바쳐야 했고, 윤활유로 쓰기 위한 피마자유를 생산해야 했다. 이런 징발로 인해 자바 섬에서만 1944~45년에 100만 명 이상의 농민들이 굶어 죽었지만, 수카르노는 이것이 조국의 독립을 위한 희생이라고 생각했다.

특히 주목할 일은 자바 섬에서만 30만 명 가까운 농민들이 해외 전선에 끌려갔다는 사실이다. 이들은 버마-태국 철도 건설을 비롯한 여러 사업에 투입됐다. 몸에 문신을 한 일본인 야쿠자들이 점령지에서 강제 징역에 동원할 인력을 차출했다. 남자들은 노동자로 이용당했고, 여자들은 술집과 위안소로 끌려갔다. 수많은 사람이 강제 노역 현장에서 채찍에 맞아 숨졌으며, 질병과 기아, 탈진으로 죽은 사람이 부

지기수였다. 끌려간 사람들의 사망률은 80퍼센트에 이르렀는데, 이는 포로수용소 사망률보다 훨씬 높은 수치다. 이런 일 때문에 수카르노는 1943년에 일본을 방문하여 천황으로부터 훈장까지 받았으나, 그 자신은 로무샤 문제로 평생 괴로워했다고 한다.

일본군이 패망한 직후인 1945년 8월 17일 수카르노는 인도네시아의 독립을 선언했다. 그 후로도 이 나라의 역사는 순조롭게 진행되지 않아서, 예전의 식민지를 다시 찾겠다는 의도로 네덜란드가 군대를 파견하여 전쟁이 시작되고, 뒤이어 공산주의 봉기와 진압, 미국의 강력한 개입, 쿠데타와 독재 등의 격변이 계속됐다.

우리나라의 현대사를 이웃 국가들의 사례와 비교사적으로 살펴보면 흥미로운 점들을 많이 찾아볼 수 있을 것 같다.

건드려서는 안 되는 신성한 터부

　잔 다르크Jeanne d'Arc(1412~31)는 프랑스 역사의 위대한 영웅이면서 동시에 신비에 싸인 주인공이다. 프랑스의 모든 집단과 단체는 자기들에게 유리한 방향으로 잔 다르크를 끌어들이려 한다. 가톨릭교회는 신의 뜻을 수행한 성녀로, 보수파는 프랑스 왕실을 수호한 영웅으로, 좌파는 민중의 힘을 이끈 지도자로, 극우파는 프랑스 민족주의의 화신으로 잔 다르크를 그린다. 그런데 이 모든 다양한 해석에서 공통적인 것은 잔 다르크가 누구도 건드리지 못하는 막강한 권위를 누리고 있다는 것이다. 프랑스의 저명한 역사가 마르크 페로는 『역사의 터부』라는 책에서 이와 관련된 개인적 경험을 이야기한 바 있다.

　어느 날 그는 잔 다르크에 대한 텔레비전 토론에 참여하게 됐다. 소련의 역사 교과서에서 잔 다르크를 비중 있게 다루며 애국적인 여성 영웅으로 그리고 있는데, 그 이유는 알렉산드르 넵스키Aleksandr Nevskii(1220~63)를 영웅으로 띄우기 위해 잔 다르크를 유사한 성격의 주인공으로 소개할 필요가 있었다는 글을 쓴 적이 있었기 때문이다.

앙리 샤퓌가 조각한 잔 다르크의 모습. "가라 신의 딸이여 내가 너를 도우리니 가라"라는 글이 쓰여 있다.

잔 다르크 초상화(1485). 그녀의 실제 초상화가 남 아 있지 않으므로 이 그림처럼 모든 초상화는 그녀 를 상상하여 그린 것이다.

알렉산드르 넵스키는 러시아정교회의 성인이자 독일인과 스웨덴인의 침입을 막아낸 러시아의 영웅이다.

그는 이전과 똑같은 이야기를 반복하고 싶지 않았기 때문에 잔 다 르크에 대한 관련 자료를 열심히 읽었다. 그런 과정에서 의학자들의 과감한 주장들을 접하게 됐다. 잔 다르크의 전기를 보면 신의 목소리 를 들었다든지, 남자 옷을 입고 남자 같은 행동을 자주 했다는 식의 흥미로운 일화들이 많다. 19세기부터 많은 의사들이 정신과적인 접근 을 통해 그녀가 망상에 빠진 히스테리 환자라거나 동성애자라고 주장 했다. 특히 최근에는 그린블래트라는 내분비학자가 잔 다르크가 남녀 의 생식기를 모두 가진 중성 인간일 가능성이 크다는 독특한 주장을 펼쳤다. 이런 사람은 겉으로는 완전한 여성이지만 월경이 없고 이성에 대해 아무런 감정이 없다는 특징을 보인다고 한다. 실제로 잔 다르크

알렉산드르 넵스키. 러시아 정교회의 성인이자 독일인과 스웨덴인의 침입을 막아 낸 러시아의 영웅으로, 소련에서 프랑스의 잔 다르크와 유사한 성격을 띤 인물이다.

의 동료 중 한 명인 장 돌롱은 그녀가 '젊은 여인들이 일상적으로 겪는 불편함'이 없으며 남성에 대해 아무런 감정을 느끼지 않는다는 증언을 했다. 그는 텔레비전 토론에서 이런 센세이션한 이야기를 용감하게 할 생각이었다.

그런데 막상 토론 석상에 나가보니, 애국적인 관점에서 평생 잔 다르크를 연구한 백발의 노학자와 루앙 대주교를 비롯한 신심 깊은 종교계 인사들이 잔뜩 나와 있었다. 모두들 신성한 잔 다르크에 대해 한마디씩 발언을 했다. 이런 자리에서 잔 다르크가 동성애자라거나 혹은 남녀 생식기를 모두 가진 인간일지도 모른다는 말은 차마 입 밖으로 나오지 않았다고 그는 고백한다. 입이 얼어붙은 그는 할 수 없이 "러시아에서는 잔 다르크를 알렉산드르 넵스키와 동렬의 애국적 영웅으로 묘사하고 있습니다"라는 말밖에 할 수 없었다.

어느 사회든지 이처럼 두려움을 불러일으키고 침묵을 강요하는 터부들이 많이 있다. 사람들의 의식이 건강하게 성장하기 위해서는 용감하게 터부를 깨려는 노력이 필요하다.

동물원 우리 속의 인간

1906년 9월 미국 뉴욕의 브롱크스 동물원의 원숭이 전시관에는 이런 팻말이 새로 붙었다.

아프리카 피그미족, 이름 오타 벵가, 23세, 키 149.9센티미터, 몸무게 46.7킬로그램. 콩고자유국 카사이 강 근처에서 사무엘 버너 박사가 데리고 옴. 9월 중 매일 오후에 전시됨.

실제로 원숭이 전시관 안에는 사람 한 명이 오랑우탄과 함께 '전시' 되어 있었다!

오타 벵가Ota Benga(1883~1916)는 콩고의 피그미족 출신으로, 콩고군이 그가 살던 마을을 공격하여 부인과 두 아이를 죽인 다음 노예로 끌고 가게 됐는데, 사업가 겸 선교사로 콩고에 와 있던 버너라는 미국인이 협상 끝에 그를 석방시켜서 미국으로 데리고 왔다.

동물원 쪽은 오타 벵가에게 원숭이 전시관에서 해먹을 걸고 자며

1906년 미국 브롱크스 동물원에서 찍은 오타 벵가의 사진. 이 사진은 동물원 측에서 광고용으로 찍은 것이다.

때때로 과녁을 향해 화살을 쏘도록 시켰다. 당시 신문은 오타 벵가가 식인종이라는 소문을 퍼뜨렸고 이런 이미지에 맞추기 위해 바닥에는 일부러 뼛조각들을 뿌려놓았다. 관람객들은 '사람 살을 뜯어 먹는다'는 오타 벵가의 이를 주의 깊게 살펴보곤 했다. 사람들이 그에게 험한 말을 하거나 쿡쿡 찔러보는 식으로 괴롭히자 그 역시 사납고 폭력적으로 대응했다.

이런 비인간적 행위에 대해 일부 사람들이 항의했지만 인종주의적 편견에 가득 찬 사람들이 훨씬 많았던 것 같다. 『뉴욕타임스』는 그를 학교로 보내봤자 아무런 개선을 기대할 수 없으며, 피그미족은 원래 하급 인간이라는 기사를 썼다.

그 후 오타 벵가는 동물원에서 풀려나 여러 곳을 전전하며 살았다. 초등학교 교육을 받아 영어도 상당히 늘고, 미국의 삶에 어느 정도 적응하자 담배 공장에 취직했다. 그는 공장에서 사다리를 타지 않고도 높은 장대에 기어 올라가 물건을 가져오는 재주가 있어서 동료들에게 인기가 있었다. 그는 언젠가는 아프리카로 돌아갈 꿈을 꾸었다. 그러나 제1차 세계대전이 발발하여 그의 고향인 콩고로 돌아갈 희망이 사라지자 총을 훔쳐 자살했다. 그의 나이 32세 때의 일이다.

이것이 지금부터 약 100년 전에 미국에서 있었던 일이다. 그렇다면 현재 우리나라 사람들은 인종주의적 편견이 없을까.

우리나라 대학교에 유학 온 많은 외국인 학생들은 이구동성으로 우리의 불친절과 차별, 왜곡된 시선 때문에 괴롭다는 점을 토로한다. 특히 우리보다 어렵게 사는 나라에서 온 학생들은 한국인들이 백인들에게는 친절하지만 자신들에게는 차갑게 대한다고 지적한다. 약간의 경제 발전을 이루었다고 우리가 벌써 오만해지고, 뒤늦게 구식 인종주의를 배우려는 것은 아닌지 걱정이다.

제왕다운 제왕

중국의 역대 황제 중에는 능력이 출중한 인물들이 많지만 그중에서도 청나라 옹정제雍正帝(재위 1722~35)만큼 꼼꼼하고 성실한 제왕은 흔치 않을 것이다. 천자는 일일만기一日萬機라 하여 하루에 1만 건의 사무를 처리한다고 할 정도로 바쁜 일과를 보냈다.

옹정제는 매일 새벽 4시 이전에 기상하여 선대의 역사인 실록, 제왕의 명령과 가르침을 모은 조칙집詔敕集과 보훈寶訓을 한 권씩 읽는 것으로 하루를 시작했다. 7시까지 식사를 마친 후 알현을 청하는 자들을 연이어 접견했는데 이는 대개 오후까지 계속됐다. 중간에 틈이 나면 학자를 불러 경서와 역사 강의를 들었다.

당시에는 보통 저녁 7~8시가 취침시간이었지만 옹정제는 밤 시간을 이용해서 주접奏摺(지방관들이 황제에게 직접 올린 보고서)을 읽고 유지諭旨(붉은 먹으로 쓴 황제의 답장)를 써 보냈다. 이렇게 하루 저녁에 처리한 문건이 적어도 20~30통, 많게는 50~60통에 이르렀다.

옹정제는 관리들에게 자신의 의견이나 자세한 보고 사항들을 숨김

청나라의 5대 황제인 옹정제. 선임 황제인 강희제나 후임 황제인 건륭제에 비해 치세가 짧아 상대적으로 덜 주목받지만 그의 꼼꼼한 통치로 청 제국의 기틀이 확고해졌다는 평가를 받는다.

없이 아뢰도록 주문했다. 제대로 일을 못 하거나 헛된 보고를 올리는 자에게는 "금수라도 너보다는 낫다, 눈가림만 하는 사기꾼, 무학無學하고 무능하며 욕심만 많은 놈" 하는 식으로 가혹한 질책을 쏟아부었다. 이런 정도로 말할 때에는 물론 그만큼 확실한 증거를 확보하고 있었기 때문이다.

그는 사방에 밀정들을 두어서 정보를 크로스체킹하고 있었던 것이다. "짐은 이 일을 이전부터 확실히 알고 있었다. 너는 이제 와서 무슨 낯으로 보고하는 것이냐. ……너희들이 정치를 어떻게 하는지 짐이 모르고 대충 넘어갈 것 같은가." 황제에게서 이런 질책이 담긴 편지를 받으면 아마 등에 식은땀이 흘렀을 것이다.

그의 거실 기둥에는 '原以一人治天下 원이일인치천하(천하가 다스려지고 않고는 나 하나의 책임) 不以天下奉一人 불이천하봉일인(이 한 몸을 위해 천하를 고생시키는 일은 하지 않으리라)'이라는 대구를 뽑아 써 붙였다. 일부 정치가들이 상대방을 향해 '제왕적'이라고 비난하고 있다. 제왕이 어떤 일들을 하고 있었는지나 알고 그런 말을 했으면 좋겠다.

서구 사랑의 역사의 두 주인공

　서양의 신화적인 바람둥이로는 돈 후안과 카사노바Casanova(1725~
98)를 들 수 있다.

　돈 후안은 17세기 에스파냐의 신부 출신 작가인 티르소 데 몰리나
Tirso de Molina(1584~1648)의 『돈 후안, 세비야의 난봉꾼과 석상의 초
대』라는 작품에 나오는 인물이다. 그는 나폴리의 공작부인으로부터
젊은 여자 어부, 심지어 결혼식을 올리고 있는 신부에 이르기까지 많
은 여성들을 유혹해서 파멸시킨다. 그러나 그가 목표로 하는 것은 진
실한 사랑이 아니라 오직 정복일 뿐이다. 그에게 가장 큰 기쁨은 "한
여인을 우롱하여 명예를 빼앗아버리고선 그녀를 버리는 일"이었다. 결
국 그는 사랑을 타락시키고 세상의 질서를 어지럽힌 죄로 천벌을 받
아 지옥에 떨어진다(다만 모차르트의 「돈 조반니」를 비롯해서 에스파냐의
시인인 호세 소리야, 러시아의 시인인 푸시킨 등 후대 작가들의 작품에서는 신
의 응징을 알면서도 사랑에 올인하는 낭만적 사랑의 순교자와 같은 요소가 강
해진다).

카사노바. 그는 단순한 바람둥이가 아니라 당대 최고의 지식인이었다.

돈 후안이 문학적으로 창안된 인물인 데 비해 카사노바는 실존 인물이다. 그는 훤칠한 용모에 화려한 언변을 구사했으며, 무엇보다도 여성들에게 기쁨을 주겠다는 사명감을 가지고 최선을 다해 봉사하는 타입이었다. "나의 감각에 기쁨을 주는 것이면 무엇이든 개발한다는 것이 내 인생 최고의 사업이다. 나는 이보다 더 중요한 일을 알지 못한다. 나는 언제나 여성을 사랑했고, 또 여성에게 사랑받기 위해 내가 할 수 있는 모든 일을 다했다." 이런 철학을 가지고 있었기에 카사노바는 열한 살에 첫 성관계를 가진 이후 평생 수많은 여인들과 사랑을 나누면서도 적어도 한 여자를 만나는 동안에는 그녀에게 충실했다. 한마디로 그는 모든 여인을 진심으로 사랑하면서 "탈선이라는 생의 강렬한 기쁨"을 함께 나누었고, 그랬기 때문에 돈 후안과 달리 여인들을 떠난 뒤에도 그녀들의 원망을 사지 않았다.

카사노바는 단순한 바람둥이가 아니라 루소, 볼테르, 괴테와 교류한 당대 최고의 지식인이었다. 그는 지성과 사랑의 힘을 통해 프랑스혁명을 전후한 격변의 시대를 탐색했다고 할 수 있다. 노년에 들어 카사노바는 고독과 지루함을 달래기 위해 자신의 삶을 정리한 자서전 『내 삶의 이야기Histoire de ma vie』를 저술했다. 죽을 때까지 지속된 이 저술 작업은 말년의 그에게 크나큰 기쁨이었다. 그는 프랑스어가 이탈리

모차르트의 오페라 「돈 조반니」. 17세기의 원작 『돈 후안, 세비야의 난봉꾼과 석상의 초대』와 달리 후대의 작품에서는 주인공이 천벌을 받을 악한이라는 측면 외에 사랑의 순교자라는 측면이 부각됐다.

아어보다 더 많이 통용되고 있었기 때문에 프랑스어로 책을 썼고, 혹시 이 글에 나오는 인물들에게 피해를 입힐까 실명 대신 이니셜을 쓰는 배려도 했다. 이 저술이 없었다면 그의 명성이 조금 덜 알려졌거나 혹은 그의 진면목이 왜곡됐을 수 있다. 이렇게 해서 120여 명의 여성

및 일부 남성들과 나눈 장대한 사랑의 이야기가 세상에 나왔다. 다만 원고가 너무 길어 그동안 주로 축약본과 해적 판본으로 돌았다.

2010년에 프랑스 국립도서관은 이 희대의 지식인 난봉꾼의 원고 원본을 구입한 후 디지털화하여 인터넷을 통해 완전히 공개한다고 발표했다. 총 3,700쪽에 이르는 카사노바 자서전은 유구한 서구의 '사랑의 역사'의 일면을 밝혀줄 중요한 자료가 될 것이다.

해적을 소탕한 뒤에야
진짜 제국이 되다

　로마가 제국으로 발전하기 위해서는 육군만이 아니라 강력한 해군력도 필수였다. 로마는 숙적 카르타고를 누르고 지중해 서부 세계를 장악했지만 곧바로 지중해 동부까지 지배권을 확대하기에는 힘이 벅찼다. 할 수 없이 페르가몬이나 로도스 같은 동맹국들에게 해상순찰임무를 맡겼다. 이처럼 해상 지배가 불완전하자 도처에서 해적들이 발호했다. 그 가운데 소아시아 남부의 실리시아(오늘날 터키 동남부의 지중해 연안 지방)에 근거지를 두고 있던 해적 집단은 1천 척 이상의 배와 그에 상응하는 군비를 갖추고 있었고, 명령체계도 잘 조직되어 있었다. 이들은 로마의 생명줄이라 할 수 있는 곡물 수송 선단을 약탈하고, 때로는 대담하게 이탈리아 본토까지 직접 공격했다. 이때 해적은 '모든 인류의 적comm[unes hostes gentium'이라 불렸다.

　해적들은 처음에 사로잡은 사람들을 노예 시장에 팔았지만 곧 이들에게 몸값을 받아내는 것이 손쉬우면서도 수익이 높다는 것을 알아냈다. 특히 저명한 로마 시민들의 경우 거액의 몸값을 받아낼 수 있었

카이사르. 뛰어난 장군이자 위대한 웅변가이며 저술가였다. 실제의 모습은 조각상보다 머리가 더 벗겨졌다.

다. 해적들에게 납치됐던 인물 중에는 젊은 시절의 율리우스 카이사르 Julius Caesar(기원전 100~기원전 44)도 포함되어 있었다. 기원전 78년, 로도스 섬으로 가는 갤리선이 해적들에게 납치됐는데, 여기에 22세의 카이사르가 타고 있었다. 다른 승객들이 해적들을 보고 겁에 질려 떨고 있을 때 그는 태연하게 책을 보며 앉아 있었다고 한다. 해적은 그에게 몸값으로 20달란트라는 거액을 요구했는데, 카이사르는 자신이 워낙 중요한 인물이므로 50달란트를 주겠다는 제안을 했다. 그리고 자신이 풀려나면 돌아와서 그들 모두를 잡아 십자가에 못 박아 처형하겠다는 말도 했다. 해적들은 이 말을 농담으로 들었겠지만, 카이사르는 약속한 몸값을 지불하고 석방되자마자 밀레투스에서 4척의 배와 250명의 병사들을 동원하여 되돌아와 해적들을 모두 잡아들였다. 당시 소아시아 총독은 이 해적들을 죽이지 않고 노예로 팔려고 했다. 이 소식을 들은 카이사르는 곧바로 돌아와 직권으로 해적들을 모두 처형했다. 다만 포로로 있는 동안 자신에게 예의 바르게 대한 보상으로 십자가에 못 박기 전에 목을 자르는 것을 허락했다.

지중해 세계의 해적을 완전히 소탕한 것은 카이사르의 정적인 폼페이우스Pompeius(기원전 106~기원전 48)였다. 기원전 67년에 원로원은 폼페이우스 장군에게 지중해에서 해적들을 몰아내라는 명령을 내리고 이를 수행하는 데 필요한 권력을 거의 무제한으로 허용했다. 폼페이우스는 500척의 배와 무려 12만 명의 군사를 동원하여 지브롤터 해협으로부터 동쪽으로 한 구역씩 차례대로 해적 근거지들을 소탕해나갔다. 육상세력으로 출발한 로마는 강력한 해상세력으로서 바다를 완전히 지배한 다음에야 진정한 제국으로 발전할 수 있었다.

위장전술이냐 철혈정책이냐

중국 전국 시대의 위대한 전략가 손자孫子(손무孫武, 기원전 544년경~기원전 496년경)는 전력을 다해 전쟁에서 이기는 것을 결코 높이 평가하지 않았다.

그는 가급적 무력충돌을 피하고, 음모와 위장전술을 쓸 것을 권했다. 자국의 피해를 최대한 줄이기 위해 각종 권모술수를 쓰라는 것이 그의 가르침이었다. 그의 철학에 따르면 최대한 자신의 몸을 숨기고 적을 교란시키는 것이 중요하다.

능력이 있으면서도 없는 것처럼 보이고, 쓸 생각을 갖고 있으면서도 쓰지 않는 것처럼 보이고, 먼 곳에 있으면서도 가깝게 있는 것처럼 보이고, 가깝게 있으면서도 먼 곳에 있는 것처럼 보인다. 적에게 이로움을 보여주어 적을 유인하고 혼란스럽게 만듦으로써 적에게 승리하는 것이다. 적이 충실하면 단단히 지키고, 적이 강하면 피한다. 적을 격분시켜 교란하고, 비굴하게 보여서 적을 교만하게 만들고, 적이 편안하면 피로하게 만들고, 적이 결속되어 있으면 그 결속을 와해시킴으로써, 적이 준비가 되어 있지 않은 곳을 공격하고 적이 예기치 않은 곳에 나아가는 것이다能而示之不能, 用而示之不用, 近而示之遠, 遠而示之近. 利而誘之, 亂而取之, 實而備之, 强而避之, 怒而撓之, 卑而驕之, 佚而勞之, 親而離之, 攻其無備, 出其不意.
　　　—손자, 김광수 해석하고 씀, 『손자병법』 「시계」 편, 책세상, 1999, 37쪽.

　적의 형을 드러나게 하고 나의 형은 무엇인지 알 수 없게 만드니, 나는 온전하되 적은 분산되는 것이다故形人而我無形, 則我專而敵分.
　　　—손자, 김광수 해석하고 씀, 『손자병법』 「시계」 편, 책세상, 1999, 193쪽.

　이런 전략이 무위로 돌아갔을 때 비로소 무력을 동원해야 한다. 그리고 이때에는 가능한 기습적으로, 아주 교묘하면서도 최대한 강력하게 무력을 사용하여 단시간에 완전한 승리를 거두어야지, 어중간한 수단을 써서는 안 된다.

　손자의 교훈은 많은 군주들, 장군들, 정치인들, 첩자들에게 영감을 주었다. 이는 서양도 마찬가지였다. 프랑스 예수교단이 중국에 파견했던 수도사 아미요J. Amyot가 서양에서 최초로 『손자병법』을 번역했는데, 아마도 나폴레옹이 청년 시절에 이 책을 읽었을 가능성도 있다. 『전쟁론』을 쓴 클라우제비츠Carl vom Clausewitz(1780~1831)는 준準군사적 조직과 첩자들을 많이 활용한 나폴레옹을 높이 평가한 바 있다.

　그러나 19세기에 들어와서 산업화가 진척되고 물자가 풍부해지면서 유럽의 군사방식이 크게 변했다. 근대적 무기의 파괴력이 커지자 단순하게 전면적인 파괴를 주장하는 군사전략가들이 등장했다. 클라우제비츠를 비롯해서 몰트케Moltke, 비스마르크Otto von Bismarck(1815~98) 등

비스마르크. 소위 철혈정책으로 프로이센을
군사적·산업적 강국으로 만들고 독일 통일
을 이루었다.

이 그런 인물이다.

아시아 각국에서도 대부분 손자의 방식을 추종했다. 마오쩌둥, 호치민 같은 인물들도 『손자병법』을 열심히 공부했다. 그러나 아시아에서 손자의 가장 충실한 제자 중 하나는 일본이었다. 그러던 일본이 19세기에 들어와서 주변 국가보다 일찍 산업화에 성공하여 부를 쌓고 또 서양의 근대 무기를 도입하더니 군사 전략 자체도 서양식으로 바꾸었다. 제1차 세계대전에 참전할 당시 일본은 프로이센식 군사 모델을 따르고 있었다. 그러나 태평양 전쟁에서 미국의 원자폭탄과 B-29 폭격기 앞에 무릎을 꿇고 난 후에는 다시 손자의 가르침으로 되돌아간 것으로 보인다.

중국이 그와 같은 일본의 전철을 밟는 것은 아닐까. 역사상 언제나 자신을 숨기고 적을 어리둥절하게 하는 전략에 정통했던 중국이 이제는 당당하게 군사적 실체를 드러내려 한다. "백번 부딪쳐서 백번 이기는 것이 최상의 용병법이 아니라 싸우지 않고도 적을 굴복시키는 것이 최상의 용병법이다百戰百勝, 非善之善者也. 不戰而屈人之兵, 善之善者也"(「모공」편, 89쪽), "최상의 용병법은 적의 전략을 꺾는 것이고, 그 차선은 적의 외교 관계를 혼란에 빠뜨리는 것이며, 그다음 차선은 적의 군대를 공격하는 것이고, 최하위의 용병은 적의 성을 공격하는 것이다. 적의 성을 공격하는 것은 부득이할 때만 취해야 할 용병법이다上兵伐謀. 其次伐

交, 其次伐兵, 其下攻城. 攻城之法, 爲不得已"(「모공」편, 92쪽)"라고 손자는 말했다. 그러나 이제 중국은 "시대의 중요한 문제들은 연설과 다수결에 의해 결정되는 게 아니라 철과 피에 의해 결정되는 것"이라는 비스마르크의 철혈정책鐵血政策에 눈을 돌리는 것 같다. 현재는 아마도 이 두 가지 방식을 혼용하고 있을 터이나, 군사 강국으로 올라서고 대양해군을 키워 독자적인 세계 전략을 준비하는 중국으로서는 점차 프로이센 방식에 근접해가는 것이 아닐까. 그 끝이 어떻게 될지는 현재로써는 알 도리가 없겠지만…….

세계 평화를 기원한 무기상

알프레드 노벨Alfred Nobel(1833~96)은 스웨덴의 스톡홀름에서 태어나 아홉 살 때 아버지가 군수공장을 운영하고 있던 러시아의 상트페테르부르크로 이주했다. 그는 과학만이 아니라 어학과 문학에도 소질이 있어서 곧 5개의 외국어를 구사할 수 있었고, 영국의 낭만파 시인 셸리에게서 영감을 얻어 영어로 시를 썼다.

17세에 뉴욕에 가서 4년 동안 저명한 스웨덴계 엔지니어인 에릭슨에게서 일을 배운 후 러시아에 돌아왔는데 이때 아버지의 사업이 망했다. 크림 전쟁(1853~56)에서 패한 러시아의 차르가 그의 아버지와 맺었던 군수품 조달 계약을 파기했던 것이다. 노벨은 아버지의 사업을 살리기 위해 파리와 런던의 은행을 찾아가 은행장들에게 탄원했지만 소용없었다. 상당히 어려운 시기를 보냈다. 그 뒤 그의 형들은 아제르바이잔에 있는 바쿠의 유전 개발에 성공하여 초대형 정유소를 건설했고, 세계 최초로 유조선과 파이프라인을 이용한 원유 공급 방식을 사용하여 대부호가 됐다. 그 자신도 화학 분야에서 뛰어난 성과를 거두

었고, 다시 파리로 가서 은행장
들을 만났는데 이번에는 성공적
으로 사업 자금을 마련할 수 있
었다.

노벨이 획득한 니트로글리세린의 특허장(1864).

그의 화약 실험은 폭발 위험
이 커서 그의 형제 중 한 명이 폭
발 사고로 목숨을 잃었다. 이에
굴하지 않고 계속 실험을 거듭
한 끝에 서른두 살에 드디어 니
트로글리세린의 안전성을 확보
한 폭약, 곧 다이너마이트를 발
명했다. 당시는 수에즈 운하나
알프스 산맥의 고타르 터널 같은 대규모 공사가 이루어지던 때였다.
그렇지만 그런 평화적인 용도보다도 전쟁용 화약 수요가 엄청나게 컸
다. 1870년 프랑스-프로이센 전쟁 때에는 양국에 모두 다이너마이트
를 팔았다. 그다음에는 오늘날에도 테러리스트들이 애용하는 플라스
틱 폭탄을 개발했고, 다시 소총에 쓰는 화약과 대포에 쓰는 무연화약
을 개발하여 대성공을 거두었다. 이런 것들은 곧 유럽 군대에 받아들
여졌다. 그러고는 당시까지 다른 어느 대포보다 강한 강철 대포를 제
조하는 데에 성공했다. 그의 말년에는 파산 직전에 있던 스웨덴의 군
수회사 보포스Bofors사를 인수하여 세계 최고의 대포 제조회사로 키웠
다. 말하자면 그는 근대적인 군수품을 거의 전부 개발한 셈이다.

그의 공장은 독일, 체코, 미국(샌프란시스코), 노르웨이, 스웨덴, 핀란
드, 스코틀랜드, 에스파냐, 포르투갈, 스위스, 헝가리, 이탈리아, 프랑

노벨이 사랑했던 빈 출신의 귀족 부인 베르타 폰 주트너(왼쪽). 그녀는 1905년 노벨 평화상을 받았다. 그리고 알프레드 노벨의 데스마스크(오른쪽).

스에 설립됐다. 파리의 고급 호텔에 자리를 잡은 그는 각 지점에 6~7개 언어로 편지를 써서 사업 지시를 하고 직접 돌아다니며 감독을 했다. 그러는 동안 시를 쓰고 한편으로 프랑스의 소설가인 빅토르 위고와 사귀어 그로부터 '백만장자 방랑자'라는 별명을 얻었다.

전쟁이 일어나면 양편 모두에 군수물자를 팔며 큰돈을 벌었지만, 그의 마음이 편치는 않았던 것 같다. 그는 자신을 인간혐오자라고 생각했다. 그의 마음은 세계평화를 기원하는 이상주의와 비관적인 시니시즘 사이를 오갔다. "한순간에 양쪽 군대가 서로를 몰살시키는 게 가능한 날이 오면 문명국들은 공포심을 느끼며 전쟁을 후회하게 될 것이다." 이런 글을 쓰는가 하면 자기 형에게 보낸 편지에서는 자신이 죽으면 시체를 뜨거운 황산에 녹여버리라는 비탄조의 말을 했다. "1분

만에 시체가 녹을 겁니다. 거기에 석회를 섞으세요. 황산과 석회가 섞이면 버릴 것 하나 없는 훌륭한 비료가 되니까요."

그의 장례식을 그렇게 하지는 않았지만, 대신 그의 재산을 스웨덴 과학아카데미에 맡겨 노벨상을 제정했다. 그의 사후 창설된 재단은 매년 물리, 화학, 의학, 문학 분야의 수상자에 더해서 평화상 수상자도 선정했다(노벨 경제학상은 1968년에 추가되어 1969년도에 첫 수상자가 나왔다).

노벨은 오스트리아 빈 출신의 귀족 부인인 베르타 폰 주트너Bertha von Suttner(1843~1914)를 사랑했는데, 그녀는 이 죽음의 상인이 내면에 품고 있던 이상주의를 존경해 마지않았다. 어느 날 노벨은 그녀에게 이렇게 말했다고 한다. "파괴력이 너무나 엄청나서 오히려 그 때문에 더 이상 전쟁이 불가능하게 되는 어떤 물질이나 총을 만들어낼 수 있으면 좋겠소." 실제 그런 무기들이 속속 개발됐지만 여전히 전쟁은 지속되고 있고, 누구는 그 기회를 이용해서 큰돈을 벌고 있을 것이다.

1921년 노벨물리학상을 받은 바 있는 아인슈타인은 1945년 노벨상 수상식 만찬에서 노벨이 가공할 파괴 수단을 만든 데 대한 양심의 가책으로 이 상을 만들었다고 말했다. 하긴 아인슈타인 자신도 루스벨트 대통령에게 원자폭탄을 만들라는 편지를 쓰지 않았던가.

세상에서 가장 아름답고
슬픈 음악

패린턴 힐은 1942년에 미국 캘리포니아 주 할리우드의 한 호텔에서 살인강도죄를 범해 사형을 선고받았다. 사형 집행 전날, 샌퀜틴 교도소 소장인 클린턴 더피는 혹시 사형수의 마지막 부탁이 있으면 들어주기 위해 그를 만나러 갔다. 말없이 담배만 피우던 힐이 어렵게 꺼낸 말은 「빈 숲 속의 이야기」라는 곡을 듣고 싶다는 것이었다. 어느 날 그가 강도짓을 한 후 경찰에 추격당해 한 야외음악당 곁의 숲 속에 몸을 숨기고 있었는데, 그때 이 곡이 흘러나왔다. 너무나도 멋진 음악이 연주됐지만, 그는 미처 그 곡을 다 듣지 못하고 경찰에 쫓겨 도망가야 했다.

소장은 교도소 내의 모든 레코드판을 찾아보았지만 공교롭게도 요한 슈트라우스Johann Baptist Strauss(1804~49)의 이 왈츠 곡은 없었다. 시내의 음반 가게들은 이미 밤이 깊어 문을 닫은 뒤였고, 소장의 친구들, 교도소 간수와 직원 모두에게 전화를 걸었지만 역시 그 판을 가지고 있는 사람은 없었다.

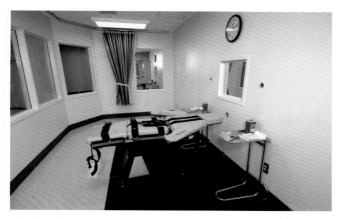

미국 캘리포니아 주에 있는 샌퀜틴 교도소 내의 독극물 주입 사형 집행실.

밤 12시 반이 되어 이제 레코드판을 구할 희망이 완전히 사라졌을 때, 그의 머리에 불현듯 한 가지 생각이 떠올랐다. 교도소에는 제법 실력이 좋은 복역수 악단이 구성되어 있었고 이들은 연주를 녹음할 기계도 가지고 있었다. 무기수인 악장 존은 소장의 부탁을 받고 오케스트라 단원인 죄수들을 모두 깨워서 이렇게 이야기했다. "잘 들어, 날이 새면 세상을 하직하는 친구가 있다네. 오늘 밤 그 친구를 위해「빈 숲 속의 이야기」를 연주하는 거야." 교도소 식당에 모인 사람 누구도 불평하지 않았다.

악보가 없었으므로 각 파트마다 악장이 직접 휘파람을 불어서 가르쳐주어야 했다. 그는 피아니스트에게 반주를 시키면서 휘파람으로 한 번 그 곡을 불렀다. 그러고는 색소폰, 베이스, 트롬본, 밴조, 기타, 프렌치호른, 바이올린을 위해 각각 악절 별로 잘라서 몇 번씩이나 되풀이해서 휘파람을 불었다. 튜바를 위해서는 두 손으로 입을 막고 가르쳐주었고, 드럼은 언제 치는지 손으로 두드리며 일러주었다. 그들은 몇 시간에 걸쳐 자기가 맡은 파트를 열심히 연주해봤다. 그렇게 연습한 후 드디어 '세상을 하직하는 친구'에게 들려주어도 부끄럽지 않을 만큼 연주가 가능해졌다.

이제 연주를 녹음해야 했다. 존이 말했다. "이건 단 한번에 해치워야 해. 알겠어? 실수하면 안 돼." 단원들은 실수하지 않았다. 그들은 아름다운 연주를 세 번 반복했다. 세 번 되풀이되는 곡조는 존이 창안한 베리에이션을 가지고 있었다. 마지막에는 오케스트라 단원 모두가 연주하여 아름다운 선율이 넘치는 피날레를 장식했다. 녹음이 끝나자 존은 레코드를 틀어 모두에게 들려주었다. 그날 밤 식당에 모인 사람들은 눈에 눈물을 머금고 있었다.

이렇게 해서 세상에 하나밖에 없는 「빈 숲 속의 이야기」 레코드판이 완성됐다. 소장은 한밤중에 그 판을 들고 사형수 격리실로 찾아갔다. 패린턴 힐은 그때까지 소장이 오기를 기다리고 있었다. 여태 한 번도 남에게 감사 인사하는 법 없고 뉘우친 적 없던 그가 진심으로 오케스트라 단원들에게 고마워했다. 힐은 그 곡을 밤새 듣고, 가스실로 들어가서 더 이상 소리가 들리지 않더라도 밖에서 그 곡을 틀어달라고 부탁했다. 그리고 다른 교도소에 복역 중인 형에게 성경책을 전해달라는 말을 남겼다.

패린턴 힐은 클린턴 더피가 교도소 소장으로 사형을 집행해야 했던 88명의 남자와 2명의 여자 중 한 사람이었다.

가장 탁월했던 저격수

2011년 소말리아 해적을 진압하던 때 혁혁한 공을 쌓은 우리 청해부대의 UDT/SEAL 요원들의 활약 중에서도 요동이 심한 헬리콥터 안에서 해적을 저격하는 데 성공한 일이 화제가 됐다. 요원들은 흔들리는 그네를 타고 사격훈련을 한 것으로 알려졌다. 끊임없는 훈련이 명사수를 만들었을 것이다.

역사상 가장 탁월한 저격수는 누구였을까.

대부분의 군사사軍事史 전문가들은 핀란드의 저격수 시모 해위해 Simo Häyhä(1905~2002)를 꼽는 데 주저하지 않는다. '백색 죽음Valkoinen Kuolema'이라는 별명을 지닌 그는 1939년에 발발한 소련-핀란드 전쟁, 일명 '겨울전쟁'에서 스탈린군과 맞서 상상을 초월한 전과를 올렸다. 제2차 세계대전 중인 1939년 11월 30일에 핀란드로 침공해 들어간 소련군은 한 달 안에 손쉽게 점령을 끝낼 것으로 예상했지만, 핀란드군은 예상외로 강력하게 저항해서 다음 해 3월까지 버텼다. 그 결과 평화협정을 체결하여 국토의 10퍼센트 정도를 소련에게 넘겨주었지만

얼굴에 총탄을 맞고 성형수술을 한
시모 해위해.

눈 덮인 전장에서 백색 옷으로 위장
한 시모 해위해. 그는 소총으로 소련
군 542명을 저격하여 '백색 죽음'이
라는 별명을 얻었다.

이웃한 발트 3국과 달리 소련에 완전히 병합되는 결과는 피했다.

시모 해위해는 원래 평범한 농민이자 사냥꾼이었다. 다만 사격에 천
부적 소질이 있어서 입대하자 곧 저격수로 이름을 날렸다. 100일 정도
참전한 동안 그가 소총으로 살해한 소련의 적군赤軍은 공식적으로 확
인된 것만 505명이고, 비공식 기록까지 더하면 542명이다! 여기에 더
해서 기관단총으로 200명 이상을 사살했다고 하니, 그의 손에 죽은
사람이 최소한 700명이 넘는다. 영하 40도까지 떨어지는 극한 상황에
서 하얀색 옷을 입어 위장한 채 구식 총으로 정확하게 목표를 맞히는
이 인간 사냥꾼은 소련군에게 공포 그 자체였다. 그는 망원조준기를
사용하지 않고 일반 가늠쇠를 이용했다. 망원조준기를 사용하려면 몸

을 더 일으켜야 하므로 적의 표적이 되기 쉽고, 추운 날씨에는 렌즈에 김이 서려 잘 안 보이기 때문이다.

소련군은 그를 잡기 위해 혈안이 됐다. 많은 저격수를 동원해 그를 노린 결과 결국 그는 적군이 쏜 총탄에 얼굴을 맞아 턱과 왼쪽 뺨이 모두 날아가는 총상을 입고 의식을 잃었다. 그렇지만 그는 목숨을 구했고, 핀란드와 소련 사이에 평화조약이 체결되던 날인 1940년 3월 13일에 의식을 되찾았다. 그리고 일약 소위로 특진됐다. 일설에 의하면 소련군이 핀란드에서 그렇게 고전한 것을 지켜본 히틀러가 소련을 공격하기로 결정했다고 한다.

다시 평범한 사냥꾼이 된 그는 어떻게 그렇게 사격에 능하게 됐느냐는 질문에 한마디로 "연습"이라고 답했다. 그 많은 사람들을 죽인 데 대해 후회하지 않느냐는 물음에 그는 "명령받은 바를 열심히 했을 뿐"이라고 담담히 말했다.

역사상 유명한 저격수들

빌리 싱(Billy Sing) 오스트레일리아 출신 저격수로 제1차 세계대전 중 갈리폴리 전투에서 공식적으로 150명을 저격했지만, 실제로 저격한 사람 수는 300명에 달했을 것으로 추정한다.

프랜시스 페가마가보우(Francis Pegahmagabow) 캐나다 저격수로 제1차 세계대전 당시 378명을 저격했다.

류드밀라 파블리첸코(Lyudmila Pavlichenko) 제2차 세계대전 당시 309명을 저격한 소련군 여전사로, 가장 유명한 여자 저격수다.

마테우스 헤체나우어(Matthäus Hetzenauer) 오스트리아 출신 군인으로 동부전선에서 345명을 저격한 나치 독일군 내 가장 뛰어난 저격수다. 비공식적으로는 500명 이상을 살해한 것으로 보인다.

칼로스 해스콕(Carlos Hathcock) 베트남 전쟁에서 공식적으로 93명을 저격했다고 알려진 미군 저격수로, 비공식적으로는 200명 이상을 쏘아 죽인 것으로 추산한다.

크레이그 해리슨(Craig Harrison) 영국군 병사로 2009년 아프가니스탄 전쟁에서 탈레반 기관총 사수 2명을 저격했는데, 그 조준거리가 2,475미터로 현재까지 알려진 세계 기록이다.

올드 파

그는 정말 150세를
넘겨 살았을까

사람은 150세까지 살 수 있을까. 미국 텍사스 대학의 스티븐 오스태드 교수는 "앞으로 20~30년 안에 인간 수명을 30퍼센트 정도 추가로 연장시키는 약이 개발돼 지금 살아 있는 사람 중 한 명이 '150세 기록'을 세울 것"이라 주장한 반면, 일리노이 대학의 스튜어트 올샨스키 교수는 "인간은 노화를 막을 수 있게 설계되지 않았으며, 인간의 기대 수명은 85세에서 정점을 찍을 것"으로 보고 150세 인간은 나오지 못할 것으로 예측했다. 두 학자는 각자 150달러씩 내서 150년간 주식시장에 묻어두어 2150년에 그 돈이 약 5억 달러가 되도록 만든 다음 150세 인간의 출현 여부에 따라 그들의 후손이 돈을 찾아가는 내기를 했다고 한다.

적어도 역사 기록상으로는 150세를 넘긴 사람은 이미 존재한다. 위스키를 좋아하는 사람이라면 올드 파Old Parr라는 위스키를 알 것이다. 이 술은 152세까지 살았던 영국인 토머스 파Thomas Parr(1483~1635)를 기념하여 만든 위스키다. 그는 80세에 결혼해서 두 아이를 낳을 정도

토머스 파, 일명 올드 톰 파 혹은 올드 파. 사실 여부가 불분명하지만 공식 기록상으로는 유일하게 150세 이상을 살았던 인물이다.

로 건강했다. 자신이 그토록 건강한 이유는 채식과 도덕적 자제 때문이라고 설명했지만, 100세에 다른 여인과 염문을 뿌리며 아이까지 낳은 것을 보면 그의 주장이 꼭 맞지는 않은 것 같다. 그는 본부인이 사망하자 122세에 재혼도 했다. 그가 유명해지자 영국 국왕 찰스 1세가 그를 런던으로 불러 만나보았다. 그는 곧 런던의 명물이 됐으나 이런 갑작스러운 환경 변화가 충격을 주었는지 얼마 후 사망했다. 국왕은 토머스 파가 웨스트민스터 사원에 묻히는 영광을 허락했다.

토머스 파는 정말 150세를 넘겨 산 것일까. 당시의 유명한 의사인 윌리엄 하비가 그의 사체를 해부한 결과가 남아 있는데, 이를 검토한 현대 의학의 결론은 토머스 파의 실제 나이는 70세도 안 된다는 것이었다! 아마도 동명의 그의 할아버지 기록과 혼동됐으리라는 것이 일반적 추론이다.

토머스 파 할아버지는 일단 '150세 인간'의 목록에 이름을 올리기에는 하자가 있어 보인다. 그런데 많은 사람들이 실제 150세까지 산다면 그것은 진정 축복일까. 건강하게 산다면야 문제없을 테지만, 그건 아무도 장담할 수 없는 일. 그러니 우선 배중물盃中物(술)부터!

나치의 탄압을 넘어선
소녀의 성장일기

『안네의 일기』는 나치의 탄압을 받던 사람들이 얼마나 가혹한 운명에 처했는지 생생하게 보여주는 기록이다. 안네 프랑크Anne Frank (1929~45)의 가족들과 몇몇 지인은 나치의 체포를 피해 네덜란드 암스테르담의 한 사무실의 부속건물에서 1942년 7월부터 2년 넘게 숨어 살았다. 그런 고통스러운 생활을 하면서도 안네는 자신이 느끼는 희망과 고통, 사랑의 감정을 고스란히 일기에 남겼다. 1944년 8월, 누군가의 고발로 이들 모두 나치에게 체포되어 강제수용소로 끌려갔다. 아버지 오토 프랑크만 살아남고 다른 사람들은 모두 수용소에서 죽음을 맞이했다. 안네는 베르겐벨젠 강제수용소에 끌려갔다가 이곳이 영국군에 의해 해방되기 2주 전에 티푸스 감염 때문에 죽은 것으로 알려졌다.

홀로 살아남은 아버지는 예전의 은신 장소에서 안네의 일기장을 발견하고 이를 정리하여 출판했다. 이때 그는 개인의 프라이버시와 관련된 민감한 부분은 공개하지 않는 것이 낫겠다고 판단해서, 안네가 성

안네 프랑크. 그녀의 가족이 은신처로 들어가기 두 달 전인 1942년 5월에 찍은 사진이다.

에 눈을 뜨며 느끼게 된 이야기들이나 어머니와 갈등을 빚는 내용 등을 삭제했다. 이렇게 빠진 것들은 안네 사망 50주기를 맞아 무삭제판이 출판되면서 세상에 알려졌다.

최근 미국 버지니아 주의 교육 당국이 『안네의 일기』에 성적 욕구를 묘사하는 내용이 포함돼 문제가 있다는 지적을 받고 교재 채택을 취소했다가 항의가 빗발치자 이를 다시 철회하는 소동을 빚었다. 교실에서 사용하는 텍스트에 성적 묘사가 노골적으로 등장하면 껄끄러운 느낌을 피할 수는 없겠지만, 그 가혹한 환경 속에서 감수성 예민한 소녀가 사랑을 느끼고 성숙해가는 과정을 있는 그대로 보는 것이 차라리 교육적으로 낫지 않을까 하는 것이 내 개인적인 의견이다.

1944년 3월 2일

애정, 도대체 애정이란 무엇일까요? 내가 생각하는 애정은 말로는 표현할 수 없는 그 무엇입니다. 애정이란 상대를 이해하는 것, 상대를 배려하는 것, 좋은 일이든 나쁜 일이든 상대와 함께 나누는 것입니다. 그리고 길게 내다보면 그것은 육체적인 애정에도 적용됩니다. 결혼을 했든 안 했든, 아이가 있든 없든 그것은 문제가 안 됩니다. 비록 인간으로서 존엄성을 잃었다고 해도 만약 누군가 옆에 있어주고 죽을 때까지 자신을 이해해준다면, 다른 누구와도 공유하지 않는 자기 혼자만의

누군가가 있다는 것을 안다면, 그런 건 전혀
문제가 되지 않습니다.
— 프랑크 안네, 홍경호 옮김, 『안네의 일기』,
문학사상사, 1995, 279쪽.

이런 일기를 쓰는 그녀는 어엿한 성인으로
자라나는 중이었다. 이런 정도의 문재文才가
나치에 의해 꺾이지 않았다면 안네는 훌륭한
문필가로 성장했을 것이다.

『안네의 일기』에 대해서는 그동안 여러 비
판이 제기됐다. 예컨대 그 자신이 나치 수용
소의 생존자였던 정신분석학자 브루노 베텔
하임Bruno Bettelheim(1903~90)은 온 가족이 모
여 뒷방에 숨어 살다가 수용소로 힘없이 끌
려가는 안네 일행을 순교자로 미화해서는 안
된다고 주장했다. 최소한 무기를 준비해가지
고 있다가 그들을 체포하러 오는 나치 군인
을 한두 명이라도 살해하면서 저항하는 것이
진짜 영웅의 자세라는 것이다. 전적으로 공
감하지는 않더라도 한번 진지하게 생각해볼
문제다.

네덜란드의 암스테르담 베스트
케르크('서부 교회'라는 뜻으로
중요한 개신교 교회다) 앞에
세워진 안네 프랑크 동상. 기
독교 교회에서 유대인 희생자
를 기리는 동상을 세워둔 것이
야말로 종교적 관용과 정치적
포용성, 반(反)인종주의를 나타
낸다고 할 수 있다.

화교

전 세계에 깔린
막강한 네트워크

"바닷물 닿는 곳에 화교華僑가 있다"는 말이 있을 정도로 화교들은 세계 각지에 퍼져 있다. 타이완에서 발표된 공식 통계中華民國 僑務統計에 따르면 세계의 화교는 3600만 명이 넘는다.

화교들이 아시아 각지로 이주해간 것은 대체로 남송南宋 시대인 12세기부터로 잡는다. 장사를 하기 위해 해외로 떠난 경우도 있고, 흉년이 들어 먹고살기 어려워지자 생존을 위해 나간 경우도 있다. 화교의 해외 진출에서 큰 전환점을 이룬 계기 중 하나는 명대明代 초에 시행된 해금海禁 정책이다. 명나라 조정은 허락 없이 바다로 나간 자들을 사형에 처할 정도로 민간인의 해외 진출을 강력하게 억압하려 했다. 그러나 정부의 정책이 그렇다고 해도 몰래 해외로 빠져나간 사람들은 계속해서 일본, 필리핀, 자바 섬 등지에 거류지를 형성했다. 그렇지만 모국과의 관계가 끊어지고 나니 화교들은 늘 불안정하고 위험한 상태에 놓이게 됐다. 예컨대 마닐라에서는 16~17세기에 약 2만~3만 명의 화교들이 집단학살을 당하는 사건들이 연이어 일어났다. 이런 상황에서 그들은 스스로를 보호하기 위해 친족들 간의 상호 협력 시스템을 구축하고 이를 이용해서 사업을 확장해나갔다.

화교들은 그들이 정착한 사회에서 소수 인종이라 하더라도 막강한 경제력을 행사하곤 한다. 예컨대 인도네시아에서는 화교가 인구의 4퍼센트에 불과하지만 전체 경제 부문의 80퍼센트를 장악하고 있는 것으로 알려져 있다. 말레이시아에서는 총인구의 29퍼센트가 중국계 후손이며 이들이 상장 주식의 61퍼센트를 소유하고 있는 것으로 추정된다. 또 화교가 말레이시아 행정·경영 부문의 전문 인력 중 60퍼센트나 된다. 화교는 동남아시아 인구의 10퍼센트에도 못 미치지만 역내무역의 3분의 2를 차지하고 있으며, 동남아시아 거부巨富의 86퍼센트가 화교라고 한다. 현재 전 세계에서 화교들이 운용하는 자본은 적게 잡아도 2조 달러가 넘는다. 화교는 유대인에 맞설 수 있는 유일한 인종집단ethnic group이라고 말하기도 한다.

화교들은 중국인으로서의 혈연적·문화적 정체성을 유지하면서도 현지 사회에 동화되어갔다. 역사적으로 모국의 보호를 받지 못했던 까닭에 더더욱 그들을 받아들인 사회 속에서 확고하게 자리를 잡아야 했기 때문이다. 그런데 역설적이게도 바로 이런 사정 때문에 화교 네트워크는 세계화 시대에 가장 유리한 조직으로 자라나게 됐다. 화교들은 대부분 여러 나라에 가족과 친척들을 두고 있어서 자연스럽게 국제적인 네트워크를 유지하고 있다. 꼭 친척 관계가 아니라 하더라도 화교들 간에 공동체 의식이 매우 강해서 이들의 총체적인 인적 유대와 자본력은 막강하다. 그와 동시에 이들은 지역 통치자나 관료들과 공식적·비공식적 노력을 통해 협력 관계를 맺어놓고 있다.

물론 이들의 사업 방식이 항상 긍정적이지만은 않다. 사업을 공개하지 않고 증권시장에 상장하지도 않은 채 자기네들끼리 관계를 이어 가는 것은 지난 시대에는 장점일지 모르지만 앞으로도 계속 긍정적인 효과를 낼지는 의문이다. 심지어 상표가 없는 기업도 많은데, 이런 태도도 앞으로 변화가 필요한 부분일 것이다. 가부장적인 경영 관행이나 아들에게 소유권과 경영권을 넘기는 방식도 마찬가지다.

지난날과는 달리 이제 화교 기업인들은 중국 정부와 손잡으면서 더욱 막강한 경제적 힘을 행사하게 됐다. 앞으로 더욱 강력한 힘을 행사하게 될 중국, 그리고 이미 막강한 자본과 사업 능력으로 전 세계적 네트워크를 조직한 화교의 결합을 더욱 주의 깊게 살펴볼 필요가 있다.

인간의 조상은 왜 서게 됐을까

최근 『사이언스』지는 440만 년 전 인류의 조상인 아르디피테쿠스 라미두스Ardipithecus ramidus, 일명 '아르디Ardi'의 모습을 복원하여 공개했다. 아르디는 지금까지 발견된 가장 오래된 호미니드(사람과科의 동물)로서 120센티미터의 키에 50킬로그램의 몸무게를 가진 여성이다. 1994년 에티오피아의 아와시 지역에서 두 조각의 뼈가 발견된 이후 이 지역을 광범위하게 발굴한 결과 100여 개의 다른 뼛조각들을 찾아냈고, 그 후 15년 동안 과학자들이 끈기 있게 이 유골들을 재구성한 결과 드디어 '인류의 어머니' 아르디의 실상을 비교적 상세히 파악하게 된 것이다.

유골과 함께 발견된 주변의 다른 화석들을 통해 아르디가 살던 환경이 풀이 자라나는 삼림 지대라는 것이 밝혀졌다. 이렇게 되면 인간이 왜 직립直立하게 됐는가를 설명하는 기존의 가설이 뒤집어지게 된다. 지금까지의 설명은 아프리카의 기후가 변해서 삼림 지대가 사바나(열대 초원. 키가 1.5~3미터 정도의 풀이 자라는 곳)가 됐기 때문에, 두 발

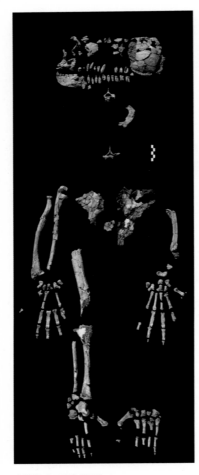

수집된 아르디의 유골들.

로 서는 것이 키 큰 풀 너머로 먹잇감이나 포획동물들을 발견하는 데에 유리하므로 그런 방향으로 진화했다는 것이었다. 그런데 사바나 환경이 아닌 삼림 지대에서도 직립을 하고 있었다면 뭔가 다른 설명이 필요하다. 그것은 아마도 다른 동물과는 다른 인간만의 사회적 행태 때문이 아닐까 하는 것이 과학자들의 추론이다.

고릴라나 침팬지 수컷은 암컷을 차지하기 위해 치열하게 싸운다. 그러나 아르디 같은 호미니드는 그런 방식을 버리고 대신 남녀가 짝을 이루어 살며 그 사이에서 태어난 자식들을 기르는 방식을 택했다. 유력한 증거 중 하나는 송곳니다. 고릴라나 침팬지의 송곳니는 길고 날카롭게 튀어나와서 서로 싸울 때 무기로 사용하지만, 호미니드의 송곳니는 상대적으로 납작하다. 과학자들은 여자 호미니드가 가급적 송곳니가 작은 남자, 즉 덜 공격적이고 그래서 여자의 말에 잘 따라줄 남자를 선호했으리라고 추론한다. 훨씬 후대에 두뇌가 커지기 전부터 이미 아르디에게는 사회적 성향이 생겨났을 것이라고 과학자들은 생각한다.

또 골반과 다리를 통해 아르디가 침팬지와는 다르게 움직였으리라고 생각할 수 있다. 이들은 땅에서는 두 다리로 서서 걸었고, 나무에서는 네 다리로 움직였을 것이다. 이들은 후대의 호미니드보다는 걷는 능력이 떨어져서 먼 거리를 걸을 수는 없었을 것으로 보인다.

이런 점들을 종합적으로 고려할 때, 직립을 하게 된 이유는 이제 이렇게 설명된다. 숲에서 식량을 운반하는 것은 쉬운 일이 아니다. 남성은 식량을 손에 들고 두 발로 걸어서 집에 와서 여성과 아이들을 먹여야 했다. 수백만 년 전 우리 조상은 참으로 가정적인 분이셨다.

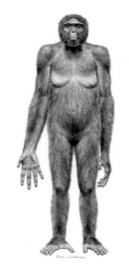

과학적 성과들을 이용하여 재구성해본 '인류의 어머니' 아르디의 모습.

성비불균형과 인구노령화를
어떻게 해결할 것인가

중국의 인구는 그 자체로 늘 세계사적인 중요성을 띤다. 현재 중국 인구는 13억 명을 넘었으며, 2030년대 초반 15억 명으로 정점을 찍은 후 성장을 멈출 것으로 예상하고 있다.* 역사통계학의 연구 결과를 보면 오늘날뿐 아니라 역사상 거의 대부분의 시기에 중국 인구는 세계 인구 가운데 5분의 1 이상을 차지했다.

그동안 중국 정부는 지나치게 많은 인구가 경제 발전을 가로막는 요인이라고 판단해서 인구 조절에 총력을 기울였다. 1970년대 말 미국 인구가 2억 명이었을 때 중국 인구는 이미 10억에 가까웠다. 인구 증가 속도를 늦추기 위해 매우 엄격한 조치가 취해졌다. 1970년에 "더 늦게, 더 길게, 더 적게"라는 표어가 나왔는데, 이는 결혼을 늦추고, 피임 기간을 늘리고, 더 적은 수의 아이를 낳자는 캠페인이었다. 1979년

---

* 2010년 중국 센서스 기록에 의하면 중국 인구는 1,339,724,852명이며, 인구 증가율은 0.47 퍼센트, 출생률은 인구 1천 명당 13.71이다.

중국의 인구 변화 (1961~2008)

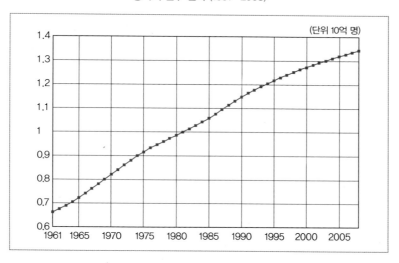

덩샤오핑鄧小平(1904~97)이 '한 자녀 운동'을 시작한 후 현재까지 이 규정은 엄격하게 유지되고 있다. 심지어 둘째 아이는 아예 공식 기록에 올리지도 못하고 학교에도 못 보낼 정도였다. 그 결과 현재 중국의 출산율(여성 한 명이 평생 동안 낳을 수 있는 평균 자녀 수)은 1.7명으로 하락했다. 이는 서유럽의 1.4명보다는 높지만 미국의 2.1명보다는 낮은 수치다. 이 정책의 성공으로 1950년대 세계 인구의 30퍼센트를 차지했던 중국 인구의 비중은 현재 20퍼센트로 떨어졌다.

그러나 이 정책은 심각한 문제점들을 드러내고 있다.

첫째는 남아선호사상으로 인한 극심한 성비 불균형이다. 정상적인 출생시 남녀 성비는 대략 딸 100 대 아들 105 정도다. 그런데 현재 중국에는 이 비율이 100 대 117이며, 첫째 아이가 딸일 경우 둘째 아이를 낳을 수 있도록 허용하는 지역에서는 무려 100 대 143까지 이르렀다. 현재 9세 이하의 아이들 가운데 남자 아이가 여자 아이보다 1280

만 명이 더 많은 것으로 드러났다. 만일 이런 경향이 지속된다면 2020년에는 평생 결혼을 하지 못하는 남자가 최대 4천만 명에 이를 것으로 예상된다. 4천만 명의 홀아비들이 심각한 사회 문제를 일으키리라는 것은 불을 보듯 뻔하다.

둘째는 인구 노령화다. 한 가정 한 아이 낳기 운동을 수십 년 지속하다 보니 갈수록 노인 인구는 늘어나는데 젊은 세대의 충원이 미흡하다. 2020년쯤에는 65세 이상 노인이 전체 인구의 11.8퍼센트가 될 것이고, 금세기 중반에는 25퍼센트까지 이를 것으로 추산한다. 일할 사람은 줄고 부양받아야 할 사람은 계속 늘어나니 경제에 큰 부담을 주지 않을 수 없다.

그동안 역사학자들은 중국의 지나치게 풍부한 노동력이 기술 개발과 보급을 저해한 요인 중 하나라고 해석해왔다. 기중기를 사용하는 대신 무수히 많은 사람들을 동원해서 선박을 들어올릴 정도로 인력 하나만은 풍부했던 이 나라가 아마도 역사상 처음으로 노동력 부족 문제에 직면하게 될 것이다. 중국이 계속 발전할 수 있느냐의 여부는 우선 인구 문제를 어떻게 해결하느냐에 달려 있다고 해도 과언이 아니다.

한 민족의 분열,
그리고 대비극

　뉴질랜드에서 동쪽으로 약 800킬로미터 떨어진 곳에 채텀 제도가 있다. 이곳에는 모리오리족이 주변의 다른 어느 지역과도 동떨어져서 고립된 채 살아가고 있었다. 이곳이 외부인에게 알려진 것은 1791년 영국 선박이 찾아온 이후다. 선장 윌리엄 브로턴William Broughton은 자기 배의 이름을 따서 이 섬들을 채텀 제도라 명명했다. 그 후부터 포경선들이 이곳을 찾아오기 시작했다. 그러다가 1835년에 느닷없이 뉴질랜드 마오리족의 공격을 받아 이 섬 사람들이 거의 모두 사멸하고 가까스로 살아남은 사람들은 노예로 전락하는 사태가 벌어졌다. 마오리족과 모리오리족은 수백 년간 서로의 존재조차 모르고 살았으나, 극히 호전적인 마오리족이 이 섬의 존재에 대해 듣고 난 후 비극이 시작됐다.

　동쪽 먼 바다에 섬이 하나 있는데 그곳에는 생선과 조개와 열매가 풍부하지만 그곳 사람들은 싸울 줄도 모르고 무기도 없다는 소식을 들은 마오리족 사람들 수백 명이 그 섬을 정복하기 위해 몰려간 것이

마오리족 추장 호네 헤케과 그의 부인 하리아타, 그리고 그의 삼촌 카위티(1846). 호네 헤케는 유럽에서 들어온 총을 쥐고 있고 카위티는 마오리족 전통 무기인 타이아하를 들고 있다. 마오리족은 "전투 이야기를 들으면 눈이 접시만큼 커진다"는 말이 있을 정도로 호전적이었다.

다. 1835년 11월 19일, 뉴질랜드 북섬의 타라나키 지방 출신 사람들 500명이 총, 곤봉, 전투용 도끼로 무장한 채 이 섬에 들이닥쳤고, 다시 12월 5일에 400명이 또 몰려왔다. 마오리족은 몇 패로 나뉘어 촌락들을 누비고 다니며 모리오리족 사람들을 노예로 삼고 저항하는 사람들은 모두 죽여서 잡아먹었다.

어느 모리오리족 생존자는 이렇게 증언했다.

그들은 우리를 양처럼 죽이기 시작했다. 우리는 두려움에 떨며 숲으로 도망쳤다. 땅속의 굴이나 그 밖에 적에게 보이지 않을 곳이면 어디든 숨었지만 소용이 없었다. 남녀노소 할 것 없이 모두 발견되는 대로 죽임을 당했다.

2천 명 정도의 인구 중 1862년에 살아남은 사람은 101명에 불과했다. 순수 모리오리족 혈통을 지닌 마지막 생존자 토미 솔로몬이 1933년에 사망함으로써 모리오리족은 세상에서 완전히 사라졌다.

이 사건이 더욱 비극적인 것은 원래 두 종족이 뉴질랜드에 같이 살던 하나의 민족이라는 데에 있다. 1500년경에 마오리족 중 한 무리가 채텀 제도로 와서 모리오리족이 된 것이다. 두 종족은 한 뿌리에서 나온 사람들이었건만 오랫동안 상이한 환경에서 살아가며 너무나도 다른 길을 가게 됐다. 뉴질랜드에서는 인구가 많고 경쟁이 심하다 보니 기술이 발전하고 복잡한 정치 조직을 발전시켜나갔고, 무엇보다도 지극히 호전적인 성격을 띠게 됐다. 반면 채텀 제도에서는 자원은 풍부하되 소수의 사람만 살 수 있는 여건이었으므로, 그들의 조상 누누쿠가 만들었다는 율법에 따라 전쟁과 살육을 금하고 평화롭게 살며, 남자 신생아의 일부를 거세하는 방식으로 인구를 조절했다. 결과적으로 한쪽은 점점 복잡한 조직으로 발전하고 다른 한쪽은 점점 더 단순한 조직으로 후퇴해갔다.

이 사례는 하나의 민족이 갈라져서 상이한 환경에 놓였을 때 얼마나 다르게 변화해갈 수 있는지를 웅변한다. 반세기 넘게 남북으로 갈라져 살아온 우리 민족도 극복하기 힘들 정도의 이질화가 진행되고 있는 것이 아닌지 걱정이다.

제4부

갈등과 전쟁의 역사

제3차 세계대전이 일어날 뻔한
쿠바 미사일 위기

　제2차 세계대전 이후 핵전쟁 발발에 가장 가까이 갔던 적은 1962년 쿠바 미사일 위기 때였다. 당시 케네디John F. Kennedy(1917~63) 대통령 밑에서 국방부 장관을 지냈던 로버트 맥나마라Robert McNamara(1916~2009)는 다큐멘터리 필름 「전운戰雲(The Fog of War)」(2003)에서 이 사건의 내막을 자세히 설명하고 있다.

　미국의 바로 코앞인 쿠바에 친소련 정권이 들어서자 CIA는 이 정권을 붕괴시키기 위해 쿠바 출신 망명자들에게 군사훈련을 한 후 피그스 만*으로 침투시켰으나 실패로 끝났다. 미국의 재침再侵 위협을 느낀 쿠바는 소련의 핵미사일을 몰래 들여와서 배치했다.

　이 사건은 냉전이 절정을 향해 치닫던 당시 미국과 소련 간의 미사일 경쟁이라는 맥락에서 살펴볼 필요가 있다. 1958년 미국은 영국

---

* 피그스 만은 쿠바 남쪽 해안의 작은 만을 영어식으로 부르는 이름이다. 원래 지명은 바이아 데 코치노스(Bahía de Cochinos)다. '코치노스'는 산호초에 사는 물고기를 가리키는데, 이를 돼지라고 오역한 것이다.

케네디 미국 대통령과 함께 쿠바 미사일 위기 대책회의를 하는 로버트 맥나마라 국방부 장관.

에 중거리탄도미사일IRBM(intermediate range ballistic missile. 사정거리 2,500킬로미터 내외) 토르Thor를 배치하고 1961년에는 터키에 준중거리탄도미사일MRBM(medium range ballistic missile. 사정거리 1천 킬로미터 내외) 주피터Jupiter를 배치했다. 핵 공격을 가할 수 있는 미사일 100기 이상이 모스크바를 향하고 있었던 것이다. 이때는 미국에서 소련으로, 또 소련에서 미국으로 직접 공격할 수 있는 대륙간탄도미사일ICBM(intercontinental ballistic missile. 사정거리 8천~1만 킬로미터)은 아직 개발 초기 단계에 있었는데, 당시 케네디 대통령은 이 부문에서 소련이 미국을 앞서고 있다고 착각하고 있었다. 그래서 소련을 공격할 수 있는 중거리탄도미사일을 각지에 배치해 놓았던 것이다. 위협을 느낀 소련 역시 미국을 공격할 수 있는 미사일을 쿠바에 배치했다. 부품 형태로 분해하여 배에 실어 쿠바로 보냈기 때문에 미국은 이를 감지하지 못하고 있다가, U-2 정찰기로 찍은 첩보사진을 통해 뒤늦게 이 사실을 확인했다. 케네디 정부는 함대를 동원하여 쿠바를 봉쇄하며 압박해나갔다. 그야말로 핵전쟁 직전까지 가는 아슬아슬한 상황에 이르렀다가, 미국과 소련 양국은 터키에 배치한 미국 핵미사일과 쿠바에 배치한 소련 핵미사일을 함께 철수하기로 함으로써 다행히 위기를 넘겼다.

그로부터 30년 뒤인 1992년, 쿠바를 방문해서 피델 카스트로Fidel Castro(1926~)를 직접 만난 맥나마라는 미사일 위기 당시의 사정을 자세히 들을 수 있었다. 무엇보다도 그때 무려 162기의 핵미사일이 배치되어 있었다는 이야기를 듣고는 새삼 대경실색했다.

그는 카스트로에게 이런 질문을 던졌다. 만일 미국이 공격해오면 소련 서기장 흐루쇼프Khrushchyov(1894~1971)에게 핵미사일 발사를 요청하려 했는가. 또 실제로 핵미사일을 발사했다면 쿠바는 어떻게 됐으리라고 생각하는가. 이에 대한 카스트로의 대답은 실로 충격적이었다.

그는 흐루쇼프에게 핵미사일 발사를 이미 요청해 놓은 상태였으며, 만일 미국이 공격했다면 실제로 핵 공격을 감행했을 것이다. 만일 그렇게 했다면 쿠바는 미국의 엄청난 미사일 공격을 받아 완전히 파괴되고 지상에서 아예 사라졌을 것이다. 물론 그와 동시에 뉴욕과 워싱턴을 비롯한 미국 전역에도 핵미사일이 떨어졌을 테고, 미국과 소련 사이에 핵전쟁이 일어나서 세상은 아비규환이 됐을 것이다. 핵전쟁은 당시 사람들이 생각했던 것보다 훨씬 더 진척되어 있었다. 당시 케네디 대통령을 보좌하던 국가안보회의에서 초강경파인 커티스 르메이Curtis LeMay(1906~90) 장군 같은 사람은 쿠바 폭격을 강력하게 주장했다. 실제 그렇게 했다면 온 세상은 불바다로 변했을 것이다.

인간의 불완전성과 핵무기가 결합할 때 세계는 파괴를 면치 못하리라는 것이 맥나마라의 결론이다. 현재 세계에는 7,500기의 핵미사일이 존재하고, 이 가운데 2,500기는 한 사람의 결정에 따라 15분 이내에 즉각 발사될 수 있다고 한다. 무엇보다도 최악의 위험은 더 이상 잃을 것이 없는 막다른 골목에 몰린 가운데 극단적인 결정을 내릴 수 있는 '통 큰 독재자'가 핵미사일을 소유하는 상황일 것이다.

축구는 축구일 뿐

　1970년 멕시코 월드컵의 북중미 예선전 세미파이널 라운드에서 온두라스와 엘살바도르가 만났다. 홈 앤드 어웨이 방식으로 경기를 하여 승리하는 팀이 예선전 최종 라운드에 진출하게 되어 있었다. 1969년 6월 7일, 엘살바도르 팀이 온두라스의 수도 테구시갈파에 왔을 때 선수단이 묵고 있는 호텔 밖에서 온두라스 응원단이 밤새 자동차 경적을 울리고 고함을 질러대서 한잠도 못 자도록 만들었다. 그래서 그랬는지 다음 날 경기에서 엘살바도르는 1 대 0으로 지고 말았다.

　6월 14일, 이번에는 엘살바도르에 원정 온 온두라스 팀이 당할 차례였다. 경기 전날인 이날 밤, 엘살바도르 응원단은 호텔 창문을 깨고 쥐를 던지는 식으로 난동을 부리며 온두라스 선수단을 괴롭혔고, 다음 날 온두라스는 3 대 0으로 졌다. 관중석에서는 양국 응원단이 충돌해서 2명이 죽고 많은 사람들이 부상당했다. 온두라스에서도 폭동이 일어나서 수십 명의 엘살바도르인들이 살해당했다. 극도로 감정이 악화된 양국은 국교를 끊기에 이르렀다.

6월 26일에 중립 국가인 멕시코에서 최종전이 벌어졌을 때 분위기는 이미 전쟁 상태나 다름없었다. 경기는 엘살바도르의 3 대 2 승리로 끝났지만, 사태는 이것으로 종료되지 않았다. 7월 14일에 엘살바도르가 폭격기와 탱크를 앞세워 온두라스를 침공함으로써 일명 '축구전쟁 Football War'이 시작됐다. 주변 국가들이 중재에 나서서 휴전을 맺기까지 사흘 동안 벌어진 전투에서 군인과 민간인을 모두 합쳐서 사망자만 약 3천 명에 달했다.

사실 양국은 이미 수십 년 동안 심각한 갈등 관계에 있었다. 인구 과밀 문제로 고통받던 엘살바도르 사람들은 국토가 다섯 배나 넓은 이웃 온두라스로 밀입국해서 농지를 경작했다. 1960년대가 되면 이런 불법 이주농이 30만 명에 달해 온두라스 농민층의 20퍼센트나 됐다. 온두라스의 지주층과 농민들, 그리고 거대한 토지를 차지하고 있던 미국계 과일회사 등은 모두 엘살바도르 출신 이주농들에 적대감을 가지게 됐다. 온두라스 정부는 토지개혁을 하면서 엘살바도르 출신 이민자의 권리를 전혀 인정하지 않고 그들의 토지를 빼앗아서 온두라스인들에게 재분배했다. 불법 이주민이라 해도 그동안 경작해온 권리도 있고 또 결혼하여 가족을 이룬 사람들도 있는데 이런 것들을 일체 무시한 것은 문제가 있었다. 양국 신문들은 서로 상대방 국가가 잔혹 행위를 일삼고 있다고 맹렬히 비난해서 감정을 격화시켜나갔다. 사회적·군사적 충돌이 심화되는 갈등 상황에서 축구가 불을 지른 셈이다.

전쟁이 끝난 후에도 심각한 문제는 여전히 남아 있을 뿐 아니라 오히려 격화됐다. 쫓겨나듯 조국으로 돌아간 엘살바도르 사람들은 극심한 가난에 시달렸고, 정치적으로는 군사정권의 힘이 더 강력해졌으며, 이런 요소들은 종래 내전 상황으로 치닫는 데에 한 원인이 됐다. 쿠바

혁명 이후 중남미에 대한 통제를 강화하기 위해 미국이 힘을 기울였던 중앙아메리카의 공동시장 계획도 큰 차질을 빚었다.

스포츠 경쟁이 하도 심하다 보니 자칫 이웃 국가들 사이에 감정을 상하는 일이 심심찮게 벌어진다. 경기에서 이기고자 하는 열기가 아무리 뜨겁더라도 기본적으로 월드컵은 국가 간에 우의를 다지는 축제가 되어야 마땅하다. 축구는 축구일 따름이다.

러시아를 여러 번 지켜준 장군

혹독한 겨울 추위를 흔히 '동장군冬將軍(General Winter)'이라고 표현한다. 이 말은 나폴레옹의 러시아 침략전쟁에서 유래했다.

나폴레옹 제국 체제의 절정기에는 영국을 제외한 유럽 대륙의 대부분이 프랑스의 직·간접 지배하에 있었다. 그러는 동안 나폴레옹의 대군은 정복한 국가의 군대를 끌어들여 규모를 키워갔다. 러시아는 프랑스와 평화조약을 맺은 상태였지만, 프랑스 제국의 영향력이 동유럽까지 바짝 들어와 옥죄는 데다가, 유럽 대륙 전체를 경제적으로 통제하는 나폴레옹의 대륙봉쇄령 때문에 곤경에 처하게 됐다. 1812년 러시아가 이 대륙봉쇄령에서 이탈하여 영국과 교역을 재개하자 나폴레옹은 그때까지 유럽 역사상 최대 규모인 60만 대군을 이끌고 러시아로 공격해 들어갔다.

프랑스 장군들이 지휘하는 다국적군의 공세에 밀려 러시아군은 계속 후퇴했다. 9월 7일 보로디노에서 나폴레옹의 군대가 승리를 거두었지만, 패퇴하는 러시아군은 자국의 마을을 모조리 불태워서 적군이

러시아에서 퇴각하는 나폴레옹의 군대. 먹이가 부족하여 굶어 죽거나 병사들이 잡아먹어 말이 없어지자 기병대가 기능을 못 했고 마차와 대포도 포기해야 했으며, 모든 군인들이 걸어서 퇴각했다. 추위와 굶주림, 질병에 시달리는 이들을 러시아군이 공격하여 거의 궤멸 상태에 빠뜨렸다.

물과 식량을 얻지 못하도록 만들었다. 나폴레옹의 군대가 9월 14일에 모스크바에 입성했을 때 이곳 역시 도시 전체가 불타서 점령군이 묵을 집이 남아 있지 않았다. 더는 지탱하기 힘들게 된 나폴레옹의 군대는 10월 중순부터 서쪽으로 퇴각하기 시작했다. 보급 부족과 전염병으로 심각한 타격을 입은 상태에서 러시아군이 반격을 가해왔고, 본격적인 러시아의 겨울 추위가 군사들을 괴롭혔다. 군인들은 가죽을 씹거나 인육을 먹으면서 버티다가 얼어 죽었다. 러시아 군대만큼이나 '동장군'이 나폴레옹의 군대에 치명적인 타격을 입혀서, 무려 40만 명이 희생당했다. 12월 말에 독일에까지 살아 돌아온 사람은 3만 5천 명이었지만, 이들 역시 심각한 병세에 시달렸다.*

러시아 추위가 어느 정도이길래 그럴까. 최근에는 이상 난동 현상으

로 한겨울에 모스크바 온도가 영
상 10도까지 오르는 일도 가끔 있
지만, 그렇다 해도 이 나라의 겨울
이 분명 따뜻하지는 않다. 제일 춥
기로 유명한 야쿠티아 지역에서는
영하 65도까지 내려간다. 나폴레
옹 전쟁의 주무대인 우랄 산맥 서
쪽의 유럽 쪽 러시아는 그 정도는
아니지만 영하 20도는 보통이고
간혹 영하 30도에 이르기도 한다.
투르게네프Turgenev(1818~83)의 한

1918년 프랑스 잡지에 묘사된 '동장군.'

소설에서는 러시아 농민들이 사로잡힌 프랑스군 패잔병들을 얼음을
깨고 강물 속에 밀어넣으며, "헤엄쳐서 파리까지 가라"고 놀리는 장면
이 나온다(소설 주인공은 지나가던 러시아 귀족에게 딸아이한테 피아노를 가
르쳐줄 수 있다고 거짓말해서 겨우 목숨을 구한다).

　러시아의 동장군이 실력을 발휘한 것은 나폴레옹 때만이 아니다. 그
이전에 있었던 대북방전쟁(1700~21)에서 강력한 스웨덴군이 러시아
로 침략해 들어왔을 때에도 유별나게 매서운 겨울 추위로 1만 6천 명
이 사망하는 막대한 피해를 보았다. 역사의 교훈을 제대로 배우지 못

* 동장군이라는 말을 한 사람은 나폴레옹의 군대에서 탁월한 능력을 발휘했던 미셸 네
(Michel Ney) 장군이었다. 나폴레옹의 군대가 러시아에서 퇴각할 때 그는 가장 후위에서
러시아 추격군과 전투를 벌였으며, 그래서 '러시아에 제일 늦게 남은 프랑스인'이라고 불렸
다. 그가 한 말을 옮기면 "러시아군의 총알보다는 기근 장군(Général Famine)과 동장군이
이 대군을 정복했다." 한 의학사가의 말에 따르면 여기에 '발진티푸스 장군'을 더해야 한다.
실제로 발진티푸스는 많은 병사들을 죽음으로 몰고 간 요인이었다.

했는지, 히틀러 역시 똑같은 실수를 저질렀다. 1941년에 소련을 침공하면서 히틀러는 전격전電擊戰을 통해 겨울이 오기 전에 소련을 정복할 수 있으리라고 믿었다. 그러나 전투가 장기화되어 혹독한 겨울 추위에 시달리면서 70만 명 이상의 전사자가 생겼다. 러시아의 동장군은 몇 차례나 조국을 지켜주었다.

악마처럼 강한 전사들

우리나라 축구 국가대표팀 응원단 이름인 '붉은 악마'는 우리만 독점적으로 사용하는 것이 아니라 해외에서도 많이 애용하는 명칭이다. 콩고와 벨기에 국가대표팀의 별칭인 '디아블 루주Diables Rouges(프랑스어)'나 '로더 다위벌Rode Duivel(네덜란드어)' 역시 붉은 악마라는 뜻이다. 국가대표팀이 아닌 일반 축구 클럽의 이름으로 쓰이는 경우는 훨씬 더 많다. 독일, 이집트, 아르헨티나, 멕시코, 오스트리아, 이스라엘, 콜롬비아, 터키, 페루에 모두 붉은 악마라고 불리는 축구팀들이 존재한다. 잉글랜드 프리미어리그의 명문팀으로서 박지성 선수가 활동하는 맨체스터 유나이티드 역시 붉은 악마로 통한다. 이 팀의 휘장에는 노란색 바탕에 삼지창을 들고 있는 악마의 모습이 그려져 있다.

맨체스터 유나이티드 축구팀의 휘장. 가운데 삼지창을 들고 있는 붉은 악마가 보인다.

스포츠 이외의 부문에서 이 별명을 사용하는 유명한 사례로는 영국군 제1공수사단1st Airborne

영국군 공수사단이 파괴된 글라이더를 검사하고 있다.

Division을 들 수 있다. 이 사단은 제2차 세계대전 당시 독일군 공수부대의 활약에 자극을 받은 윈스턴 처칠이 영국군에도 유사한 부대를 창설하도록 요청하여 1941년에 만들어졌다. 그 후 이 사단은 여러 전투에 참전하여 용맹성을 과시했다. 프랑스와 노르웨이에서 적을 타격하는 작전을 수행했고, 북아프리카에서 연합군이 시칠리아 및 이탈리아 본토로 상륙할 때 함께 참전했다. 다시 영국으로 돌아온 후, 노르망디 상륙작전과 별도로 연합군이 북서 유럽으로 진격해 들어가는 마킷 가든 작전Operation Market Garden에 참전했다.

1944년 9월 17일, 연합군은 라인 강을 넘어 독일 내의 군수 산업 중심지인 루르 지방을 장악하려고 공격을 시도했다. 그러려면 우선 마스 강, 발 강, 니더라인 강을 넘는 여러 교량을 차지해야 했다. 연합군은 나치군 최전선 후방 100마일(약 160킬로미터) 지점에 3만 5천 명의 병사를 투하했다. 여기에는 1만 명 이상의 영국 '붉은 악마' 공수부대원을 비롯해서 미군 2만 명과 폴란드군 3천 명이 투입됐다. 이 공수부대는 아른힘으로 진격하여 라인 강을 넘는 교두보를 확보하는 임무를 맡았는데, 불행하게도 당시 이 지역에 짙은 안개가 끼어 작전이 윤활치 않았다. 원래 목표 지점에서 떨어진 곳에 착륙하여 서둘러 이동해야 했던 데다가, 예상보다 훨씬 강력한 독일군의 반격을 받았다. 작전대로라면 다른 영국군 부대가 2~3일 안에 도착해야 했지만, 그마저 여의치 않았다. 훨씬 많은 수의 적군에게 포위된 '붉은 악마' 부대원들은 9일 동안 버티며 치열한 전투를 벌였지만 결국 남은 생존자들은 후퇴할 수밖에 없었다. 그런 가운데 2천 명이 전사하고 5천 명 이상이 부상 혹은 실종되는 엄청난 피해를 입었다. 그러나 그들의 용맹성은 독일군 장교의 감탄을 자아낼 정도였다.

'붉은 악마'는 적의 입장에서 볼 때는 악마와도 같은 엄청난 힘을 발휘하는 강력한 전사의 이미지로서 제격이라 할 수 있다.

화약이 중국에서는
불꽃놀이로만 쓰였다고?

화약火藥을 처음 개발한 곳은 중국이다. 그렇지만 애초에 화약을 만든 이유는 살상용 무기를 개발하기 위해서가 아니라 연단술사가 불사不死의 약을 찾기 위해서다. 화약을 처음 언급한 책은 800년대 중반에 나온 도교의 경전인 『진원묘도요략眞元妙道要略』이며, 화약 제조 공식이 처음 기록된 책은 1040년경에 나온 『무경총요武經總要』다. 생명을 연장하기 위한 노력이 역설적으로 인명 살상의 도구를 낳은 것이다.

화약을 이용한 무기로서 총의 전신이라 할 수 있는 것은 950년경에 발명된 화창火槍이다. 화창은 5분 정도 지속되는 화염방사기라 할 수 있는데 꽤 강력한 무기여서 여러 전투에서 효율적으로 사용됐다. 이 무기의 사용을 보여주는 명백한 증거 중 하나로는 10세기 중엽에 제작된 비단 깃발의 그림을 들 수 있다. 유혹의 마신魔神이 명상에 잠긴 부처를 방해하는 내용의 이 그림에는 한 귀신이 일종의 수류탄을 던지려 하고 머리에 세 마리의 뱀이 달린 귀신이 부처에게 화창을 겨누고 있다.

11세기에는 벽력포霹靂砲라는 것이 사용됐다.

중국의 화기(火器)의 발전을 보여주는 불화(佛畫). 귀신들이 온갖 무기를 사용하여 명상에 잠긴 부처를 방해하려 하는데, 이때 수류탄과 화창이 등장한다.

벽력포의 길이는 지름 3.8센티미터의 건조시킨 대나무의 두세 마디다. 대나무는 누출을 막기 위해서 틈이 없어야 하며, 격벽도 있어야 한다. 동전 크기의 얇은 자기磁器 파편 30조각을 1.36~1.81킬로그램의 화약에 섞고, 그것으로 대나무 관을 감싸서 공 모양으로 만든다. 이때 양끝이 밖으로 튀어나오게 한다. 화약 혼합물로 공의 바깥쪽을 뒤덮는다. ……빨갛게 달군 긴 인두로 벽력포를 폭발시키는데, 저것은 실로 벼락과 같은 굉음을 낸다.

—로버트 템플, 조지프 니덤 엮음, 과학세대 옮김, 『그림으로 보는 중국의 과학과 문명』, 까치글방, 2009, 257쪽(『무경총요』에 대한 인용).

이는 또한 일종의 수류탄 형태로도 만들어졌다. 이것을 사용하여 여우 사냥을 한 진귀한 기록이 원호문元好問이라는 학자의 1187년도 책에 나온다. 여우들이 지나는 길목을 알고 있던 사냥꾼은 그곳에 덫을 놓은 다음 밤에 화약

중국의 초기 총의 유물. 1288년에 만들어진 것으로 추정되는 총의 실물이 헤이룽장성에서 발견됐다.

을 사용해 여우를 잡았다.

　화약을 넣은 용기를 허리에 차고 나무에 올라갔다. 여우들이 때맞춰 나무 밑에 모여들자 그는 도화선에 불을 붙여 화약 용기를 아래로 던졌다. 그것은 커다란 소리를 내며 폭발했고 여우들은 모두 매우 놀랐다. 여우들은 크게 허둥대며 그가 미리 쳐놓은 덫 속으로 일제히 들어갔다. 그러자 그는 나무에서 내려와 여우들을 잡아서 가죽을 얻었다.

—로버트 템플, 조지프 니덤 엮음, 과학세대 옮김, 『그림으로 보는 중국의 과학과 문명』, 까치글방, 2009, 257쪽.

　여기에서 한 걸음 더 나아가면 초기 형태의 총포가 된다. 1288년에 만들어진 것으로 추정되는 총의 실물이 만주의 헤이룽장성黑龍江省에서 발굴됐는데, 길이 약 30센티미터, 무게 3.6킬로그램이고 약실藥室에는 점화를 위한 원형의 작은 구멍이 있는 완벽히 작동 가능한 무기다. 이처럼 발전된 총이 있었다는 것은 그 이전 시대에 이미 총이 개발됐음을 말해준다.

이상하게도 많은 사람들이 중국에서는 화약이 발명됐지만 무기로 사용되지 않았고 단지 불꽃놀이 용도로만 쓰였다고 믿고 있다. 이는 전혀 사실이 아니다. 중국에서는 적어도 13세기 말 이전에 총포가 널리 쓰였고, 14세기에는 초보적이긴 하지만 많은 화포가 사용됐다. 예컨대 명나라 건국 과정에서 일어난 가장 중요한 전투 중 하나인 1363년의 포양 호鄱陽湖 전투에서 주원장朱元璋(후일의 명나라 태조)은 군 지휘관에게 이런 명령을 내린다.

"적선에 접근하면 우선 총을 쏘고 다음에 활을 쏴라."

14세기의 전투 유적지에서 발굴된 수십 문의 철제 대포는 이 시대에 공성전攻城戰이나 수상 전투에서 총포가 많이 사용됐다는 증거다. 다만 그다음 시대에 총과 화약이 주변 지역에 전해져서 크게 발전할 때 정작 본산지인 중국에서 상대적으로 쇠퇴하기 시작했다는 점이 더 중요하고도 흥미로운 문제다.

세계 최강의 화력을 갖추다

중국에서 개발된 총과 화약은 주변의 여러 문명권에 전파됐다. 그런데 특이하게 일본은 중국으로부터 총을 받은 게 아니라 1543년에 포르투갈 모험가인 페르낭 멘데스 핀투Fernão Mendes Pinto(1509?~83)에 의해 서양식 총기를 전해 받은 것으로 알려져 있다. 핀투가 도착하여 총기를 전해준 섬 이름을 따서 일본 최초의 총을 다네가시마種子島라고 불렀다. 그 후 포르투갈인들이 날아가는 새를 맞추어 떨어뜨리는 시범을 보여주자 조총鳥銃이라는 이름을 붙였다고 한다. 어쩌면 이런 에피소드 이전에 이미 서양식 총기가 들어와 있지 않았을까 하는 견해도 조심스럽게 제기되고 있다. 하여튼 중요한 것은 이 무렵 일본은 서양에서 크게 개선된 총을 수용한 후 자체적으로 더욱 발전시키고 있었다는 점이다.

일본인들은 서양 물품을 똑같이 모방하는 재주가 좋아서 대장장이들이 조총을 똑같이 만들어내기 시작했고, 조만간 일본 전역에 30만 정의 총이 보급됐다고 한다. 그들은 이처럼 기술적으로 모방하고 따

라가는 데에 그치지 않고 총의 사
용 방식을 창의적으로 개발했다.
초기의 총은 다루기 어려운 물건
으로 악명이 높았다. 탄환을 장전
하여 발사하기까지 28단계의 조
작을 해야 했으니 우선 그 자체가
아주 힘든 일이었을 뿐 아니라 무
엇보다 시간이 너무 오래 걸렸다.
총이 많이 개량된 16세기에도 여
전히 한 발을 발사하기까지 몇 분
이 소요됐다. 사정이 이러니 총을
발사한 후 다시 장전하는 동안 적
이 돌격해오면 어떻게 대처할지 난
감한 일이었다.

나가시노 전투(1575). 일본에서 서양의 총을 받아들여 대규모로 또 조직적으로 사용함으로써, 사무라이보다 오히려 총이 더 큰 위력을 발휘하게 됐다. 위의 그림은 나가시노 전투 중 소총수들이 여러 줄로 서서 차례로 발사하는 장면.

이런 단점을 보완한 해결책이 소위 연속 발사 방식이었다. 사수들이 열을 지어 앞줄의 사수들이 쏘고 나면 그동안 장전을 마친 다음 줄이 발사하고 다시 그다음 줄이 발사하는 식이었다. 1575년 6월 28일의 나가시노長篠 전투에서는 극도로 발전한 연속 발사 방식이 엄청난 위력을 발휘했다. 이때 오다 노부나가織田信長(1534~82) 부대는 조총 사수들을 23열로 세워서 빠른 속도로 쏘게 함으로써 20초마다 1천 발의 발사가 가능했다. 일본의 한 학자는 같은 해에 러시아가 시비르한국을 격파한 전쟁에서 철포 300문을 사용한 것과 오다 노부나가가 철포 3천 문을 사용한 것을 비교했다. 이런 정도의 화력이면 일본 군대가 당대 세계 최강의 부대였다고 할 수도 있다.

그렇다면 10여 년 뒤 발발한 임진왜란(1592~98)에서 조선은 세계 최강의 화력을 갖춘 막강한 군대와 대적한 것이다. 소총수들과 사무라이의 복합 군대인 일본군의 군사력에 대해서 역사가들의 평가는 일부 엇갈리지만, 동아시아 세계 질서를 크게 뒤흔들어놓을 만한 엄청난 세력이었던 것은 분명하다. 근대 초 일본의 기술 발전과 응용도 대단한 일이지만, 그런 강력한 왜군의 침입에 대해 의병과 승병 조직까지 나서서 결국 격퇴해낸 우리 조상의 힘과 의지 역시 다시 새겨볼 점이다.

역사는 어떻게
설화와 전설이 되는가

십자군(1095~1291)은 중세 유럽에서 교황과 가톨릭교회의 제창으로 예루살렘 성지를 되찾기 위해 중동 지역으로 출정한 무장 세력을 말한다.

십자군은 튀르크족의 일파로 이슬람교를 받아들인 셀주크튀르크가 비잔티움 제국을 공격하면서 예루살렘 지역을 차지한 사건이 발단이 됐다. 비잔티움 제국으로서는 종교적으로 중요한 성지를 빼앗겼을 뿐 아니라 중요한 곡창 지대인 아나톨리아가 위협을 받기에 이르렀는데, 이는 자신의 사활이 걸린 문제였다. 그래서 교리는 다르더라도 같은 기독교권인 서유럽에 지원군을 요청했다. 아마 원래 비잔티움 제국이 원했던 것은 무슬림을 몰아낼 정예 기사들의 파견이었을 테지만, 서유럽에서는 종교적 흥분 상태에 빠져 일반 귀족과 농민들이 떼거리로 몰려갔다. 이런 식이니 십자군의 실제 군사력은 대개 허약하기 짝이 없었고, 성지 수복은 결국 실패로 끝났다.

몇 차례의 대규모 원정에도 불구하고 성지를 차지하지 못하자 유

아제르 상귀니스 전투. 살레르노의 로제가 지휘하는 십자군이 이슬람군에게 전멸당한 전투다.

럽 내에서 특기할 만한 사건이 일어났다. 1212년, 프랑스에서 한 소년이 예수가 자신에게 현현하여 십자군을 이끌라는 명령을 내렸다고 주장했다. 타락한 어른 대신 순수한 어린이들이 십자군운동을 주도하면 평화적인 방법으로 무슬림들을 개종시킬 수 있다는 것이다. 몇 번의 기적을 보인 덕분에 이 소년은 순식간에 3만 명의 어린이들을 끌어모았다. 그는 어린이들을 데리고 남쪽으로 내려가 지중해 바닷가에 도착했다. 그리고 이제 모세의 기적처럼 바다가 갈라지면 바닷길을 걸어 예루살렘까지 진군해갈 수 있으리라고 주장했다. 그러나 그런 일은 일어나지 않았다. 이때 사악한 상인 두 명이 접근해서 아이들에게 배를 공짜로 태워 예루살렘까지 데려다주겠다고 제안했다. 배에 탄 아이들은 모두 튀니지로 끌려가 노예로 팔렸다. 혹은 사르데냐 섬 근처의 산피에트로 섬 연안에서 폭풍우를 만나 몰살당했다고도 한다.

오랫동안 역사가들 사이에 이 이야기가 과연 사실인지 논란이 끊이

프랑스의 삽화가이자 판화작가인 귀스타브 도레가 상상하여 그린 소년십자군.

지 않았다. 일부 학자들은 실제로 소년들이 모여 성지로 향해 갔으며, 이들은 강렬한 묵시론黙示論적인 신앙에 사로잡혀 있었다고 보고 있다.

그렇지만 이와는 다른 견해를 제시하는 학자들도 있다. 이들의 주장에 따르면 비슷한 사건들이 있었지만 전해오는 이야기가 100퍼센트 사실은 아니라는 것이다. 첫 번째 사건은 독일의 한 양치기가 7천 명 정도의 사람들을 이끌고 알프스 산맥을 넘어 제노바까지 간 일이다. 그렇지만 그가 예언한 대로 바닷물이 갈라지지 않자 사람들이 뿔뿔이 흩어졌는데, 그중 일부가 마르세유로 갔다가 노예로 팔려갔다. 다른 사건은 12세의 프랑스 양치기 소년이 예수가 프랑스 왕에게 보낸 편지를 가지고 있노라고 주장하며 약 3만 명의 사람들을 끌고 파리 북쪽의 생드니까지 갔던 일이다. 이들은 모두 파리 대학 신학교수들의 권고에 따라 고향으로 되돌아갔다. 아마도 이 두 사건이 혼합되어 소년십자군 이야기가 만들어졌을 것으로 역사학자들은 해석한다.

이 이야기는 역사적 사실이 바탕이 되어 어떻게 설화와 전설이 만들어지는지 보여주는 흥미로운 사례다.

혁명의 도화선이 된
전제정치의 상징

1789년 7월 14일, 파리 시민 약 8,800명이 바스티유 앞에 운집했다. 바스티유는 원래 중세에 파리 시를 수비하는 성채로 건설됐으나 시간이 지나면서 파리 시 자체가 팽창하는 바람에 이 성채가 시내 한복판에 위치하게 됐고 용도도 감옥으로 바뀌었다. 대개는 일반 범죄자들이 수용됐지만, 금지된 책이나 팸플릿을 인쇄한 출판인 혹은 유명한 문인들이 갇히기도 해서, 그러지 않아도 음침한 분위기를 풍기던 이 건물은 자유를 억압하는 전제정치의 상징이 됐다.

파리 시민들은 이곳에 갇혀 있다고 믿고 있던 자유의 투사들을 구하고 동시에 화약과 무기를 탈취하기 위해 공격을 감행했다. 전투 과정에서 공격하던 시민 98명과 수비대원 1명이 죽었다. 오후에 수비대의 방어선이 뚫리고 시민들이 성안으로 난입해 들어갔다. 수비대가 항복을 선언했지만 흥분한 군중들은 이를 무시하고 린치를 가했다. 그들은 바스티유 소장이었던 드로네를 시청 앞으로 끌고 가서 그를 어떻게 처분할 것인지 논쟁을 벌였다. 그동안 수도 없이 맞은 드로네는

바스티유 소장 드로네의 체포 장면을 그린 무명씨의 작품.

"그만하고 차라리 나를 죽여!" 하고 소리를 지르고는 가까이 있던 사람의 가랑이를 걷어찼다. 그러자 흥분한 군중들이 달려들어 칼로 찔러댔고 곧 톱으로 그의 목을 잘라 머리를 창에 꽂고 거리를 행진했다. 수비대 장교 세 사람도 살해됐다.

　그러나 이렇게 큰 전투를 벌여 함락한 바스티유 요새에 실제로 갇혀 있던 사람은 7명에 불과했고, 그나마 그들은 자유의 순교자와는 거리가 멀었다. 위조범 4명, 정신병자 2명, 그리고 행실이 부정한 귀족 한 명이 전부였다. 유명한 사드 백작이 열흘 전까지 이곳에 있다가 다른 곳으로 이감됐는데, 만일 이 역사적인 날에 바스티유에 있다가 구출됐다면 또 하나의 신화가 만들어질 뻔했다. 이렇게 하여 혁명은 본격적으로 막이 올랐다. 오늘날 7월 14일은 프랑스혁명 기념일이 됐다.

혁명 당시의 국왕 루이 16세에 관해서는 몇 가지 에피소드들이 전해진다. 그는 파리 시내에서 멀리 떨어진 베르사유 궁에서 지내고 있었다. 그가 당시의 정세에 대해 완전히 무심했다고 할 수는 없지만 충분히 주의를 기울이지 않았던 것은 분명하다. 혁명이 시작된 그날, 국왕은 일기에 딱 한 단어만 썼다.

프랑스혁명 당시 만들어져 유포된 에칭화. 바스티유를 공격한 후 수비병들의 목을 잘라 창끝에 꽂은 후 행진하고 있다.

Rien(Nothing).

이는 루이 16세가 그날 사냥을 나갔는데 짐승을 한 마리도 잡지 못했다는 뜻이라고 한다.

한편, 국왕의 편에 서서 그를 지켜주기 위해 노력하던 라 로슈푸코 리앙쿠르 공작은 바스티유 함락 이틀 전인 7월 12일에 국왕을 찾아가 파리의 정세가 심상치 않다고 경고했다. 국왕은 그에게 이렇게 물었다.

"반란이 일어나고 있는가."

그러자 공작이 답했다.

"전하, 반란이 아니라 혁명입니다."

신화의 탄생

　제2차 세계대전 당시 나치군의 작전을 흔히 전격전電擊戰(blitzkrieg) 이라고 한다. 이는 탱크와 장갑차량을 이용하여 빠른 속도로 기습 진 공하는 전쟁 방식을 가리킨다. 나치는 오래전부터 이런 전략을 준비해 왔던 것일까. 역사가들은 나치군의 전술전략 문서에서 전격전과 관련 된 내용을 찾으려고 노력했지만 아무런 흔적을 찾지 못했다. 오히려 독일군 참모부는 그와 같은 군사적 모험주의를 극도로 혐오하고 있 었다. 사실 '전격전'이라는 말 자체가 없었다가, 폴란드 침공이 성공적 으로 끝난 후 시사주간지 『타임』(1939년 9월 25일자)에서 처음 이 말을 사용했을 때, 나치의 선전 담당자들이 이 단어의 효용성을 파악하고 널리 사용하기 시작한 것이다.

　전격전이라는 말이 군사 전문용어로 자리 잡게 된 것은 전후에 영 국의 군사 전문가인 하트Basil Hart(1895~1970)가 제2차 세계대전에 대 한 책을 쓰고 나서부터다. 그는 특히 나치의 장군이었던 하인츠 구데 리안Heinz Guderian(1888~1954)의 도움을 많이 받았는데, 구데리안은 마

치 그가 전격전 개념을 일찍부터 창
안했고 이 때문에 독일군이 승리했던
것처럼 주장했다. 그는 『기갑부대 지
휘관*Panzer Leader*』(1952)이라는 자신의
저서에서 이렇게 썼다.

하인츠 구데리안. 나치의 탱크 부대를 지
휘했던 장군인 구데리안은 종전 후 영국
에서 전쟁사를 연구하면서 자신이 일찍이
전격전 개념을 만들고 실천에 옮겼던 것
처럼 왜곡했다.

　1929년에 내가 깨달은 것은 탱크
자체 혹은 육군과 결합된 탱크만으
로는 결코 큰 중요성을 띠지 못한다
는 점이다. 나의 역사 연구, 또 영국
과 우리나라에서 경험한 바에 따르
면 탱크와 서로 의존하는 다른 무기
들이 표준 스피드로 전장에서 함께 움직일 때에만 완전한 효과를 낸
다. 그와 같은 전체 무기 편제에서 탱크는 핵심적인 역할을 맡을 것이
다. 탱크를 보병 사단 안에 편입시키는 것은 잘못이다. 모든 보조 무기
를 포함하는 기갑사단을 만들어야 한다.

　이에 따르면 아주 일찍부터 전격전 개념이 준비됐고, 제2차 세계대
전에서도 그런 전투 방식 때문에 승리한 것처럼 보인다. 그러나 실상
은 전혀 달랐다. 전쟁 초기에 독일군이 승승장구했던 것은 프랑스군
의 잘못된 대응에다가 우연적인 요소들이 겹쳤기 때문이며, 독일군도
프랑스를 쉽게 이긴 것을 '기적'이라고 판단했다. 당시 독일군의 기계
화 비율은 10퍼센트에 불과해서, 대포는 여전히 말을 이용해 옮겼고
대부분의 군인들은 도보로 이동하는 수준이었다. 이런 상황에서 구데

리안과 롬멜Erwin Johannes Eugen Rommel(1891~1944) 장군은 원래의 작전에 따라 전진을 멈추라는 독일군 지도부의 명령을 어기고 독단적으로 돌진해갔다. 결국 승리를 거두긴 했지만 이것은 지극히 위험한 태도였다. 실제 전격전과 가장 비슷하게 사전 준비된 소련 침공은 오히려 실패로 끝났다. 전격전은 이론적인 바탕이 없고 다시 반복할 수 없다는 점에서 모델로서의 가치가 전혀 없는 개념이라는 것이 군사 전문가들의 견해다.

전격전 개념이 사후적으로 합리화된 것은 냉전이 극성이었던 1950년대 초에 서독 군대를 재창건하기 위해 전직 나치 장군들의 협력이 필요했던 시대 상황과 무관치 않다. 구데리안과 그의 탱크 부대는 1945년 5월 10일 미군에 투항했다. 그는 미군 포로로 구류 상태에 있다가 1948년에 석방됐는데, 소련과 폴란드 쪽의 항의에도 불구하고 뉘른베르크 재판에 전범으로 기소되지 않았다. 대신 그는 영국에서 과거의 적들과 함께 제2차 세계대전 전투에 대해 분석하는 일을 자주 했고, 1950년대에는 서독 연방군Bundeswehr 창설과 발전을 위해 일했다.

역사 해석—이 경우에는 차라리 역사 왜곡—은 시대 상황에 따라 달라지게 마련이다.

폼페이우스의 방식에서
소말리아 해적 문제를 읽다

고대 로마에도 해적이 아주 심각한 문제였다. 기원전 1세기에 소아시아 출신의 해적들이 실리시아(오늘날 터키 동남부의 지중해 연안 지방)를 근거지로 하여 지중해 전역에 준동했다. 당시 로마의 내정이 워낙 어지러웠기 때문에 해상 문제에 신경을 쓰지 못하는 새에 해적들이 지중해의 교역을 거의 마비시킬 지경이었다. 자칫하면 로마의 번영이 흔들릴 뿐 아니라 심지어 시민들에게 제공하는 곡물 공급까지 중단될 위험도 컸다.

기원전 67년에 호민관 아울루스 가비누스Aulus Gabinius는 원로원 의원들에게 특단의 대책으로 3년 동안 폼페이우스Gnaeus Pompeius Magnus(기원전 106~기원전 48) 장군에게 폭넓은 권한의 임페리움imperium(대권大權 혹은 명령권)을 맡기자고 제안했다. 그 내용은 해적 토벌에 필요한 인적·물적 자원을 최대한 동원할 수 있고, 작전 영역은 해상만이 아니라 400스타드(약 75킬로미터)에 이르는 내륙 지역에까지 적용된다는 것이었다. 이는 시간과 공간상으로 엄격한 제약을 가하던 기존의 임페리

움과는 판이하게 다른 사례였다.

이런 권한을 부여받은 폼페이우스
는 단 40일 만에 이탈리아 반도 연안
지역을 평정했고, 다시 두 달 안에 지
중해 전역에서 해적을 소탕했다. 그는
해상 작전만 펼친 것이 아니라, 실리
시아 같은 육상 해적 근거지까지 공
격을 감행했다. 그리고 끝까지 저항하

폼페이우스의 대리석 흉상. 폭넓은 권한의
임페리움을 부여받아 해적을 소탕했다.

는 자들은 가혹하게 진압했지만, 항복하는 사람들은 노동력이 부족
한 지역으로 보내 새로운 삶을 살도록 주선했다.

최근 소말리아의 해적이 막대한 피해를 끼치고 있다. 소말리아는 국
가 기능이 제대로 작동하지 못할 정도로 무질서한 데다가 경제가 극
히 어려워서 한탕을 노리는 해적들이 발호하기에 딱 좋은 여건이다.
폼페이우스의 사례를 따른다면 소말리아 해적을 없애기 위해 다음과
같은 일들이 필요하다. 우선 해군만이 아니라 육군까지 동원하여 대
규모 소탕전을 펼쳐야 한다. 게다가 이미 빈사 상태인 소말리아 국가
기구를 대신할 새로운 통치 체제를 수립해야 한다. 그리고 무엇보다
사람들이 해적 행위에 의존하지 않고도 살 수 있는 여건을 마련해야
한다. 하나같이 쉽지 않은 문제들이다.

소말리아 내부의 목소리도 이런 점을 증언한다. 인질들을 잡고 있
는 해적들과 해운회사 사이의 중개를 맡았던 한 인물은 인터뷰에서 이
렇게 말한다.

소말리아에서 해적이 기승을 부리는 이유는 무법 상태와 극심한 가

난입니다. ……국제사회가 해적 행위를 억제하기 위해 노력하고 있는 것은 알지만 앞으로 오랜 시간이 더 걸려야 완전히 뿌리 뽑을 수 있을 겁니다. 해적 행위는 바다가 아니라 육지에서만 멈출 수 있습니다. 소말리아에서 법과 질서를 부여할 강력한 중앙 정부가 있어야 가능한 일입니다. 그런 정부가 들어서려면 앞으로도 50년은 걸릴 겁니다.

—피터 아이흐스테드, 강혜정 옮김, 『해적국가 : 소말리아 어부들은 어떻게 해적이 되었나』, 미지북스, 2011, 108~109쪽.

정말로 특단의 대책이 없는 한 소말리아 해적 문제는 해결이 쉽지 않을 것 같다.

300명으로 제국의 군대에 맞선 사내들

　기원전 480년, 페르시아 제국의 크세르크세스Xerxes(기원전 519?~기원전 465) 대왕은 그리스 세계의 정복을 꿈꾸며 대규모 군대를 이끌고 공격해 들어왔다. 테살리아와 마케도니아처럼 지레 겁을 먹은 일부 도시국가들은 항복한다는 의미로 물과 흙을 선물로 제공했다. 그러나 나머지 그리스의 도시국가들은 일치단결하여 저항하기로 결정했다. 그 가운데 가장 강력한 군사력을 보유한 곳은 스파르타였다. 상무정신으로 유명한 스파르타는 페르시아 대군의 위협에 전혀 굴복하지 않았다. 페르시아의 사자 두 명이 찾아와 건방지게 '물과 흙'을 요구하자, 그들을 우물 안에 집어던지며 "그 안에 물과 흙이 가득하니 마음껏 가지라"고 응대한 것은 잘 알려진 고사다.

　스파르타군은 전쟁에서 용맹하기로 유명하다. 아들이 전쟁터로 나갈 때 스파르타의 어머니는 "방패를 들고 오든지 그 위에 누워 오라"고 말했다. 이는 싸워 이겨서 돌아오든지 아니면 명예롭게 전사해서 동료들이 들어주는 방패 위에 누워 오라는 이야기다. 또 그들은 차라

프랑스의 화가 자크 다비드가 그린 「테르모필레 전투에서의 레오니다스」. 테르모필레 협곡에서 페르시아의 대군을 맞아 용감하게 맞서는 레오니다스와 스파르타 용사들을 낭만적으로 묘사했다.

리 헬멧은 두고 와도 되지만 방패를 놓고 오는 것은 불명예로 쳤다. 헬멧은 고작 자기 머리를 보호하는 데 쓰이지만 방패는 자신과 동료의 몸을 함께 지키는 데 쓰이기 때문이다.

전쟁 직전 페르시아는 다시 사자를 보내 항복을 권했다. 사자가 "페르시아인들의 친구가 되라"며 자신의 무기를 땅에 내려놓자 스파르타의 국왕 레오니다스Leonidas(?~기원전 480)는 이렇게 대꾸했다. "돌아와서 무기를 도로 집으시오." 스파르타는 용맹한 전사 300명을 차출하여 레오니다스 왕의 지휘하에 테르모필레 협곡에서 페르시아의 대군을 맞이하게 됐다. 이렇게 소수만 참전한 것은 축제 중에 군대를 일으키지 못하는 관례 때문이라고 한다. 페르시아군의 숫자가 어찌나 많은지 그들이 쏘는 화살이 햇빛을 가릴 정도라는 보고를 받은 레오니다스 국왕은 침착하게 이렇게 답했다고 한다. "그늘에서 싸울 수 있

영화 「300」(위)과 그 원본 만
화(아래). 도발적인 페르시아
사자를 우물에 차 넣는 장면.

으니 잘됐군." 이들은 결국 페르시아군의 진격을 사흘 동안 막는 사명
을 마친 다음 전원 전사했다(이 일화는 영화 「300」을 통해 더욱 널리 알려
지게 됐다).

국가의 존립은 우선 국토의 수호에 있다. 2010년 11월 23일에 있었
던 연평도 사건처럼 포격을 당해 군인과 민간인까지 살해당하는 일이
일어나도록 방치해서는 안 된다. 그러기 위해 스파르타 같은 강한 상
무정신이 필요한 때다.

작은 변화가 시작될 때,
그때가 가장 위험하다

혹독한 독재정치가 지속되는 국가를 외부에서 볼 때 왜 저 나라에서는 국민들이 들고일어나 체제를 바꾸려 하지 않을까 하는 심정이 들기도 한다. 북한이 대표적이다. 남한이나 서구의 관점에서 보면 매우 이상하지만, 현재 북한 주민들 중에 그 체제를 전복시키고 혁명을 이루고자 하는 사람들이 많아 보이지는 않는다. 정치와 사상 통제가 철저하기 때문이다. 그렇다면 그 체제가 영구히 지속되고, 사람들은 아무 불평 없이 그저 압제를 참아내기만 할 것인가. 사람들이 체제의 모순을 인식하고 정권에 도전하는 일은 일어나지 않을 것인가. 이 문제에 대해서는 토크빌Alexis de Tocqueville(1805~59)의 견해를 참고할 만하다.

『구체제와 프랑스혁명』(1856)에서 토크빌은 부패한 정부에 가장 위험한 순간은 개혁을 하려는 때라고 말했다.

혁명은 반드시 사태가 악화되는 과정에서만 발생하는 것은 아니다.

가장 압제적인 정부 치하에서도 마치 느끼지도 못하는 듯이 아무런 불평 없이 잘 참아내던 사람들이 그 압력이 완화되는 순간, 정부에 격렬하게 저항하는 경우가 흔하게 발생한다.

—A. 토크빌, 이용재 옮김, 『구체제와 프랑스혁명』, 일월서각, 1989, 220쪽.

알렉시 드 토크빌. 프랑스의 정치철학자, 역사가로 『미국의 민주주의』와 『구체제와 프랑스혁명』이라는 명저를 남겼다.

사실 위로부터 계속 압박을 받으면 사람들은 감히 항거할 엄두도 내지 못한다. 그렇지만 독재정부 스스로 개혁의 필요성을 느껴 압박을 약간 풀려고 할 때 문제가 발생하기 쉽다.

한때는 불가피한 것으로 체념하고 감내하던 폭정도 일단 그것에서 벗어날 수 있는 가능성이 사람들의 마음속에 떠오르는 즉시 더 이상 견디기 어려운 억압으로 여겨지게 된다. 왜냐하면 일부 폐단이 시정될 경우 아직 시정되지 않은 채 남아 있는 폐단은 더욱 참기 힘든 것으로 돋보이게 되기 때문이다. 요컨대 사람들은 고통을 덜 받는 만큼 감수성이 더욱 예민해지는 것이다. 봉건제는 절정기에 있을 때 오히려 해체기의 경우보다 프랑스인들에게 증오감을 덜 불러일으켰다. 마찬가지로 루이 16세의 사소한 권력 남용이 루이 14세의 혹독한 전제정치보다 더 참기 힘든 것처럼 보일 수 있다. 보마르셰의 짧은 투옥 기간이 드라고

드라고나드. 루이 14세가 신교도들을 괴롭히기 위해 기마부대 병사들에게 신교도 집에 숙영하도록 만들었다.

나드Dragonnades 사건 때보다 훨씬 엄청난 동요를 파리에서 불러일으키지 않았던가.

—A. 토크빌, 이용재 옮김, 『구체제와 프랑스혁명』, 일월서각, 1989, 220쪽.

드라고나드란 루이 14세 통치 초기인 1681년에 있었던 신교도 박해 사건이다. 프랑스는 가톨릭 국가이지만 앙리 4세 때 낭트 칙령을 통해 신교도들에게도 사실상 예배의 자유를 허용했다. 그런데 루이 14세는 자신의 힘을 과신해서 '하나의 국왕 하나의 종교'라는 원칙을 선언하고 신교도의 종교적 자유를 다시 억압했다. 그 방식이 매우 억압적이고 졸렬해서, 기마부대dragoon 병사들을 신교도 집에 기숙시켜 괴롭히도록 했다. 집 주인이 신교를 버리고 가톨릭으로 전향하든지 프랑스를 떠날 때까지 군인들이 그 집에 숙영하며 온갖 행패를 부리도록 국가가 사주한 것이니, 있을 수 없는 학정임에 틀림없다. 그러나 이 때에는 생각보다 저항이 크지 않았다. 그런데 혁명기에 『세비야의 이발사』, 『피가로의 결혼』 같은 극작품으로 유명한 보마르셰Pierre-Augustin Caron de Beaumarchais Beaumarchais(1732~99)가 며칠 동안 투옥된 사건은 엄청난 동요를 일으켰다.

우리의 역사가 바로 이런 경우로 볼 수 있다. 분명 민주화와 경제 성장 면에서 북한보다 훨씬 진전된 남한 사회에서 오히려 불만과 항의가 더 격렬한 것도 이런 논리로 설명할 수 있다. 이미 많은 것을 얻었지만 거기에 만족하지 않고 더욱 많은 것을 원하게 되는 것이 사람들의 자연스러운 성향이다.

계속해서 가혹하게 억누르는 데 성공하면 장기간 체제가 지속될 수 있다. 그렇지만 어쩌면 북한에서도 작은 변화가 대격변을 초래할 수 있다. 세상에 영원한 것은 없다.

세계의 급소

'수에즈 사건'은 1952년 이집트에서 가말 압델 나세르Gamal Abdel Nasser(1918~70) 대령이 군사 쿠데타로 권력을 잡으면서 시작됐다. 그는 당시까지 이집트에 주둔해 있던 영국군 철수를 마무리하는 동시에 나일 강에 거대한 댐을 건설해서 관개시설을 정비하고 전력 공급량을 크게 증대시키려 했다. 그는 자신을 고대 이집트의 파라오에 비유했다. 아스완 하이 댐 건설은 현대의 피라미드 건설과 같으며, 이를 통해 이집트가 다시 나일 강을 통제하고 지역 맹주가 된다는 것이다.

문제는 막대한 댐 건설 비용과 또 그런 초대형 토목 사업을 수행할 기술을 어떻게 확보하느냐 하는 것이었다. 여기에서 나세르는 미국과 소련 사이에 줄타기를 하며 유리한 방향으로 일을 성사시키고자 했다. 미국 국무장관 덜레스John Dulles(1888~1959)는 개인적으로도 나세르를 지독하게 혐오했을 뿐 아니라 이런 식의 중립정책을 참을 수 없어 했다. 1955년 가을, 나세르가 미국산 무기 구매 요청을 거절하고 대신 소련 블록에서 200대의 전투기와 275대의 탱크를 포함한 대량의 무기를 구입하자 덜레스는 충격과 당혹감을 감추지 못했다. 이는 또 이웃한 이스라엘의 전쟁 계획을 촉발시켰다.

소련이 댐 건설에 필요한 기술도 없고 자금 지원을 할 여력도 없다는 것을 알고 있던 미국은 댐 건설을 지원하는 대신 이집트의 정치와 경제에 대한 통제권을 강화하려 했다. 미국의 간섭을 달가워하지 않던 나세르는 만일 미국이 그런 식으로 나오면 소련과 제휴하겠다는 식으로 압박했다. 양쪽의 대화는 파국으로 치달았다. 덜레스는 이집트 대사를 만났을 때 "당신네들은 돈이 있다고 하니 더 이상 우리 도움은 필요 없겠군요. 내 제안은 취소요!" 하고 돌려보냈다.

격분한 나세르는 소련과 댐 건설 계약을 맺었을 뿐 아니라 수에즈 운하를 국유화하는 조치를 취했다. 유럽 경제의 생명줄과도 같은 원유 수송로가 막힐까 두려워한 영국과 프랑스는 곧바로 이스라엘과 짜고 이집트를 공격했다. 이스라엘은 운하 근처의 시나이 반도에 장래 총리가 될 아리엘 샤론Ariel Sharon이 지휘하는 낙하산 부대를 투입하는 동시에 티란 해협의 통제권을 장악했다. 중립적 중재자로 가장한 영국과 프랑스는 즉각적인 휴전, 그리고 이집트와 이스라엘 양쪽 모두 운하에서 10마일(약 16킬로미터) 뒤로 철수할 것을 요구했다. 그런데 실제 10마일 이내에는 이집트 군대밖에 없었으므로 이는 곧 이집트보고 운하에서 손을 떼라는 것과 마찬가지였다. 당연히 이집트는 철수 요구를 거부했고, 이를 빌미로 영국과 프랑스는 군대를 동원하여 운하의 북부 지대를 점령했다.

그러나 사태는 그들의 생각과 다르게 돌아갔다. 곧 소련이 개입하겠다고 위협했고 이집트군은 운하를 통과하는 원유 수송을 봉쇄했다. 세계의 투자자들이 영국의 파운드스털링화를 투매하기 시작

수에즈 위기 당시 이스라엘군의 공격으로 파괴된 이집트군 장비들.

하면서 영국은 재정위기에 몰렸다. 심지어 미국마저 두 나라가 미국 몰래 군사행동을 한 것에 배신감을 느꼈다. 아이젠하워Dwight David Eisenhower(1890~1969) 대통령은 영국의 앤서니 이든Robert Anthony Eden (1897~1977) 총리에게 전화를 걸어 "앤서니, 자네 제정신인가. 자네는 나를 속였어"라고 말했다.

미국의 압박에 두 나라는 굴복했다. 영국, 프랑스, 이스라엘 군대의 철수로 나세르는 재개통된 운하의 통제권을 확실히 장악했고, 당시 태동한 범아랍주의Pan-Arabism 운동의 대부가 됐다. 이 사건을 통하여 소련은 중동 지역에 첫 번째 중요한 거점을 확보하게 된 반면 영국과 프랑스는 지금까지 누려왔던 글로벌 식민지 제국의 위세를 급속히 상실했다. 세계 정세가 새로운 단계로 들어간 것이다.

수에즈 운하를 통제하는 이집트는 세계의 운명을 결정짓는 급소 중 한 곳이다.

야만스런 행위와 성스런 의무

　유럽에서는 중세 말부터 근대 초까지 '마녀 사냥'의 광풍이 몰아치면서 고문 행위가 그치지 않았다. 종교재판소에서 행하는 고문은 손가락을 죄는 것부터 뜨겁게 달군 의자에 앉혀놓는 것까지 다양했다. 혐의자들이 이런 시련을 끝까지 이겨내고 석방되기란 지극히 어려운 일이었다. 1673년 독일에서 한 여인은 뾰족한 고문의자에 11일 밤낮을 꿇어앉아서 발에 끓는 유황을 붓는 고문을 당하다가 정신병에 걸려 죽었다.

　이런 식의 고문에 대해 비판이 일자, 고문은 단 한 차례만 시행하는 것으로 약간 개선이 이루어졌다. 그러자 한번 시작하면 입을 열 때까지 중단하지 않고 계속 고문을 가하는 사태가 벌어졌다. 마녀 사냥을 하는 재판관은 자기가 사회를 수호하는 성스러운 작업을 한다고 믿었지 야만적인 행위를 한다는 생각은 결코 하지 않았다. 1486년 하인리히 크레머Heinrich Krämer라는 종교재판관이 저술한 마녀사냥의 교과서인 『말레우스 말레피카룸Malleus Maleficarum(마녀에게 가하는 망치)』은 마녀의 존재를 부정하는 논리 자체가 곧 악마에게 조정당하는 일이라고 주장했다. 그러고는 어떻게 피의자에게 겁을 주고 어떤 식으로 회유와 고문을 병행하면 좋은지 자세하게 설명하고 있다.

『말레우스 말레피카룸』. '마녀에게 가하는 망치'라는 의미의 이 책은 마녀의 개념을 정립하고 마녀 사냥의 철학과 구체적 방법까지 정비하여 이 분야의 '고전'으로 자리 잡았다.

　　고문 도구가 준비되면 재판관이 직접 하든지, 신앙이 두터운 다른 훌륭한 사람을 시켜서 하든지, 죄수가 자유롭게 자기 죄를 고백하라고 한다. 만일 여전히 고백하지 않으면 조수에게 시켜서 죄수를 고문 도구에 묶으라고 명령한다. 조수들은 이 명령을 따르지만 거짓으로 마음이 흔들리는 것처럼 한다. 그러고는 다른 사람들이 비는 척하여 다시 죄수를 풀어준 다음 옆으로 데리고 가서 다시 한번 고백할 것을 설득하고, 만일 고백하면 사형에 처해지지 않는다고 믿도록 한다.

　　마녀라고 자백하면 정말로 사형이 안 되는 것일까. 그렇지는 않다. 결국 화형에 처하게 된다. 그렇다면 '마녀'에게 재판관이 거짓 희망을 주는 것이 도덕적 잘못은 아닌가. 이에 대해서도 『말레우스 말레피카룸』은 교묘한 답을 준비해가지고 있다. 처음은 감옥에 가두고 '나중에' 화형에 처하면 재판관이 일단 거짓말을 한 것은 아닌 결과가 된다. 혹은 해당 재판관이 아닌 다른 재판관이 사형 선고를 하면 된다!

　　시대가 한참 지난 오늘날에도 사정은 크게 다르지 않아 보인다. 고

마녀로 몰린 여인들을 화형시키는 모습.

문 기술자로 악명을 떨친 경관은 자신을 안중근 의사에 비유하며 애
국자라고 강변했다. 그는 한 주간지와의 인터뷰에서 "나는 고문 기술
자가 아니고 굳이 기술자라는 호칭을 붙여야 한다면 '신문訊問 기술
자'가 맞을 것"이라면서 "그런 의미에서 신문도 하나의 예술"이라고
주장했다.

　미국도 다를 바 없었다. CIA가 9·11 테러 용의자들에게 고문을 가
한 사실이 만천하에 밝혀진 것이다. 한 용의자에게는 무려 183차례나
물고문을 가했다고 한다. 그런데 이에 대한 논란을 지켜보면 오늘날
미국이 어떤 지경에 이르렀는지를 알 수 있다.

부시 행정부 시절 CIA 국장이었던 마이클 헤이든은 이런 정보들이 밝혀지는 것이 국가 안보를 위험하게 한다고 오바마 정권을 강력하게 비난했다. 전직 CIA 국장들은 용의자를 천장에 매달아놓고 잠을 재우지 않을 수 있는 시간은 최장 7일로 제한하며, 좁고 어두운 박스에 용의자를 감금했을 경우 하루에 6시간 이상은 밖으로 내보내야 한다는 식의 규정을 두었다며, 결코 야만적인 고문을 한 것은 아니라고 강변한다.

세계의 패권hegemony을 차지하는 것은 단지 군사력과 경제력이 강하다고만 되는 것이 아니라, 누구나 수긍할 수 있는 보편적인 가치를 내세우고 그것을 지켜야 한다. 예를 들어 노예무역과 해적 행위로 엄청난 이익을 누리던 영국이 19세기에 스스로 그런 것들을 포기하고 더 나아가서 다른 국가들에 대해서도 금지시킨 것은 이 나라가 유럽의 일개 강대국에서 한 차원 높은 수준의 제국帝國으로 상승했다는 표시라 할 수 있다. 반대로 민주주의와 인권을 목청껏 소리치던 미국이 야만적인 고문 행위를 옹호하고 나선 것은 이제 이 나라가 세계의 패권 국가가 아니라 그저 여러 강대국 중 하나로 격이 떨어져가는 징후로 보인다.

학살의 세기를 연 비극

　지난 20세기는 인종학살의 세기라 해도 과언이 아니다. 유대인, 집시로부터 최근의 르완다인에 이르기까지 수많은 사람이 국가에 의해 조직적으로 학살됐다.

　이 중 1915년에 일어났던 터키의 아르메니아인 대학살은 인종학살 연쇄의 첫 시작에 해당한다. 1908년에 청년터키당이 술탄 체제를 무너뜨리는 혁명에 성공하고 권력을 잡았을 때만 해도 집권 세력과 터키 내에 거주하는 아르메니아인들과의 관계는 그리 나쁘지 않았다. 그러나 제1차 세계대전에 터키가 독일, 오스트리아 중심의 동맹국 편에 가담했다가 패전을 거듭하면서 사태가 악화되어갔다. 특히 아르메니아인들이 터키의 적국인 러시아를 돕는 군사 활동을 하자 이들에 대한 가혹한 탄압이 시작됐다. 아르메니아인 지식인들이 집단 사살됐고, 수많은 사람이 터키 내 시리아 지역으로 강제 이주되다가 사막에서 추위와 굶주림, 갈증에 시달리며 죽었다.

　사건의 진상과 성격에 대해서는 여전히 많은 의문점이 남아 있다.

아르메니아인들이 오스만 제국 병사들에 이끌려 교도소로 행진해 가고 있는 모습.

우선 희생자 수부터 논란의 대상이다. 한편에서는 사망자가 25만~50만 명이라 하고 다른 한편에서는 150만 명이라고 주장하는데, 적어도 100만 명 이상이 죽었다는 것이 정설이다. 학살 전 터키 내 아르메니아인 인구가 약 190만 명이라는 점을 놓고 보면 이 사건이 얼마나 엄청난 비극인지 알 수 있다.

이 사건이 '대량학살massacre'인지 '인종학살genocide'인지도 중요한 문제다. 단순한 대량학살과 달리 인종학살은 국가가 계획적으로 학살을 주도했음을 뜻한다. 학살이 여러 곳에서 동시에 일어났고, 유사한 살해 방식이 사용됐으며, 또 전략적인 강제 이주가 굳이 필요한 일이 아니었다는 등의 정황으로 볼 때 국가가 계획적으로 간여했으리라는 것이 학계의 지배적인 견해다. 그렇지만 터키 정부의 공식 입장은 이런 점을 전적으로 부인하는 것이다. 아르메니아인들에 대한 학살이 전혀 없었다는 터키 정부의 공식 역사 서술은 일반적으로 받아들이기 힘든 주장이다. 터키가 그런 주장을 하는 데에는 물론 감당하기 힘든 여러 복잡한 문제가 뒤따르기 때문이다.

우선 도덕적 문제가 제기된다. 국가의 주요 구성원에 의해 조직적으로 학살이 행해졌다는 사실은 당연히 감내하기 힘든 국제적 비난을 초래할 것이다. 다음으로는 막대한 피해자 보상이라는 경제적 문제가 뒤따른다. 인종학살 사실을 인정하게 되면 과거의 피해에 대한 보상과 복원을 해주어야 하는데, 이론상 이것이 어느 수준에까지 이를지 알 수 없는 일이다. 그리고 정치적으로 영토 반환 요구라는 해결하기 힘든 문제가 일어날 수 있다. 아르메니아 쪽은 오스만 제국 붕괴 이후 맺은 세브르 조약(1920)에서 정한 '대ㅅ아르메니아'*라는 개념에 근거하여 영토를 회복해야 한다고 주장할 가능성이 있다. 실제로는 그 이후 터키와 아르메니아 사이에 맺어진 카르스 조약(1921)과 로잔 조약(1923)에 의해 현재의 아르메니아 영토가 확정됐다. 인종학살을 인정하면 복잡한 영토 문제가 다시 제기될 공산이 크다.

거의 100년이 지난 현재도 이 문제는 여전히 국제적으로 대단히 민감한 사안이다. 예컨대 프랑스는 1915년의 사건을 터키의 전신인 오스만 제국이 저지른 인종학살로 규정하고 이를 부인할 때 최고 1년 징역형과 4만 5천 유로(약 6700만 원)의 벌금에 처하는 법안을 제정했다. 이는 나치의 유대인 대학살인 홀로코스트를 부인하는 사람에 대

* 1920년 세브르 조약에서 미국의 우드로 윌슨 대통령이 제안하여 합의된 아르메니아 영토다. 아르메니아인들이 많이 살았던 에르주룸, 비트리스, 반 지역을 포함시키고 트라브존 항구를 통해 흑해로 접근할 수 있도록 영토가 크게 확대됐다. 그렇지만 곧 터키 독립전쟁의 와중에 참전국들이 다시 협상에 들어가 세브르 조약의 결정 사항을 무효화시켰고, 그 이후의 조약에서 결정된 바에 따라 아르메니아공화국 영토는 크게 줄어들었다.

한 처벌과 같은 수준이다. 당연히 터키 쪽은 이에 대해 강력히 반발하고 있다.

　21세기에는 20세기와는 다른 역사가 진행되기를 희망해보지만, 과연 그렇게 될지는 의문이다.

동족을 죽이느라 빌린 돈을
갚아야 하는가

　20세기 후반에 일어난 최악의 비극 중 하나가 르완다의 대량학살 사건이다. 1994년 4월부터 6월까지 약 100일 동안 후투족 정권의 정규군과 인터함웨Interhamwe(르완다 말로 '함께 죽이는 사람'이라는 뜻)라 불리는 용병들이 소수민족인 투치족과 정권에 저항하는 일부 후투족 사람들을 무참히 살해했다. 학살 과정은 차마 인간이 한 일이라고 믿기 힘들 정도로 극악무도했다. 도살자들은 라디오 방송을 통해 증오심을 불어넣으며 학살을 부추겼다. 흥분한 사람들은 도시와 마을을 샅샅이 뒤지며 희생자들을 찾아 마체트(밀림 벌채용 칼)로 희생자들의 사지를 차근차근 절단했고, 여성들은 강간한 후 살해했다. 성당이나 수도원으로 피신한 투치족 사람들은 후투족 사제들과 수녀들의 밀고로 죽임을 당했다.

　잔혹한 학살 사례로 1994년 4월 12일 키붕고 주의 냐르부예 성당에서 벌어진 사태를 들 수 있다. 약 2천 명의 투치족 사람들이 이 지역으로 도망쳐와서 가톨릭 성당에 숨었다. 이곳에 쫓아온 후투족 민

르완다 학살 사건의 희
생자들. 수많은 사람들
이 학살당한 무람비 기
술학교는 오늘날 기념
관이 됐다.

병대는 성당 건물을 부수고 그곳에 숨어 있던 사람들을 마체트와 소
총으로 모두 살해했다. 놀랍게도 성당 건물을 불도저로 부수어 사
람들을 죽음으로 몰아간 인물은 이 성당의 신부인 아타나스 세롬바
Athanase Seromba였다. 그는 이탈리아로 도망갔다가 붙잡혀 2006년 르
완다 국제형사재판소에서 종신형을 선고받고 복역 중이다.

카게라 강과 냐바롱고 강에는 석 달 동안 밤낮으로 사람들의 머리
와 수족이 둥둥 떠다니는 지옥도를 연출했다. 이 기간에 살해된 사람
들은 80만 명에서 100만 명 사이로 추산되는데, 이는 르완다 전체 인
구의 20퍼센트에 해당한다.

이 학살 사건의 직접적인 당사자는 물론 후투족과 투치족이지만,
두 부족 사이의 갈등을 부추긴 데에는 국제적인 공모가 개입되어 있
다. 세계 여러 국가가 수년간 르완다 정부에 외채와 무기를 제공했다.
예컨대 1993년부터 1994년 사이에 중국은 이 나라에 50만 점의 칼
을 수출했고, 그 대금은 프랑스 정부가 빌려준 돈으로 지불됐다. 우
간다로 피신해 있던 투치족 사람들로 구성된 르완다 애국전선Rwandan

Patriotic Front군이 1994년 7월에 진격해 들어와서 전세가 역전됐지만 프랑스는 그때까지도 잔존해 있던 살인마 집단에 계속 무기를 공급했다. 최근에는 이웃 콩고민주공화국으로 쫓겨난 후투족 반군 일부가 진압 작전에 대한 보복으로 민간인 남성과 여성을 가리지 않고 강간하여, 이 지역이 '세계의 성폭행 중심지'가 됐다는 보도도 나왔다.

당시 르완다에는 1,300명의 다국적 평화유지군이 주둔해 있었지만, 이들은 사태를 진정시키는 노력을 전혀 하지 않았다. 수만 명의 투치족 사람들이 목숨을 구하기 위해 평화유지군 영내에 피신할 수 있도록 도움을 요청했을 때에도 사령부는 이를 거절했다. 이들이 한 일은 다만 사건의 추이를 기록하여 유엔 본부로 송부한 것뿐이었다.

정권이 바뀐 후 르완다 새 정부는 10억 달러가 넘는 외채를 넘겨받았다. 어머니를 강간 살해하고 동생을 난도질해서 죽이는 데 사용된 칼의 구입 자금을 갚아야 한단 말인가. 정부는 부채를 무효화해달라고 요청했지만, 국제통화기금IMF과 세계은행이 주도한 채권단은 르완다를 재정적으로 고립시키겠다고 협박하면서 이 요청을 거절했다. 기적적으로 목숨을 구한 르완다의 가난한 농민들은 이제 동족을 죽이는 데 든 비용을 외국 은행에 갚느라고 굶주림에 시달리고 있다.

이는 제3세계의 후진국들을 절대 빈곤의 구렁텅이에 몰아넣고 있는 '추악한 부채dette odieuse' 가운데에서도 가장 추악한 사례라 할 것이다.

냉전 시대 독일 분단의 상징

1962년 8월 17일, 동베를린에 거주하는 18세의 청년 페터 페히터는 친구인 헬무트 쿨바이크와 함께 서베를린으로 탈출을 기도했다. 그들의 계획은 우선 장벽 가까이 있는 목공소에 숨어 들어갔다가, 초병들 몰래 창문 밖으로 뛰어서 장벽을 넘은 다음 중간 지대를 달려간 후 마지막으로 철조망이 둘러쳐진 2미터 높이의 펜스를 뛰어넘는 것이었다.

그의 친구는 계획대로 마지막 펜스를 뛰어넘었지만 그에게는 운이 따르지 않았다. 펜스 위에 있는 그에게 초병들이 사격을 가해서 골반에 총을 맞은 것이다. 그는 중간 지대로 굴러떨어졌고 40분 동안 피를 흘리며 누워 있다가 결국 사망했다. 그가 도와달라고 소리쳤지만 동베를린에서든, 서베를린에서든 어느 쪽 사람도 그에게 도움을 주지 않았다.

서베를린 사람들은 다만 동독 병사들에게 "살인자!"를 외쳐댈 뿐 그들 자신이 총격을 받을까 두려워하여 아무런 행동을 취하지 못했다. 동베를린의 초병들 역시 사흘 전에 서독 경찰로부터 총격을 당한

체크포인트 찰리(냉전 시기에 서베를린과 동베를린 사이의 통과 지점 중 한 곳) 근처에 세워진 기념 십자가들.

사건이 있었던지라 쉽게 접근하지 못했다. 결국 페히터가 절명한 뒤에야 동독 병사들이 시체를 거두어갔다. 당시 총을 쏜 초병들은 동독 정부로부터 상을 받았으나, 통일이 된 후인 1997년에는 오히려 살인죄로 기소되어 유죄 판결을 받고 20~21개월의 징역형을 언도받았다.*
동서독 국경을 가르는 총 길이 155킬로미터의 장벽은 1961년에 세워졌다가 1989년에 무너지기까지 냉전 시대 독일 분단의 상징이었다. 이 장벽을 넘어 서독으로 탈출하는 데에 성공한 사람은 모두 23만 5천 명에 달한다. 1964년 10월에는 57명의 동독 사람들이 땅굴을 파서 서쪽으로 넘어왔고, 1979년에는 두 가족이 기구氣球를 타고 하늘을 날아서 서베를린에 도착하기도 했다.

* 세 명의 초병 중 한 사람은 이미 죽었고, 롤프 프리드리히와 에리히 슈라이버 두 사람이 기소됐다. 법정에서는 그 세 사람 중 누가 치명적인 상처를 입힌 사격을 했는지 가려낼 수 없었다.

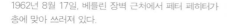

통일 후 페터 페히터가 죽은 자리에 새로 세워진 기념
물. "그는 오직 자유를 원했을 뿐이다."

1962년 8월 17일, 베를린 장벽 근처에서 페터 페히터가
총에 맞아 쓰러져 있다.

그러나 페히터처럼 비극적인 최후를 맞은 사람도 적지 않다. 모두
1,245명이 서쪽으로 탈출을 시도하다가 사망했고, 그 가운데 장벽 바
로 근처에서 죽음을 맞이한 사람만 136명이나 된다. 장벽을 넘다 총
에 맞아 죽은 마지막 사례는 1989년 2월 6일에 있었던 크리스 구프로
이Chris Gouffroy다. 죽음은 면했으나 탈출을 기도하다가 체포된 사람도
6만 명에 이르는데, 이들은 평균 4년 동안 감옥 생활을 해야 했다.

통일 이후 1990년에 페히터가 죽은 자리에 새로 세워진 기념물에는
이런 글이 쓰여 있다.

그는 오직 자유를 원했을 뿐이다……'er wollte nur die Freiheit.

암살자의 유래

2009년 12월, 알 발라위라는 요르단 출신 의사가 아프가니스탄에서 자살폭탄 테러로 CIA 요원 7명을 폭사시켰다. 그는 미국, 요르단, 알카에다를 오가며 활동한 삼중 첩보원이었다. 알 발라위를 2년 동안 교육시킨 CIA는 그가 완전히 미국 편으로 돌아섰다고 확신하고 알카에다 내부에 침투시키려 했지만, 그는 오히려 고급 정보를 미끼로 CIA 요원들을 모이게 한 다음 몸에 두른 폭탄을 터뜨렸다.

이 사건은 중세 이슬람권의 하시신Hashishin(혹은 Hashshashin)을 연상시킨다. 레반트 지역(시리아, 레바논 등 동부 지중해 지역)과 카스피 해 근처의 산악 지역에서 활동하던 시아파 분파인 하시신은 이슬람 내 반대파인 수니파 지도자를 비롯해서 기독교도 십자군 전사, 혹은 정치적 경쟁자들을 많이 암살했다.

이들에 대한 전승 중 널리 알려진 것은 마르코 폴로Marco Polo(1254~1324)의 『동방견문록』에 나오는 산상노인山上老人 알라오딘 이야기다. 그는 산속에 아름다운 정원과 화려한 저택으로 꾸민 비밀 요새를 가

마시아프 요새. 라시드 앗 딘 시난, 일명 산상노인은 하시신 종파의 주요 지도자 중 한 명으로, 이곳에서 강력한 군사 활동을 벌였다.

지고 있었다. 온갖 희귀한 화초와 초목이 자라는 정원에는 포도주, 우유, 꿀이 흐르도록 꾸몄고, 예쁜 처녀들이 노래 부르고 춤을 추도록 했다. 그는 열두 살에서 스무 살 사이의 청년들을 궁전에 데리고 있었는데, 이들 중 몇 명에게 마실 것을 주고 잠에 떨어지면 그 정원에 데려가게 한 뒤 깨운다. 젊은이들은 깨어나면 자신들이 정말로 천국에 왔다고 믿는다. 정원의 아가씨들이 하루 종일 연주하고 노래하며 극도의 쾌락을 제공하기 때문이다.

이제 알라오딘이 누군가를 암살하고자 하면, 먼저 그 청년들에게 마음껏 마실 것을 주어 잠에 곯아떨어지게 한 뒤 그들을 자신의 궁전으로 데리고 온다. 그 뒤 잠에서 깨어난 젊은이들은 천국에서 도로 나왔다고 생각하고 크게 상심한다. 노인이 그들에게 어디서 왔는지 물으면 자기들이 천국에 있다가 왔다고 말할 정도로 그들은 확고한 믿음을 가지고 있다. 그들은 다시 그곳으로 되돌아가고 싶은 열망에 사로잡혀 있다.

'노인'이 어떤 군주나 다른 사람을 죽이고자 할 때 그는 이 암살자들 가운데 몇 명을 골라 지정한 곳으로 보내면서 이렇게 말한다. 즉 그들을 천국으로 보내주고 싶은데 그러기 위해서는 가서 그 사람을 죽여야만 되며, 만약 자신들이 죽는다 하더라도 곧바로 천국으로 가게 될 것이라고. '노인'에게 이러한 명령을 받은 사람들은 기꺼이 그 일을 하려 했고 즉시 가서 '노인'이 명령한 것들을 남김없이 수행했다. 이렇게 해서 '산상의 노인'에게 지목되기만 하면 죽지 않고 살아 남을 사람은 아무도 없었다. 더구나 여러분에게 진실로 말하건대 수많은 왕과 고관들은 혹시 자기를 죽일지도 모른다는 공포심 때문에 그에게 선물을 바치고 좋은 관계를 유지하려고 했다.

—마르코 폴로, 김호동 옮김, 『동방견문록』, 사계절, 2000, 146~147쪽.

노인의 부하들은 죽음을 두려워하지 않는 경지에 이르렀기 때문에, 실로 가공할 암살자가 됐다. 암살자를 가리키는 어새신assassin이라는 말은 바로 이 하시신에서 유래했다고 한다.

어떤 사람의 사후관死後觀을 조종할 수 있으면 그 사람의 인격 전체를 지배할 수 있다고 종교학자들은 말한다. 미국 CIA의 공작도 순교 후의 천국행을 꿈꾸는 강력한 지하드聖戰의 열망을 이기지는 못한 것 같다.

진실을 밝힐 수 없었던
폴란드의 또 다른 비극

1939년 9월 1일 나치 독일이 폴란드를 침공함으로써 제2차 세계대전이 발발했다. 곧이어 9월 17일에 소련은 폴란드 정부가 더 이상 자국 영토를 통치할 능력이 없으며 따라서 모든 외교협정도 무효화됐다고 선언한 후 곧바로 폴란드 영토를 침공했다. 거의 아무런 저항도 받지 않은 채 진격해 들어간 소련의 적군赤軍은 수십만 명의 폴란드 군인과 경찰을 포로로 잡았다. 이들 가운데 사회 지도자급 인사 수만 명이 소련 비밀경찰인 내무인민위원회NKVD에 넘겨져서 수용소에 갇혔다.

1940년 봄에 이들 가운데 2만 명이 넘는 사람이 조직적으로 학살당했다. 가장 큰 규모로 학살이 자행된 곳이 스몰렌스크 인근의 카틴이라는 숲이었기 때문에 '카틴 숲 학살 사건'이 주로 거론되지만, 사실은 이 시기에 여러 지역에서 동시에 학살이 이루어졌다. 당시 카틴 숲에서 살해된 사람만 해도 해군제독 1명, 장군 2명, 대령 24명, 중령 79명, 소령 258명을 비롯해서 폴란드군의 장교 절반이 넘었고 대학교수 20명, 의사 300명, 그리고 100명이 넘는 작가와 저널리스트, 수백 명

카틴 학살 사건 기념물.

의 변호사, 엔지니어, 교사 등이 포함되어 있었다. 그야말로 한 나라의
군의 핵심 멤버들과 지식인들을 조직적으로 제거하려 한 것이다.

　독일군이 소련을 침공한 이후인 1943년 4월에 한 독일 병사가 거대
한 시체 구덩이를 발견하고 나서야 학살 사건이 세상에 알려졌다. 이
사실을 보고받은 나치 독일의 선전장관 괴벨스Goebbels(1897~1945)는
소련을 비난하기 좋은 소재로써 카틴 숲 학살 사건을 이용했다. 그러
나 소련은 역으로 나치 독일이 학살을 자행한 것이라고 공격했다. 오
랫동안 이 학살 사건이 정말로 두 악마 중 누구의 소행이었는지에 대
해서 논란이 있었다. 냉전 시기에 이데올로기에 사로잡힌 사람들은 당
연하다는 듯 상대편을 비난할 뿐이었다. 아마 1950~70년대라면 소
련 사학자 중에 이것이 스탈린의 소행이라는 것을 알았더라도 과연
그 사실을 발표할 수 있었을지 의심이 든다. 사실상 소련의 통제하에
있었던 폴란드 역시 정보를 가지고 있었다 하더라도 언급할 사정은 못
됐다. 폴란드 역사학계에서 카틴 사건은 금기 주제였다.

소련은 전후 나치에 대한 군사 재판 과정에서 사실을 왜곡했다. 1945년 12월에 레닌그라드 군사법정에서 열린 7명의 독일군에 대한 재판에서 아르노 디레Arno Diere는 자신이 카틴 숲에서 구덩이를 파고 약 2만 구의 시체를 매장했다고 자백했다. 그는 기관총으로 민간인을 살해한 죄로 기소됐는데, 이 자백 덕분에 사형을 면하고 15년 중노동형으로 감형됐다. 이는 아무리 보아도 의심이 가는 자백이었다. 실제로 그는 나중에 자신이 소련 쪽의 회유와 협박 때문에 허위 사실을 자백했다고 말했다.

라브렌티 베리야가 제안하고 스탈린을 비롯한 여러 인물이 서명한 문건. 폴란드 장교들을 학살하라는 내용으로서, 카틴 숲 학살 사건의 결정적 증거물이다.

진실이 밝혀진 것은 1989년에 소련의 역사가들이 폴란드인 학살 관련 문건을 찾아내 공개하면서다. 내무인민위원장 라브렌티 베리야가 제안하고 스탈린을 비롯한 여러 사람이 서명한 이 문건은 폴란드와 우크라이나, 벨라루스의 여러 캠프에서 25만 700명의 폴란드인을 처형하라는 내용을 담고 있다. 1990년에 소련은 내무인민위원회가 학살을 주도했고 그동안 소련 당국이 이를 은폐하려 했음을 공식 인정했다.

2010년에 카틴 숲 학살 사건 70주년 추모행사에 참가하러 가다가 비행기 사고로 폴란드 대통령 내외와 국가안보국장, 참모총장, 육·해·공군 사령관, 중앙은행 총재, 다수의 역사학자들이 사망했다. 폴란드의 비극은 언제 끝날 것인가.

인류의 양심을 물은 최악의 사건

　　1781년 가을, 아프리카를 떠나 자메이카를 향해 항해하던 영국의 노예운송선 종Zong호는 너무 많은 노예를 싣고 있었다. 식량이 떨어져가고 전염병이 돌아 7명의 선원과 60명의 노예가 죽었다. 만일 병든 노예들이 목적지에 도착한 후 육지에서 죽으면 선주는 큰 손실을 볼 수밖에 없었다. 그런데 이들이 해상에서 죽으면 한 명당 30파운드의 보험금을 받을 수 있었다. 다만 병으로 죽거나 자살한 경우는 해당되지 않고, 반란을 일으킨 노예를 살해하거나 위급한 상황에서 배를 구하기 위해 바다에 던진 경우에만 보험금 청구가 가능했다. 콜링우드 선장은 122명의 병든 노예들을 선별한 후 11월 29일에 54명, 11월 30일에 42명, 12월 1일에 26명을 차례로 바다에 던져 익사시켰다.

　　후일 선장은 물이 부족해서 '선박의 안전을 위해' 노예들을 바다에 던진 것이라 주장하며 보험금을 청구했다. 그렇지만 자메이카에 도착했을 당시 이 배에는 420갤런의 물이 남아 있었기 때문에 보험회사는 보험금 지급을 거부했다.

영국의 화가 윌리엄 터너가 그린 「노예선」. 종호 학살 사건에서 영감을 얻어 그렸다.

결국 이 사건은 법정으로 갔다. 1심에서 선장과 선주에게 유리한 판결이 나자 보험회사는 불복하여 항소했다. 이 2심 재판은 곧 노예무역 찬성론자들과 노예무역 금지론자들 간의 대립으로 유명해졌다. 이때 국왕 법률 자문관은 "이 사건은 말을 바다에 집어던진 것과 똑같은 사례"라는 발언을 해서 물의를 일으켰다. 2심 판결은 선상에 물이 충분한 것으로 볼 때 선장이 관리를 제대로 못한 책임이 있으므로 보험금을 청구할 수 없다는 것이었다.

그러나 오직 그뿐, 흑인 노예 학살에 대한 책임은 전혀 거론되지 않았다. 선장과 선원들을 살인죄로 기소하려는 움직임이 있었지만 성사되지 못했다. 이번에도 국왕 법률 자문관은 흑인 노예는 엄연히 상품이자 재산이며, 선원과 배를 구하기 위해 노예를 바다에 던짐으로써 정당한 임무를 다한 선장을 고발하는 것은 미친 짓이라 주장했다.

종호 복제 선박. 2007년 노예무역 폐지 200주년 기념으로 만들어 영국 런던의 타워브리지 근처에 전시됐다.

    그러나 이 사건은 곧 노예무역의 비인간성을 고발하는 상징이 됐으며, 노예무역 금지 운동을 촉발시킨 중요한 요인이 됐다.

    1천만 명에 달하는 아프리카인들이 노예로 신대륙에 끌려간 것은 두말할 나위 없이 인류사 최대의 비극 중 하나다. 그렇다면 이 비인간적인 체제는 어떻게 종식됐을까. 가장 중요한 요인은 당시 세계 최강인 영국이 노예무역 금지를 강제했기 때문이다. 영국은 자국 상인과 선원들이 노예무역을 못하도록 한 것은 물론이고, 모든 나라들이 노예무역을 하지 못하도록 해군을 동원해서 막았다. 지금까지 노예무역을 통해 다른 어느 나라보다 많은 이윤을 취하던 이 나라가 어떻게 해서 갑자기 천사 같은 정책을 펴게 됐는지 언뜻 이해가 가지 않는다. 영국의 이 정책 변화를 어떻게 이해해야 할 것인가.

많은 역사가들은 영국이 갑자기 노예무역 폐지를 들고 나온 것은 도덕적 이유 때문이 아니라 그렇게 하는 것이 자국의 국익에 맞았기 때문이라고 설명했다. 대표적인 주장이 이 당시 영국의 설탕 산업이 쇠퇴 중이어서 노예 노동력 수요가 감소했다는 것이다. 그러나 최근 이 문제에 대한 조사는 다른 결론을 내놓고 있다. 역사가들은 영국 의회가 노예무역 금지 법안을 통과시켰을 당시 실제로는 영국과 서인도 제도와의 수입과 수출이 모두 상승세였음을 증명했다. 그런데도 이후 몇 년간 영국은 수백만 달러를 들여 대서양과 카리브 제도에 해군 함대를 파견하여 다른 국가들의 노예 수입을 저지했다. 그렇다면 당시 영국은 거액을 들여가며 선의의 행위를 했다는 결론이 된다. 과연 그것이 가능하단 말인가.

드러난 증거로 보면 그렇다고 이야기할 수밖에 없다. 영국은 산업혁명을 거치며 세계의 공장으로 확고하게 자리를 잡아가고 있었고, 자유로운 국제무역을 통해 더 큰 이익을 얻는, 한 차원 더 높은 단계로 이행하고 있었다. 그런 마당에 노예무역과 같은 비인간적인 부문에서 이익을 취한다는 비난을 떨쳐버리려 한 것으로 보인다. 결과적으로 그것이 인류 전체의 대의를 위해 중요한 공헌을 한 셈이다. 많은 사람들이 각성하고 양심적으로 행동하는 것이 과연 실질적으로 역사를 진보시킬 수 있을지 의문을 품는 사람은 한번 이 문제에 대해 진지하게 생각해보면 좋을 것 같다.

제5부

사유와 상상의 힘

비참한 현실을
되비추는 이상 사회

유토피아는 16세기 영국의 지식인이자 정치가였던 토머스 모어 Thomas More(1477~1535)의 공상 소설 제목으로서 '어디에도 없는 곳(u+topia)'이자 동시에 '세상에서 가장 좋은 곳(eu+topia)'을 뜻한다. 그 이상 사회는 고단하고 비참한 현실 사회의 거울 이미지이기도 하다.

당시 유럽 사회는 격심한 변화를 겪고 있었다. 초기 자본주의의 발전은 빠른 경제 성장을 가능케 했지만 동시에 수많은 빈민을 쏟아냈다. 무엇보다 심각한 일은 농민들이 조상 대대로 경작하고 살던 자기 땅에서 쫓겨나 유랑민으로 전락하게 된 현상이다. 모직물 공업의 발전으로 양모 수요가 늘자 귀족 지주들은 소작인들을 몰아내고 그 땅을 목양지로 바꾸어버렸다. 수백 명이 생계를 유지하고 살던 넓은 농지가 이제는 양들이 한가롭게 풀을 뜯어 먹는 곳으로 바뀌었다. 쫓겨난 농민들은 대도시의 빈민으로 전락했고, 생계를 위해 도둑질을 하다가 결국 교수대에서 비참한 삶을 마감하곤 했다. 양 때문에 사람이 죽음으로 내몰리는 이 현상에 대해 『유토피아』에서는 "그 온순하던 양들이

토머스 모어의 『유토피아』. 1516년 초판
에 들어 있는 삽화.

욕심 많고 난폭해져서 사람들을 잡아먹게 됐다"고 기술하고 있다.

『유토피아』는 이런 비참한 현실 문제들이 해결된 사회를 상상해본 작품이다. 그곳에서는 모든 사람이 똑같이 하루 6시간씩 일하고, 그렇게 얻은 성과물을 똑같이 나눈다. 심지어 화폐제도가 사라졌고, 그와 함께 탐욕도 사라졌다. 이 나라에서 금은 요강이나 죄수를 묶는 사슬을 만드는 데에 사용할 뿐이다. 사람들은 헛된 욕망을 벗어던지고 오직 고상하고 안정된 취미 생활을 즐긴다. 덕성스러운 어른들이 집안을 잘 다스리고 올바른 정치를 펼친다. 공무원들은 '아버지'로 불리고 또 실제 아버지처럼 행동한다. 아주 좋은 의미의 가부장제가 이 나라를 지배하는 것이다.

이 작품을 읽을 때 가장 곤혹스럽고도 흥미로운 것은 도대체 저자가 말한 내용 가운데 어디까지가 그의 진심이고 어디까지가 농담 혹은 역설인지 아리송하다는 데에 있다. 정말 유토피아에서는 모든 사람이 행복하게 잘살 수 있을까. 아마 저자 자신도 스스로 말한 내용에 대해 의문을 품고 있는 것 같다. 작품 말미에 과연 이런 사회가 완벽하게 이상적인 곳인지 스스로 의문을 던진다.

> 라파엘 씨가 이야기를 마쳤을 때 그가 설명한 유토피아의 관습과 법 가운데 적지 않은 것들이 아주 부조리하게 보였다. ……우리가 나중에 시간을 내어서 이 문제들에 대해 더 깊은 의견을 나누고 조금 더 자세한 사실들을 들었으면 좋겠다고 말했다. 사실 언젠가 그런 기회가 주어지기를 지금도 고대한다. 비록 그가 의심할 바 없이 대단한 학식과 경험을 가진 것은 분명하지만, 나는 그가 말한 모든 것에 동의할 수는 없다. 하지만 고백하건대 유토피아 공화국에는 실제로 실현될 가능성은 거의 없지만 어쨌든 우리나라에도 도입됐으면 좋겠다고 염원할 만한 요소들이 많다고 본다.
>
> ─토머스 모어, 주경철 옮김, 『유토피아』, 을유문화사, 2007, 155쪽.

결국 『유토피아』라는 작품이 흥미로운 것은 저자가 생각하는 이상 사회의 답을 일방적으로 제시하는 게 아니라, 과연 이상적인 사회란 어떠해야 하는지 계속 질문을 제기하는 데에 있다.

요즘처럼 힘든 상황에서 우리에게 필요한 것은 우선 새로운 미래를 꿈꾸는 능력인 것 같다. 그 꿈은 실현 불가능한 황당한 꿈이어서는 안 되고 무엇보다 현실에 대한 예리한 비판에서 출발한 지성적인 꿈이어야 한다. 물론 거기에는 꿈을 현실로 만들고자 하는 실천 의지가 따라야 한다.

이웃에 대한 악감정을
갖다 붙인 병이름

세계보건기구는 한때 '돼지 인플루엔자Swine Influenza'로 불렸던 신형 인플루엔자의 이름을 공식적으로 '인플루엔자 A형A1H1'으로 바꾸기로 결정했다. 알려진 바와는 달리 이 신형 인플루엔자가 돼지로부터 감염 됐다는 증거가 없기 때문이다. 처음에 신종 전염병을 돼지와 연관 짓 다 보니 한때 돼지고기 판매가 격감하여 삼겹살집과 양돈업계에 큰 피 해가 갔다.

돼지고기 문제에 민감한 일부 이슬람권 국가들에서는 돼지고기 수 입과 판매를 금지하고 돼지 사육농장을 폐쇄했는가 하면, 심지어 이집 트에서는 40만 마리에 달하는 돼지를 모두 살殺처분하려고 했다. 이는 다시 돼지고기를 금기시하는 이슬람교도들과 그렇지 않은 기독교도 (콥트인. 이집트 인구의 약 10퍼센트를 차지한다) 사이의 갈등으로 비화했 다. 병의 실체와 무관하게 이름을 어떻게 짓느냐에 따라 이처럼 사회 적으로 큰 파장이 일어나는 것이다.

병명을 놓고 가장 치열하게 다툰 사례로는 매독을 들 수 있다. 본

전자현미경으로 찍은 매독균(Treponema pallidum).

래 인간은 각종 성병 균에 시달리는데, 그 이유는 인간이라는 종의 특별한 행태 때문이다. 대부분의 포유류는 발정기가 따로 있어서 그때만 잠깐 성행위를 한다. 그렇지만 인간은 너무나도 다양한 방식으로 비생식적인(즉 임신과 출산과는 무관한 방식의) 성행위를 한다. 인간 외에 생애 전반에 걸쳐 성적으로 흥분하고 활동하는 또 다른 동물로는 돌고래 정도가 있을 뿐이다. 인간이 그토록 성행위를 많이 하는 이유는 아마도 오랜 기간 무력한 어린 시절을 보내는 자식들을 공동으로 키워야 하는 부부가 긴밀한 유대감을 가져야 할 필요 때문이 아닐까 추론한다. 그에 대한 대가로 인간은 성과 관련된 여러 질병을 많이 앓게 됐는데, 그 가운데 근대 초부터 가장 크게 문제가 된 병이 바로 매독이었다. 15세기 말 이탈리아에서 시작된 이 병은 몇 년 안에 유럽 각국으로 퍼져갔고, 1520년경이 되면 아프리카, 중동, 중국 해안에까지 이르렀다.

이 병은 역사상 가장 남에게 미루고 싶은 병이라 할 만하다. 매독의 기원에 대해서는 1490년대에 처음 발병한 사실과 콜럼버스의 아메리카 도착을 연결해서 아메리카 인디언들 사이의 병이 유럽으로 들어왔다고 보는 견해와, 구대륙에 원래부터 존재했던 병이 마침 이 시기에 병세가 악화되어 나타났다는 견해, 그리고 구대륙과 신대륙 모두에 존재했다는 견해 사이에 아직도 명백한 결론이 나지 않은 상태다. 이런 모호한 상태에서는 일단 병의 기원을 남에게 돌리려 하게 마련이다.

1530년에 이탈리아의 의사이자 시인인 프라카스토로가 『대발진 혹은 프랑스병Syphilis Sive Morbus Gallicus』이라는 라틴어 장시를 출간함으로써 이 병은 시필리스syphilis라는 공식 명칭과 프랑스 병이라는 별명을 동시에 획득했다. 그래서 이탈리아, 독일, 영국에서는 오랫동안 이 병의 이름이 프랑스 병이었으나 정작 프랑스에서는 이탈리아 병이었다. 네덜란드에서는 에스파냐 병, 포르투갈에서는 카스티야 병, 러시아에서는 폴란드 병, 터키에서는 기독교 병, 페르시아에서는 터키 병, 일본에서는 포르투갈 병

매독 검사를 권유하는 포스터. "잘못된 수치심과 공포가 당시의 미래를 파괴한다. 혈액검사를 받자"라는 내용이다.

혹은 중국 병으로, 병명 자체에 이웃에 대한 악감정이 들어가 있음을 알 수 있다. 우리나라의 경우 이 병을 양매창揚梅瘡 혹은 광동창廣東瘡이라 불렀다. 양매창이란 표면적인 증상이 소귀나무(양매) 열매와 비슷해서 붙여진 이름이지만, 역시 이웃 나라를 가리키는 이름이 함께 따라다녔다.

병만큼이나 인간 사회에 해악을 끼치는 것이 사람들의 편견인 것 같다.

인류의 발전을 약속하는 힘

　오늘날 세계에는 극단적인 폭력이 넘쳐나고 있다. 인류는 혼란과 광기 속에서 서로 싸우다 멸망할 것인가. 영화 「터미네이터」 같은 작품들이 그리는 암울한 미래가 우리를 기다리고 있는 것일까.

　인류의 미래에 대해 그나마 희망을 찾을 수 있는 한 가지 흥미로운 자료는 1980년과 2000년 두 시점에서 15세 이상 성인 인구의 문자 해독률을 비교한 수치다. 이 자료를 보면 세계의 거의 모든 나라에서 1980년에 비해 2000년에 문자 해독률이 상승한 것을 볼 수 있다. 그 20년 동안 르완다에서는 40퍼센트에서 67퍼센트로, 코트디부아르에서는 27퍼센트에서 47퍼센트로, 인도에서는 41퍼센트에서 56퍼센트로, 말리는 14퍼센트에서 40퍼센트로, 심지어 문자 해독률이 가장 뒤처진 국가인 니제르공화국에서도 8퍼센트에서 16퍼센트로 상승했다. 중국의 경우 1980년에 이미 65퍼센트로 문자해독률이 상당히 높았지만 그 이후 더욱 상승하여 오늘날에는 85퍼센트에 이르게 됐다. 지금도 전 세계 각지에서 이 수치가 계속 상승 중이다. 이 변화는 특히 가난한 나라에서 빠르게 진행 중이어서, 빈국들이 문화 발전이라는 보편적 흐름에 동참하는 것처럼 보인다. 그래서 2030년경에는 전 세계적으로 적어도 젊은 세대의 사람들은 모두 글자를 깨치게 될 것으로 예상된다. 기원전 3000년경에 처음 문자가 발명됐으므로, 5천 년이 걸려서 드디어 인류 전체에 문자가 보급되는 것이다.

한 가지 더 고려할 점은 읽기와 쓰기에는 대체로 셈하기도 동반된다는 점이다. 인간의 능력 면에서 읽고 쓰고 셈하는 법을 안다는 것과 그렇지 않다는 것은 천양지차다. 한 역사가의 표현을 빌리면 문자와 숫자를 모르고 사는 사람은 "어디에서 날아오는지도 모르는 주먹질을 당하며 사는 것"과 마찬가지다. 그러나 문자와 숫자를 알게 되면 인간은 곧 주변 환경을 제대로 알고 통제하기 시작한다. 외부의 힘에 전적으로 끌려가며 사는 게 아니라 생각하고 계획하며 주체적으로 사는 것이다. 어느 한 개인 문제가 아니라 국민 전체가 그런 상태에 도달하면 정치·경제·문화적으로 도약 단계에 들어간다. 근대사의 선두에 섰던 유럽에서 17~20세기에 일어났던 일이 바로 이것이다. 말하자면 오늘날 세계의 빈국들 역시 그 비슷한 초기 도약 단계를 맞이하는 중이라고 해석할 수 있다.

물론 문자 해독률이 높아진다고 해서 자동적으로 극적인 발전이 일어나지는 않는다. 그러나 장기적으로는 이런 단계를 거쳐야만 발전이 가능하다. 아마도 교육의 확대와 그에 뒤이은 영광스럽고도 고통스러운 발전을 경험한 나라는 20세기의 대한민국이 가장 대표적인 사례일 것이다. 그렇게 보면 지금 세계에서 벌어지고 있는 극단적인 혼돈과 파괴의 양상도 발전을 향한 초기 단계에서 겪을 수밖에 없는 고통이라고 긍정적으로 해석할 수도 있을 것이다.

엄격하나 창의적이지는
않은 교육

 아이들을 엄격하게 가르치는 방식을 흔히 '스파르타식 교육'이라고
부르는데, 실제 고대 스파르타의 교육은 어땠을까.

 이 나라의 교육은 갓난아이를 국가가 검사하여 건강한 아이만 선
발하는 과정으로부터 시작된다고 할 수 있다. 원로원에서 판단하기에
몸에 이상이 있거나 연약한 아이들은 산에 갖다 버려야 한다. 건강하
지 않은 사람은 국가에 짐만 된다는 것이다. 아이들은 일곱 살까지 부
모 곁에서 지내지만 이후 '아고게'라 불리는 단체에 들어가서 스무 살
이 될 때까지 공동생활을 한다. 이제 본격적인 스파르타식 교육이 시
작되는 것이다. 이곳에서 읽기·쓰기·음악·무용도 배우지만 기본적으
로는 엄격한 군사훈련을 통해 강인한 체력과 국가에 대한 충성심을
기른다. 아이들은 맨발로 다녀야 하고 스스로 갈대를 꺾어 만든 침상
에서 자야 한다. 무엇보다도 음식을 일부러 부족하게 주고, 모자라는
양은 알아서 훔쳐 먹되 절대 들켜서는 안 되도록 훈련시킨다. 아이들
의 도둑질은 나쁜 게 아니라 오히려 장려되는 일이었는데, 이는 전투

프랑스의 화가 에드가르 드가가 그린 「운동 연습하는 스파르타 청년들」. 스파르타의 아이들은 벌거벗은 채 운동 연습을 했다.

상황에서 살아남도록 평소에 연습시킨다는 의미였다.

　게으른 아이들은 훈육 책임자가 엄하게 질책하고 선배가 매질을 했다. 선배들이 후배들에게 질문할 때 이에 대해서 충분히 '라코닉^{laconic}한' 답을 하지 못하면, 즉 짧고 간명하면서도 정확한 내용을 담고 있는 답을 하지 못하면 엄지손가락을 무는 벌을 주었다. 장래 지도자의 자질을 가진 것으로 판단되는 젊은이들은 18세가 됐을 때 크립테이아^{Krypteia}라는 행사에 참여하게 된다. 매년 가을 열리는 이 행사 때에 스파르타 시민들은 헬로트^{helots}라 불리는 피지배민을 사냥하듯 살해한다. 젊은이들은 나이프 하나만 가지고 숨어 있다가 헬로트들을 보는 대로 살해하고 식량을 훔쳐옴으로써 자신이 그동안 갈고닦은 군사적 자질을 증명해야 한다.

　스파르타인들은 그들보다 훨씬 수가 많은 피지배민을 지배했기 때

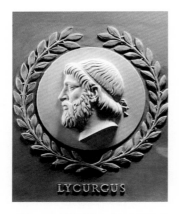

리쿠르고스. 전설적인 스파르타 국법 창
시자로, 아폴론의 신탁에 따라 스파르타
를 군사 중심의 사회로 개혁했다.

문에 아이들에게 지극히 엄격한 교육
을 시켜야 했다. 그 덕분에 스파르타
가 강력한 군사력을 유지했던 것은
분명하다. 분명 이 나라 시민들의 패
기는 하늘을 찌르지만, 다만 한 가지
우리가 유념해야 할 점이 있다. 그와
같은 교육의 결과 스파르타는 이웃
아테네와 달리 역사에 길이 남을 창의
적인 문화적 성과는 거의 산출해내지
못했다는 점이다.

콜럼버스를 위해
19세기에 창안된 신화

　콜럼버스가 바닷길을 통해 아시아로 가려는 계획을 세우고 에스파냐 정부에 지원을 요청하자 에스파냐 국왕은 심사위원회를 구성하여 이 안을 검토하도록 지시했다. 심사위원들은 지구가 둥글기 때문에 서쪽으로 항해하면 일본이나 중국에 도착할 수 있다는 콜럼버스의 주장에 경악했다. 이는 무엇보다도 지구가 평평하다는 성경 말씀에 정면으로 배치되지 않는가! 이런 구태의연한 사고방식에 사로잡힌 무지하고 고집 센 관료들과 종교인들 때문에 과학적이고 진취적인 콜럼버스의 신대륙 항해가 자칫 좌절될 뻔했다……. 이상은 콜럼버스에 대해 이야기할 때 자주 거론되는 내용이다.

　그러나 이 이야기는 그야말로 새빨간 거짓말이다. 중세인들이 지구를 평평한 원판 모양으로 생각했고, 먼 바다로 항해해가면 폭포처럼 물이 떨어지는 세계의 끝에서 배가 추락한다고 믿었다는 것은 신화에 불과하다. 중세 지식인들 중에 이런 식의 '평평한 지구Flat Earth'를 믿고 있던 사람은 한 명도 없었을 것이다. 지구가 둥근 공 모양이라는 사실

12세기의 삽화에 나타난 지구의 구형 상태. 중세 지식인들에게 지구구형설은 상식에 속했다.

은 고대 그리스 이래 식자층에서 상식으로 통하고 있었기 때문이다.

중세인들이 지구를 평평한 원판 모양으로 믿고 있었다고 강변하는 신화가 만들어져 유포된 것은 19세기에 와서의 일이다. 특히 결정적인 역할을 한 인물이 미국 작가인 워싱턴 어빙Washington Irving(1783~1859) 이다. 그는 1828년에 『크리스토퍼 콜럼버스의 삶과 항해』라는 책을 썼는데, 여기에서 콜럼버스는 지구구형설을 받아들인 근대적 지식인으

'평평한 지구' 지도. 1893년에 올란도 퍼거슨이 그렸다. 중세에는 지식인들이 지구구형설에 대해 의심하지 않았지만, 오히려 19세기 미국 사회에서 중세인들이 모두 '평평한 지구'를 믿고 있었다고 곡해했다.

로 그려져 있는 반면, 당대의 관료들과 종교인들 대부분은 아직도 지구를 원판 모양으로 생각하는 무지몽매한 사람들로 묘사됐다.

그는 콜럼버스라는 주인공을 더욱 빛나게 하기 위해 다른 사람들을 악의적으로 깎아내린 것이다. 그 배경에는 19세기에 벌어진 과학과 종교 간의 갈등이 놓여 있다. 당시 새로운 과학의 발견에 대해 늘 종교계가 발목을 잡고 공격했다는 견해가 제기됐다. 이 견해를 주장하는 사람들은 자신의 생각을 과거에 투사하여, 특히 중세 시대를 종교가 지나치게 지배적이어서 모든 이성의 빛이 완전히 꺼져버린 '암흑 시대'인 것처럼 왜곡시켰다. 이런 잘못된 견해는 후대에 계속 전해지기 십상이다. 20세기 전반에 토머스 베일리Thomas Bailey가 저술한 미국 고등학교 역사 교과서는 콜럼버스 선단의 선원들이 평평한 지구의 가장자리에서 낭떠러지 밑으로 떨어질까 공포심에 싸였다는 투의 이야기를 그

대로 실었다. 문제는 이 내용이 우리나라에도 전해져 오랫동안 사람들
이 그런 식으로 생각하게 됐다는 점이다.

이처럼 한번 잘못 알려진 지식이 고쳐지지 않고 끈질기게 살아남아
널리 인구에 회자되는 일이 자주 있다. 어느 나라나 마찬가지이겠지
만, 너무나 많은 거짓 신화들이 유포되어 있다.

좋은 삶은 어떻게 가능한가

영국의 민간 싱크탱크인 신경제재단NEF이 전 세계 143개국을 대상으로 국가별 행복지수HPI를 조사한 결과를 발표했다. 1위를 차지한 코스타리카는 국민의 85퍼센트가 자신의 삶에 만족한다고 답했다. 이나라는 에너지 사용량의 99퍼센트를 재생 가능한 에너지로 충당할 만큼 친환경적이며, 아예 군대를 보유하지 않을 만큼 평화적이다. 이런 정도면 가히 '행복한 국가'라고 보아도 될 성싶다. 이에 비해 부유한 선진국들은 대부분 하위권에 머물렀는데, 신경제재단은 이를 두고 "국내총생산GDP과 같은 경제적인 지수가 반드시 행복과 연결되는 것은 아니라는 증거"라고 해석했다. 대체로 받아들일 만한 결론이긴 하지만, 그래도 여전히 근본적인 의문이 남는다. 어떻게 사는 것이 행복한 삶일까. 그것을 어떻게 수치화한단 말인가.

많은 사람들이 이상적으로 생각하는 좋은 삶을 '행복'이라는 말로 표현한다. 그렇지만 정작 행복한 삶이 무엇일까 생각해보면 막연하고 혼란스럽다. 어쩌면 그것은 당연한 일일지 모른다. 원래 우리말에는 행복이라는 단어가 없었고, 이 개념 자체가 서구에서 수입된 것이기 때문이다. 우리가 쓰는 많은 개념어가 대개 그렇듯이 '행복'이라는 말도 19세기에 일본의 학자들이 서구의 개념을 번역하는 과정에서 만들어낸 신조어로서, 그 후 우리나라에 수입된 것이다.

'행복'은 일본에서 번역어를 만들어낼 때 가장 고심했던 단어 가운데 하나라고 한다. 영어의 'happiness' 혹은 프랑스어의 'bonheur' 같은 단어는 어원상 '(신이 허락한) 좋은 시간'으로 기독교적인 신의 개념이 배후에 놓여 있다. '신이 허락한 좋은 시간'을 맞이할 수 있어야 행복하다는 것은 곧 서구인이 생각하는 행복이 원래 기독교적 구원과 깊은 연관이 있음을 짐작케 한다. 동아시아의 사고에는 그런 것이 없었으므로 일본의 번역자들은 물질적 풍요와 관련이 있는 두 글자인 '행幸'과 '복福'을 붙여서 단어를 만든 것이다. 원래의 서구 개념이나 일본의 신조어나 우리의 고유 문화와는 거리가 있다. 그렇지 않아도 어려운 우리 인생의 중요한 문제를 이런 정체불명의 수입 개념어를 통해 사고하고 있었으니 심란할 수밖에 없다.

과거에 '행복'과 비교적 유사한 기능을 했던 단어는 '안심安心'이나 '안락安樂'이라고 한다. 행복하게 산다는 것이 무엇인지는 감이 잘 안 잡히지만 '안심'과 '안락'은 훨씬 더 가깝게 다가오는 것이 사실이다. 우리 사회와 나 자신이 안심하고 안락하게 사는 것이 매우 중요한 기준인 것은 분명하다.

그렇더라도 '행복한 삶'이 무엇인지 생각해보는 일을 피할 수는 없다. 일단 심리학자들의 충고를 참고해보도록 하자. 다음은 저명한 경제학자 송병락 선생이 저서에서 '행복 경제학'에 대해 설명하면서 인용한, 행복한 사람이 되기 위한 아홉 가지 사항이다. 한번 깊이 생각해볼

일이다.

1. 어떤 경우에도 자신을 비하하는 말을 하지 말라. 그리고 자신이나 남에 대하여 건설적이지 않은 비판은 하지 말라.

2. 현재의 불행, 좌절 또는 실패는 위장된 행복일 수 있다. 전화위복이 될 수 있다고 생각하라.

3. 도움을 주고받을 수 있는 가까운 친구를 잘 사귀어라.

4. 자신의 강점과 특성을 잘 살리고 성공과 행복에 대해서는 자신의 공을 인정하라.

5. 혼자서도 할 수 있는 취미 활동을 개발하라.

6. 과거, 현재 및 미래의 일을 균형 있게 하라.

7. 생각, 행동의 사회적 기준을 알고 자신의 경우를 판단하라.

8. 곤경에 처할 때에는 전문가의 도움을 받으라.

9. 도저히 감정을 억제할 수 없는 상황에서는 그 자리를 피하라.

중세 지도

지도를 빙자한 종교 만화

지도는 세계를 어떻게 이해하고 파악하는지 실물로 보여주는 중요한 자료다. 약 600개 정도 보존되어 있는 유럽의 중세 지도에는 당시 사람들의 세계관이 그대로 녹아 있다. 「헤리퍼드 마파 문디Hereford Mappa Mundi」(1300년경, 헤리퍼드 세계 지도)가 이 점을 잘 보여준다.

중세 지도는 T-O 지도 혹은 바퀴 지도wheel map라고 불리는데, 전체적인 생김새가 둥근 바퀴 모양이고, 그 내부를 큰 강과 바다가 T자 모양으로 나누고 있기 때문이다. 오늘날의 지도와 달리 이 시대의 지도는 위쪽이 북쪽이 아니라 동쪽이다. 그러므로 윗부분이 아시아 대륙, 아래 왼쪽은 유럽, 아래 오른쪽이 아프리카 대륙이다. 이는 당시 유럽인들이 생각하는 인간 세계다. 성경과 중세 구전 전통에 따르면 노아는 죽을 때 이 세상을 크게 셋으로 나누어 세 아들에게 나누어주었는데, 셈에게 아시아를, 함에게 아프리카를, 그리고 야벳에게 유럽을 주었다. 이들이 각 대륙 사람들의 선조인 셈이다. 나일 강과 돈 강, 그리고 지중해가 대륙 간 경계를 이루는데, 이것이 서로 만나 T자를 그

가장 대표적인 중세 지도인 「엡스토르프 세계 지도」(왼쪽)와 「헤리퍼드 세계 지도」(오른쪽).

리고 있다. 이 지도상으로는 T자가 아주 명백하지는 않지만 개념적인
성격이 강한 다른 중세 지도에는 그 모양이 더 선명하다. 이 세계 전체
를 둥근 모양으로 바다가 둘러싸고 있다. 이 큰 바다가 대양Ocean으
로, 이는 소통로라기보다는 오히려 소통을 막는 항해 불가능의 장애
물에 가까웠다. 콜럼버스가 나중에 이 대양을 통해 아시아로 가려고
한 것은 대단한 발상의 전환이라 할 만한 일이었다.

　세계의 정중앙(배꼽omphalos)에는 세계의 중심인 예루살렘이 자리 잡
고 있고, 가장 위쪽 그러니까 동쪽 끝에는 에덴동산이 그려져 있다. 에
덴동산 혹은 낙원paradise은 죽은 다음에 가는 어떤 상태가 아니라 이
세상에 실제로 존재하는 '장소'다. 성경을 문자 그대로 믿는다면, 구약
가장 앞부분에 나와 있는 대로 에덴동산이 지구상의 어느 곳에 분명
히 존재한다는 사실을 부인할 수는 없다. 에덴동산 근처에는 중세 전
설상의 사제 요한 왕국이 있다. 사제 요한 왕국은 이슬람권 너머에 존
재하는 대단히 강력하고 부유한 기독교 왕국으로서, 중세의 군주들과

중세 지도인 T-O 지도 혹은 바퀴 지도.

종교인들은 이 왕국에 찾아가 정치군사적 관계를 맺어 이슬람권을 양쪽에서 협공하여 몰락시키자는 꿈을 가지고 있었다. 바벨탑과 노아의 방주도 등장하고, 소돔과 고모라, 게다가 말세에 사람들을 유린한다는 곡과 마곡의 땅도 버젓이 그려져 있다. 그 외에 이 지도상에는 온갖 세세한 이야기들이 그림으로 '서술'되어 있다. 그야말로 지도를 표방한 '만화책'이라는 표현이 나올 법하다.

이처럼 중세 지도는 세계의 객관적 지리가 아니라 성경 교리에 따른 관념적 세계의 모습을 나타낸다. 다시 말해서 단순한 지리 공간이 아니라 그곳에서 인류가 살아온 역사의 흐름까지 복합적으로 담고 있는 시공간을 표현한다. 인류 역사는 가장 윗부분의 에덴동산에서 시작하여 바벨탑과 예루살렘을 거쳐 당대의 유럽으로 이어진다. 반대로 보면 언젠가 인류에게 구원이 이루어져 다시 동쪽 끝의 낙원으로 '올라가려는' 소망을 나타낸다.

근대에 들어와서 지도의 방위가 바뀌어 위쪽이 북쪽이고 오른쪽이 동쪽이 된 것은 세계를 바라보는 오리엔테이션Orientation(원래의 뜻은 동쪽 방향 정하기)이 바뀌었다는 증거다.

화장실만 안 가도
진짜 신으로 모실 테지만

1946년 1월 1일, 연합군 사령부의 요구에 따라 히로히토裕仁(1901~
89) 일왕은 연두교서에서 이런 내용을 발표했다.

> 나와 우리 국민 간의 유대는 상호 신뢰와 경애로 맺어진 것이지 단
> 순히 신화와 전설에 의한 것은 아니다. 천황은 신現御神이고, 일본 국민
> 은 다른 민족보다 우월하며 그래서 세계를 지배하는 운명을 가지고 있
> 다는 가공의 관념에 기반을 두어서는 안 된다.

이것이 일본 왕의 신격을 부인하는 소위 '인간선언'이다.

다만 이때 신이 아니라는 것이 정확하게 무엇을 의미하는지는 논란
의 여지가 있다. 살아 있는 신을 가리킬 때 통상 쓰는 아라히토가미現
人神라는 말 대신 아키쓰미카미現御神라고 함으로써 일왕의 신성을 계
속 주장할 수 있는 근거를 교묘하게 남겨두었다는 해석도 가능하다.
그렇지만 그런 구차한 해석에 연연한다는 사실 자체가 이미 예전의

절대적 위엄이 사라졌다는 증
거라고 할 수 있다.

일본 국민들에게 그들이 신
으로 떠받들던 일왕이 어쩔 수
없는 일개 인간이라는 점을 각
인시킨 것은 1945년 9월에 맥
아더 장군과 함께 찍은 사진
이었다. 주일 미국대사관에서
찍은 이 사진에서 맥아더는 주
머니에 손을 찔러 넣은 오만한
태도로 서 있고, 그 옆의 히로
히토는 마치 잘못을 저질러서

맥아더 장군과 히로히토 일왕. 1945년 9월에 찍은
사진으로 오만한 자세의 맥아더 장군 옆에 히로히토
일왕이 초등학교 학생처럼 긴장한 채 서 있는 모습
은 일본인들에게 큰 충격을 주었다.

야단맞는 초등학생처럼 잔뜩 긴장한 자세로 서 있다. 당시 일본인들
은 이 사진에 엄청난 충격을 받았다고 한다.

이른바 '천황'이라는 존재가 신화의 허울을 벗고 본모습을 드러낸
것인데, 이는 단지 무소불위의 강력한 권력체가 힘을 잃었다고 보는
것과는 다소 의미가 다르다. 이는 천황이 '무無의 존재'였다는 점으로
설명할 수 있을 것 같다. 일본의 한 사상가는 천황제에 대해 이렇게
썼다.

분명 천황제는 일본 역사를 관통하는 하나의 제도로 존재해왔으나
천황의 존엄은 언제나 이용하는 자의 도구에 지나지 않았고, 한 번도
실재한 예가 없다. 후지와라藤原 씨와 장군가將軍家에게 천황제가 필요
했던 이유는 무엇이었는가. 무엇 때문에 그들은 스스로 최고의 주권을

2009년 11월에 아키
히토 일왕에게 90도
각도로 허리를 굽혀
인사하는 버락 오바
마 미국 대통령.
[AP 연합뉴스]

장악하지 않았는가. 그것은 그들이 직접 주권을 장악하는 것보다 천황
제를 이용하는 편이 여러 의미에서 편리했기 때문이다. 그들은 자기 자
신이 천하를 호령하기보다 천황이 호령케 하고, 자신이 가장 먼저 그
호령에 복종해 보임으로써 호령이 더욱 큰 효과를 발휘하게 된다는 사
실을 숙지하고 있었다. ……자기 스스로를 신이라 칭하며 인민에게 절
대적인 존엄을 요구하는 일은 불가능하다. 하지만 자신이 천황을 숭
배함으로써 천황을 신격화하고 그것을 인민에게 강요하는 일은 가능
하다. 그러한 이유에서 그들은 천황을 자기들 멋대로 옹립하고서 천황
앞에 머리 조아려 절하고, 자신이 먼저 천황에게 절함으로써 인민에게
천황의 존엄을 강요하고, 그 존엄을 이용하여 호령했다. 그것은 먼 옛
날의 후지와라 씨와 무가武家에만 해당하는 이야기가 아니다. 보라, 바
로 이 전쟁(제2차 세계대전—인용자)이 그렇지 아니한가.

　　　—사카구치 안고坂口安吾, 최정아 옮김, 『백치·타락론 외』「속續타락론」,

　　　　　　　　　　　　　　　　　　책세상, 2007, 153~154쪽.

즉 지배자는 스스로 절대권력을 장악하는 대신 권위를 가진 천황을 받들어 모심으로써 자신들의 지반을 다지는 방식을 사용했다. 이때 천황은 '제로 기호' 혹은 '무無의 장소'로 작용한 것이다. 메이지 헌법에서는 천황이 절대주의 군주처럼 나타났지만 서양이나 중국의 군주와 달리 '무의 존재'였고, 대동아공영권에서도 지배 권력으로 군림하는 것이 아니라 각각 자율적인 각국을 통합하는 '무의 장소'였다.

전쟁이 끝난 후 미군 사령관 앞에 불려나온 히로히토는 마치 신과 같이 허공에 떠 있는 존재가 아니라 누구와도 다를 바 없는 인간의 본모습으로—그것도 꽤나 초라한 모습으로—나타났기 때문에 충격적인 것이 아니었을까. 누군가가 그랬다고 하지 않는가, 천황이 화장실만 안 가면 진짜 신이라고 믿겠다고.

세월이 흘러 이제 또 다른 한 장의 사진이 세계를 놀라게 했다. 2009년 11월 버락 오바마 미국 대통령이 아키히토明仁 일왕과 만나 90도 각도로 허리를 굽혀 절을 하는데, 마치 초등학생이 선생님한테 인사하는 모습을 연상시킨다. 그렇게 절을 한 번 한다고 일왕이 다시 인간에서 신으로 승격하는 일은 없을 테지만, 그런 정도의 성의를 보임으로써 미국 대통령이 일본인들의 마음을 사로잡은 것은 분명해 보인다.

생산성을 높여온
일본의 생활철학

'가이젠改善'은 생활의 모든 면을 계속 고쳐나간다는 일본의 생활철학에서 유래한 말이지만, 오늘날에는 주로 일본의 제조업에서 끊임없이 결점을 고쳐나가고 낭비 요소를 없애서 생산성을 높이는 활동을 가리킨다. 일본의 가이젠이 오래전부터 얼마나 큰 위력을 발휘했는지는 조총의 개발 과정을 보면 알 수 있다.

1543년에 포르투갈의 모험가인 핀투라는 사람이 일본 규슈九州 남쪽의 다네가시마라는 섬에 표착해서 그곳 영주에게 화승총을 선물한 것이 일본에 들어온 최초의 서양식 총으로 알려져 있다. 일본인들은 이 총을 열심히 연구하여 똑같이 복제하는 데 성공했고, 순식간에 일본 전역에 보급되어서 16세기 중엽이면 일본에 30만 정의 총이 있다고 알려졌다.

일본인들은 이 총의 작은 부분까지 계속 개선해나갔다. 예컨대 비가 오는 날에도 심지에 불을 붙여서 총을 쏠 수 있도록 해당 부분을 나무 상자로 씌워놓았다. 이는 작은 요소이지만 일본처럼 비가 많이 오는 지역에서는 때로 이런 것들이 아주 중요한 결과를 낳을 수도 있다. 이후 이런 가이젠의 누적은 엄청난 결과를 가져왔다. 나가시노 전투에서 1만 명의 소총수들이 23열로 정렬하여 20초마다 1천 발을 발사한 것으로 알려진 오다 노부나가의 부대는 당시 세계 최강의 화력을 가진 것으로 추정된다.

제2차 세계대전 이후 일본 기업의 약진을 설명할 때에도 가이젠은 빠짐없이 거론됐다. 가이젠 방식의 대표주자인 도요타豊田는 최고위 CEO로부터 조립 현장의 노동자에 이르기까지 모든 사람이 가이젠을 통해 생산성을 높여온 것으로 유명하다. 각 단위마다 사람들은 자신이 하는 일에서 실험적인 방법을 통해 낭비를 없애고 효율성을 증대시키는 개선점을 찾아내어 이를 보고한다. 이런 과정에서 노동자들과 직원들은 무리하지 않고도 더 나은 성과를 거두며, 따뜻한 동료애를 키울 수 있다.

도요타의 이런 방식은 미국 기업들을 반성케 했고, 우리나라에서도 이를 배우기 위해 많은 노력을 경주했으며 경영학에서 연구하고 교육하는 주제가 됐다. 그런데 이제 도요타가 과도한 원가 절약에 매달리다가 최악의 위기에 내몰리고 있다. 부품 단가를 낮추기 위해 해외에서 부품을 조달하다가 자동차 품질이 떨어져 대규모 리콜 사태가 일어났다. 『LA타임스』는 "지금까지 도요타는 최고의 품질과 낮은 가격 덕분에 선두업체가 됐는데, 바로 그 특성들 때문에 이제는 위험에 처하게 됐다"고 분석했다. 도요타 특유의 장인정신이 해외 협력 업체에까지 스며들게 하여 품질을 유지하면서도 원가를 절감한다는 아이디어였지만, 해외에서 그런 철학이 똑같이 적용되지는 않았다. 말하자면 '가이젠의 세계화'는 실패로 끝난 것이다.

중국에서 만들어져
유럽으로 전해진 음악체계

바흐Bach는 독일어로 실개천이라는 뜻이다. 그래서 베토벤은 작곡가 바흐의 이름을 두고 "그는 실개천이 아니라 바다Meer라고 불려야 마땅하다"고 말한 바 있다. 한 작은 음악회에서 요한 제바스티안 바흐Johann Sebastian Bach(1685~1750)의 「평균율平均率 클라비어곡집」의 연주를 들었을 때 베토벤의 이 말이 새삼 가슴에 와 닿았다. 이 위대한 작품은 원래 하프시코드나 클라비코드라는 고악기를 위해 쓴 곡이지만 지금은 피아노로 많이 연주되어서 '피아노 음악의 성서'라고도 불린다.

그런데 이 곡은 당시 본격적으로 알려지기 시작하던 새로운 조율법인 평균율의 보급 문제와 깊은 관련이 있다. 평균율은 한마디로 오늘날 우리가 일상적으로 듣는 서양 음악의 음계 그 자체라 할 수 있다. 평균율의 장점은 작곡이나 연주를 할 때 자유롭게 조調를 옮길 수 있어서 풍요롭고 변화가 많은 곡을 만들 수 있다는 점이다. 바흐는 아주 열심히 이 방식을 이용했고 또 적극적으로 옹호했다. 반면 동시대

음악가인 주세페 타르티니Giuseppe Tartini(1692~1770) 같은 이는 평균율을 사용하면 조를 마음대로 옮기는 실용적 이점은 있지만 그 대신 음악의 순수함을 잃는다고 반대했다.

평균율 이전에는 도리아, 프리지아, 리디아, 믹소리디아 같은 다양한 선법旋法들이 존재했다.

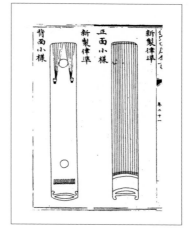

주재육의 『율학신설』에 나오는 조율 악기.

악기들은 한 번에 하나의 선법 밖에 조율하지 못한다. 어느 선법은 밝고 즐거우며, 어느 선법은 슬프고 우울하다. 그러한 선법들은 대단히 다채로운 정서의 격렬함이나 체험들을 표현했으나 지금은 오늘날 우리들이 알고 있는 음악으로부터 완전히 사라져버리고 말았다. 그것들은 언어로는 표현해낼 수가 없다. 다양한 선법의 가락이나 기분의 미묘한 차이는 마치 장조와 단조의 차이와도 같은 것인데, 때로는 그것보다 몇 배나 더 컸다. 그러한 고대 선법들은 자취를 감추어버렸으며, 귀가 들리는 모든 서양인은 누구나 중국에서 전래된 이론으로 만들어진 음악을 들을 수밖에 없었다.

—로버트 템플, 조지프 니덤 엮음, 과학세대 옮김,
『그림으로 보는 중국의 과학과 문명』, 까치글방, 2009, 239쪽.

바흐 당시에는 평균율의 도입을 주장하는 견해와 그에 반대하는 견해 간에 극심한 논쟁이 있었다고 하나, 결과적으로는 유럽에서 19세기 이후 평균율에 따른 음악이 완벽한 승리를 거두게 됐다.

그런데 놀랍게도 이 서양 음악의 기본 원리가 처음 개발된 곳은 중국이었다. 명나라의 황자皇子로 태어난 주재육朱載堉(1536~1611)은 음악·수학·역학 연구에 매진했고, 1584년에 간행된 『율학신설律學新說』에서 그가 개발한 평균율 이론을 개진했다. 아마도 이 이론을 유럽에 전한 것은 당시 중국 황실에까지 들어와 있던 예수회 선교사들이었을 것이다. 정작 중국에서는 이 음악 이론에 거의 주의를 기울이지 않았지만 유럽의 수학자들과 음악가들은 곧 이 이론의 혁신적인 장점을 이해했고 이로 인해 결국 서양 음악이 새롭게 경신됐다. 주재육의 저서가 나온 지 52년 뒤에 그의 이론이 마랭 메르센Marin Mersenne(1588~1648) 신부에 의해 재간행됐고, 이 이론은 이제 유럽 음악 혹은 세계 대부분의 음악을 지배하고 있다. 오늘날 평균율에 따르지 않는 서양 음악이 어떤 것인지 상상하기도 힘들 정도가 됐다.

우리가 어릴 때부터 일상적으로 듣고 배운 음악체계는 이처럼 중국에서 처음 만들어져 유럽으로 전해진 다음 전 세계로 퍼져간 것이다.

400년 동안 당연시했지만
이제 새로이 밝혀진 진실

과거 중학교 교과서에 실려 있어서 많은 사람들이 알고 있는 글 가운데 양주동梁柱東(1903~77) 선생의 「몇 어찌」라는 수필이 있다. 여기에는 한적 공부만 해왔던 선생이 중학교에 들어가 신학문을 처음 접했을 때 교과서에서 낯선 어휘들을 보게 되는 이야기가 나온다. 그런 '기괴한' 말 가운데 하나가 기하幾何라는 단어였다. 몇 기幾, 어찌 하何, 이 두 글자로 이루어진 '몇 어찌'가 도대체 무슨 의미인지 궁금했던 그에게 수학 선생은 이렇게 설명한다.

가로되, 영어의 '지오메트리geometry(측지술)'를, 중국 명나라 말기의 서광계徐光啓가 중국어로 옮길 때, 이 말에서 '지오geo(땅)'를 따서 '지허('기하'의 중국음)'라 음역한 것인데, 이를 우리는 우리 한자음을 따라 '기하'라 하게 된 것이다.

우리뿐만 아니라 중국과 일본에서도 모두 기하라는 말은 지오메트

마테오 리치. 중국 지식인들에게 접근하기 위해 마테오 리치는 유학자의 옷을 입었고, 서구의 발전된 과학 기술을 선보인 후 이런 우수한 문명을 배태시킨 것이 기독교라는 점을 강조하려 했다.

리의 역어로 알고 있다.

그런데 원로 경제학자이신 정기준 선생께서 이 문제에 대해 대단히 흥미로운 글을 써서 수학학회지에 발표하셨다(「기하幾何는 geometry의 역어譯語가 아니었다―한중일 삼국에서의 400년간의 오해」, 『대한수학회 소식지』, 2010). 조금 길더라도 이 흥미로운 논문의 일부를 옮기면 이러하다.

1607년 마테오 리치Matteo Ricci(瑪竇)와 서광계는 유클리드의 『엘레멘타Elementa』를 『기하원본幾何原本』이라는 책이름으로 번역했고, 그 제1권의 머리에 다음과 같은 말이 나온다.

凡歷法地理樂律算章技藝工巧諸事범역법지리악률산장기예공교제사, 有度有數者유도유수자, 皆依賴十府개의뢰십부 中중 幾何府屬기하부속.

이를 번역하면 "무릇 역법, 지리, 악률, 산장, 기예, 공교 등 여러 가지 도度와 수數를 다루는 분야는 모두 십부十府에 의뢰할 때 그 가운데 기하부幾何府에 속한다"가 될 터인데, 도대체 이 말이 무슨 뜻인지 알기 어렵다. 앞에 나열한 여섯 가지는 분야를 나타내고 있는 것이 분명하다. 그런데 도度와 수數란 무엇인가. 십부에 의뢰한다는 말은 무슨 뜻인가. 그리고 십부 중에 있다는 기하부란 무엇인가. 이런 의문에 대해서 한중일 삼국은 과거 400년간 명확한 답을 가지고 있지 않았고, 그 때문에 '幾何'라는 단어를 오해해온 것이다.

사실 幾何(jihe. 지허)라는 중국어는 일상적으로 '얼마'라는 의미로 쓰이는 부사副詞다. 그러나 『기하원본』이라는 책이름에서의 기하는 실사實詞일 수밖에 없고, 그 책의 내용으로 볼 때, 그 의미가 지오메토리일 수밖에 없다는 것이 그 뒤 중국인 학자들의 판단이었을 것이다. 그리하여 그들은 기하의 음音이 지오geo와 유사함에 착안하여, 그 음역音譯이라고 보게 됐다. 또 기하는 '얼마'라는 뜻도 있으니, 어느 정도 의역意譯의 요소도 가지고 있다고 보았다. 이 견해는 한국과 일본에도 그대로 전달되어, 한중일 삼국에서 모두 기하를 지오메토리의 역어譯語라고 믿게 됐다.

과연 그러한가.

실상 『기하원본』에서 말하는 '십부'는 아리스토텔레스의 '10카테고리'를 의미한다고 보아야 한다. 이는 마테오 리치가 서양의 고전을 이수한 사람임을 감안하면 충분히 받아들여질 수 있는 해석이다. 아리스토텔레스의 10카테고리는 '1. 실체, 2. 수량, 3. 성질, 4. 관계, 5. 장소, 6. 시간, 7. 자세, 8. 상태, 9. 동작, 10. 피동被動'인데, 그 두 번째인 수량 카테고리는 그리스어로 '포손poson 카테고리'다. 그리고 이 단어의 의미

는 바로 영어로 하면 'how much'이고, 이를 한자로 직역하면 기하幾
何가 된다! 즉 수량 카테고리가 바로 '기하 카테고리'인 것이다.

그러면 그 포손 카테고리에는 어떤 것이 포함되는가. "자나 저울로
재서 알 수 있는 연속수량連續數量(continuous quantity)과, 세어서 알
수 있는 이산수량離散數量(discrete quantity)이 모두 이 카테고리에 속한
다"고 아리스토텔레스는 설명하고 있다. 리치와 서광계는 이 두 수량
을 각각 도와 수라는 단어로 표현한 것이 틀림없다. 그러므로 기하 카
테고리에는 도와 수를 다루는 분야가 모두 포함되며, 이는 다른 말로
하면 기하는 수량학 또는 도수학度數學, 즉 수학일반을 의미하게 된다.

우리가 400년 동안 당연시했던 오해가 드디어 풀린 것이다. 이런 일
들이 그 외에도 얼마나 많이(幾何!) 있을까.

세상을 지배하는 편견의 힘

"물속에 흘러들어 가는 배설물 때문에 중국은 간·폐·장 디스토마와 주혈흡충의 세계적인 저장소가 됐으며, 이것들이 심각한 만성질환의 원인이 됐다. 중국 사람들의 간 기생충의 무게를 전부 합치면 200만 명의 사람 몸무게에 해당한다." 에릭 존스라는 미국의 역사가가 그의 저서 『유럽의 기적*The European Miracle*』에서 과거에 중국의 기생충 문제가 심각했다는 점을 지적하면서 서술한 내용이다. 그 사실을 꼭 이런 식으로 표현해야 했을까.

그의 주장은 또 다음과 같은 논지로 발전한다. "그와 같은 대규모의 기생충 감염 때문에 사람들의 에너지가 손상됐을 것이며, 따라서 중국이나 다른 아시아 혹은 근동 지역의 생산을 위축시켰다. 따라서 유럽과 아시아 사이에 실질적인 인력의 차이는 인구 수치로 보는 것보다는 훨씬 작다." 그에 따르면 아시아 역사는 결국 많은 '생산'보다는 많은 '인구'를 특징으로 한다. 이 점에 대해 부분적으로 동의할 수는 있을 것이다. 문제는 그것을 서술하는 방식이다. "아마도 중국인들과 인도인들은 상품commodities보다는 성교copulation를 더 좋아한 것 같다." 그는 분명 아시아를 의도적으로 폄훼하고 있다.

이런 편향된 견해를 적나라하게 표출하는 또 다른 인물로는 데이비드 랜즈라는 역사가가 있다. 그의 『국가의 부와 빈곤The Wealth and Poverty of Nations』서문에는 이런 내용이 나온다. "우리들 부국富國의 임무는 가난한 사람들이 더 건강하고 부유하게 되도록 돕는 것이다. 우리가 그렇게 하지 않으면 그들은 자신들이 만들지 못하는 것을 우리에게서 빼앗으려 할 것이다. 그리고 그들이 상품 수출을 통해 돈을 벌지 못하면 우리에게 사람들을 수출할 것이다."

그의 지론은 이렇게 이어진다. "어떤 사람들은 유럽중심주의Eurocentrism가 우리에게 나쁠 뿐 아니라 세계에 나쁜 것이며, 따라서 버려야 한다고 말한다. 그런 사람들은 그것을 버리라고 하자. 그러나 나는 올바른 생각보다는 진실을 더 선호한다." 이처럼 명료하게 자신이 유럽중심주의자라고 선언하는 것은 드문 일이다.

그의 주장이 어떤 식인지 보자. 그는 유럽이 앞서가고 열대 지역이 뒤처지게 된 데에는 지리적 여건이 크게 작용했다고 본다. 무엇보다 열대 지역에서는 노동생산성이 지극히 낮아지고, 전염병도 기승을 부린다. 이런 식의 주장은 '지리적 결정론'이 되기 십상이다. 열대 지역은 자연적인 조건에서 이미 유럽을 좇아가기 힘든 곳으로 낙인찍히기 때문이다. 물론 비판적인 학자들은 이런 식의 견해를 달가워하지 않는다. 블로트J. Blaut라는 학자는 인간은 적응력이 있으며 따라서 열대 지역에서도 얼마든지 효율적으로 일할 수 있다고 비판한다. 이에 대해 랜즈는 실제로 역사상 늘 그리고 오늘날에도 빈국들은 모두 열대 지역에 몰려 있다는 점을 지적한다. 자연의 혜택은 원래 불평등하게 배분되어 있다는 것이다. 많은 열대 전염병이 그 지역 사람들을 괴롭혀 온 것도 부인할 수 없는 사실이며, 19~20세기에 가서 서구인들 덕분에 열대병들이 줄어들었다고 이야기한다.

내 개인적인 생각은, 랜즈라는 이 노老대가는 다소 의도적으로 위악적인 서술을 하는 것으로 보인다. 그의 서구우월주의적인 편견이 옳아 보이지는 않는다. 그러나 그의 강한 주장에 일리가 없는 것도 아니다. 어찌 보면 우리 학자들이 너무 안이하게 유럽중심주의라는 말을 남용하는 것은 아닌가 하는 생각이 들 때도 있다. 앞뒤 안 가리고 일단 유럽중심주의를 비판하는 투로 말하기만 하면 최소한 기본은 했다는 식이면 곤란하다. 그런 것은 자칫 이데올로기에 빠진 주장이 될 수 있다. 역사를 이해하고 세상을 바라보는 우리의 시각에 큰 영향을 미치는 서구 학계의 대가들 중 많은 사람들이 유럽중심주의적 편견에 사로잡혀 있는 것은 사실이지만, 그런 만큼 그들의 주장을 제대로 이해하고 예리하게 반론을 펼쳐야 할 것 같다.

아직도 살아 있는
고대 국가의 법

'피해자가 입은 피해와 같은 정도의 손해를 가해자에게 가하는 보복의 법칙'을 탈리오 법칙lex talionis이라 한다. 우리말로는 동해보복법同害報復法 혹은 반좌법反坐法이라고 하며, 흔히 '눈에는 눈, 이에는 이'라는 말로 표현한다. 내가 누군가에게 위해를 당했을 때 복수하고자 하는 것, 더 나아가서 내가 당한 것보다 훨씬 더 큰 정도로 앙갚음하고자 하는 것은 아마도 많은 사람들이 느끼는 자연스러운 감정일 것이다. 그렇지만 이는 자칫하면 다시 반대편의 복수를 불러오고, 결국 대를 이은 복수의 연쇄가 벌어질 수도 있다. 이런 식의 사투私鬪가 계속되면 사회가 무질서 상태에 빠질 가능성이 크다. 이를 막기 위한 조치가 바로 탈리오 법칙이었다. 권력 당국이 판단하여 피해자가 입은 피해와 똑같은 정도로만 복수를 허용하고, 다시 그에 대한 반대편의 재복수를 금지시킨 것이다. 그러므로 이것은 무제한의 복수가 가해지는 원시 상태보다는 한 단계 발전한 고대 국가의 법질서 체제다.

탈리오 법칙의 가장 유명한 사례는 고대 바빌론의 함무라비 왕이

함무라비 법전을 새긴 석비. 함무라비 법전은 탈리오 법칙으로 유명하지만, 282개 조항 중 절반 정도는 계약에 관한 내용이다.

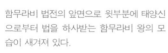

함무라비 법전의 앞면으로 윗부분에 태양신으로부터 법을 하사받는 함무라비 왕의 모습이 새겨져 있다.

기원전 1750년경에 제정하여 쐐기문자로 석비에 새긴 함무라비 법전을 들 수 있다. 가장 전형적인 조문은 잘 알려진 대로 "다른 사람의 눈을 뽑은 자는 똑같이 눈을 뽑는다"는 것이다. 그 외에도 같은 원칙이 적용된 사례들이 많이 있다. "임신한 여자를 때려서 임신부와 태아가 죽으면 가해자의 딸을 사형에 처한다." "의사가 수술하다가 환자가 죽으면 의사의 팔을 자른다." "아들이 아버지를 때리면 아들의 두 손을 자른다." "집이 무너져서 집주인의 아들이 죽으면 그 집을 지은 건축가의 아들을 사형에 처한다."

이슬람 국가 중에 아직도 샤리아(이슬람법)에 규정된 대로 탈리오 법칙을 적용하는 나라들이 있다. 최근 이란의 종교법정은 여성의 얼굴에 황산 테러를 가해 눈을 멀게 한 남자에게 똑같은 처벌을 하기로 결정했다. 이 비극의 시작은 청춘남녀의 어긋난 사랑에서 시작됐다. 2004년, 마지드 모바헤디는 같은 대학에서 함께 공부하는 예쁜 여학생 아메네 바라미를 짝사랑하다가 용기를 내어 청혼했다. 그런데 그녀와 그녀의 부모가 결혼에 반대하자 그만 그녀의 얼굴에 황산을 뿌렸다. 당시 그녀는 왼쪽 눈이 실명됐으며 입술과 코, 한쪽 귀가 없어지고 복부도 손상을 입는 심한 부상을 당했다. 에스파냐에서 치료를 받았지만 추가 감염으로 오른쪽 눈마저 시력을 잃었다. 19차례에 걸친 수술 끝에 그녀는 가까스로 생명을 건졌다. 2007년 이란으로 귀국한 그녀는 종교법정에 모바헤디를 고소했고, 법원은 '눈에는 눈, 이에는 이'라는 유서 깊은 법칙을 그대로 시행하라고 결정했다.

세계 각국이 이에 대해 잔혹하고 비인도적이라며 항의하자 이란 법원은 처벌을 미루어왔다. 결국 피해자인 바라미가 2011년 7월 용서하겠다는 의사를 표현하여, 눈에 황산을 떨어뜨리는 처벌은 이루어지지 않았다. 그렇지만 이로써 탈리오 법칙이 멀쩡히 살아 있음이 만천하에 드러났다.

그렇다면 탈리오 법칙은 과연 이슬람 교리에 맞는 것일까. 『쿠란』에 '눈에는 눈'이라는 말이 언급되어 있긴 하지만 이것이 그대로 적용되어야 한다고 명시되어 있지는 않았다고 한다. 다만 일부 이슬람 국가들이 샤리아에 따라 이것을 '문자 그대로' 적용하려 한다. 이는 결국 국가가 다시 한번 똑같은 범죄를 저지르는 것은 아닐까. 고대 국가의 법질서를 현재 사회에 그대로 적용하는 것은 무리다.

혼돈과 위험에 빠뜨리는 전술

제2차 세계대전 말인 1944년 12월, 독일 방향으로 진격해 들어가는 연합군에게 나치군은 대반격을 가했다. 이때 특별한 역할을 한 것이 독일군 무장 친위대 지휘관 오토 스코르체니Otto Skorzeny(1908~75) 중령의 특수부대. 이들은 후방에 침투해 들어가 허위 정보를 퍼뜨려서 연합군을 혼란에 빠뜨리려는 '그리핀 작전Unternehmen Greif'을 수행했다.

이들은 미군 군복을 입고 미군 신분증을 가지고 있는 데다가 영어에 능통하고 심지어 미군이 껌을 씹을 때의 모습까지 완벽하게 연습한 상태였다. 노획한 미군 지프를 타고 후방에 잠입한 특수부대는 도로 표지판을 바꾸어놓거나 가짜 지뢰 표시를 설치하여 연합군 전차부대의 전진을 방해했고, 독일군이 진격해온다는 가짜 정보를 퍼뜨려 미군이 점령한 기지를 포기하게 만들기도 했다.

미군에게 사로잡힌 특수부대원들은 스코르체니가 특공대를 이끌고 베르사유에 있는 연합군 최고사령부를 급습하여 아이젠하워 장군을 살해하려 한다는 거짓 자백을 했다. 미군은 이를 곧이곧대로 믿고 파

오토 스코르체니 중령. 후방에 침투하여 허위 정보를 퍼뜨려서 적을 교란시키는 특수작전을 수행했다.

리에 야간 통행금지령을 내렸다. 아이젠하워 장군은 세 겹의 호위와 철조망에 갇혀 크리스마스를 보내야 했다. 심지어 아이젠하워와 비슷하게 생긴 볼드윈 스미스 중령이 미끼가 되어 매일 장군의 전용차로 베르사유로 출퇴근하며 장군의 유명한 미소 짓는 모습을 흉내 내기도 했다.

미군 행세를 하는 특수부대원들이 침투했다는 소식이 전해지자 미군 사이에 큰 혼란이 벌어졌다. 헌병들은 걸핏하면 지나가는 군인을 붙잡아 "미키마우스의 여자 친구는 누구지?" 같은, 미국 시민만이 알 것 같은 내용의 질문을 던졌다. 그렇지만 진짜 미군 중에도 대답을 하지 못하는 사람이 많았다. 한 준장은 시카고 컵스가 아메리칸 리그에 속한다고 잘못 말했다가 5시간 동안 잡혀 있어야 했다. 최고사령관 브래들리는 일리노이 주의 주도州都가 스프링필드라고 맞게 대답했지만 헌병이 시카고라고 우기는 통에 곤욕을 치렀다.

내가 가진 정보를 숨기고 적을 혼란에 빠뜨리는 데에는 여러 방식이 있을 수 있다. 정보가 유출되지 않도록 하는 것 말고, 오히려 너무나 많은 정보를 뿌리는 것도 한 방법이다. 그러면 상대는 정작 중요한 정보가 수중에 들어와도 이것이 유용한 정보인지 아닌지 판단하기 힘들 수 있다. 여기에 거짓 정보와 루머를 뒤섞으면 더욱 효과적이다.

전투에서만의 일이 아니다. 차고 넘치는 온갖 정보, 특히 거짓과 악의가 넘치는 허위 정보가 우리 사회를 혼돈과 위험에 빠뜨릴 수 있다.

자유로운 학풍으로 세운
자유의 요새

독립국가가 되기 전 네덜란드는 에스파냐 합스부르크 왕실의 지배 하에 있던 속주屬州에 불과했다. 경제적으로나 종교적으로 에스파냐가 심한 압박을 가하자 네덜란드의 17개 주 중 북부 7개 주가 반기를 들고일어나 80년에 걸친 독립전쟁이 시작됐다. 이 전쟁의 결정적 전환점 중 하나가 1573~74년에 있었던 전략 요충지 레이던 시의 포위 공격 이었다.

에스파냐가 파견한 진압군을 이끌고 네덜란드에 들어온 알바 공 은 1573년에 1차로 레이던 시를 포위했지만 실패로 끝났다. 그러나 다음 해 2차 포위 공격 때에는 진압군의 규모가 압도적으로 큰 데다 가 식량이 떨어져가고 있었기 때문에 레이던 시민들은 더 이상 지탱 할 여력이 없다고 판단하여 항복을 고려했다. 이때 네덜란드 독립운 동의 정신적 지주이며 오늘날 이 나라의 국부國父로 추앙받는 오라 녀 공 빌렘Oranje Willem(1533~84. 흔히 영어식으로 오렌지 공이라고 부름) 은 전령 비둘기를 날려 보내 석 달만 버텨줄 것을 요청하는 메시지를

네덜란드의 화가 오토 판 펜이 그린 「레이던 시의 수복」(1574).

전했다. 그가 생각해낸 최후의 방책은 이 도시 상류에 위치한 제방을 터뜨려 이 지역을 물바다로 만들어 진압군을 곤경에 빠뜨리고, 바다로부터 시내로 직접 선박들을 들여보내는 방식으로 군사를 투입시키자는 것이었다.

이럴 경우 레이던 시가 엄청난 피해를 입는 것은 피할 수 없는 일이었다. 오라녀 공은 비밀리에 시민 대표들과 연락을 취하여 차후에 보상을 해주기로 약속하고 공격에 들어갔다. 그렇지만 5월에 시작된 이 반격작전은 몇 달이 지나서야 끝났다. 그동안 여러 차례 치열한 전투가 벌어졌고, 식량 부족에 시달리던 수천 명의 시민들이 굶어 죽었다. 마침내 1574년 10월 3일, '바다의 거지들Gueux de mer'이라는 특이한 별칭으로 불리는 네덜란드 해군이 넘치는 물을 이용해 보트를 타고 시내로 진격해 들어갔다. 시내에서는 시민들이 낫을 들고 칠흑 같은 어둠 속에서 에스파냐군과 백병전을 벌였다. 격렬한 공방전 끝에 마침내

레이던 대학. '자유의 요새'라는 모토를 가지고 있을 만큼 이 대학과 레이던 시의 역사에 대한 자부심이 강하다.

에스파냐군을 몰아내기는 했지만 국토의 많은 부분이 해수면 아래에 위치한 이 나라에서 제방을 터뜨린 결과는 실로 참담했다. 모든 것이 진흙탕에 묻혀버린 것이다.

시에 진군한 구원군은 우선 굶주리는 시민들에게 흰 빵과 청어를 제공했다. 에스파냐군은 퇴각하며 성벽 가까이에 스튜를 끓이는 커다란 솥을 남겨놓았다. 오늘날에도 이날의 승리를 기념하는 축제일 Leidens onzet(10월 3일)에는 시청에서 이 솥에다 비프스튜를 끓이고 흰 빵과 청어를 무료로 나누어준다.

한편, 막대한 피해를 입은 레이던 시에 보상을 하고 싶었던 오라녀 공은 시민들에게 원하는 것을 물었다. 시민들은 대학을 설립해달라고 부탁했다. 그리하여 1575년 네덜란드 최초의 대학이 레이던 시에 설립됐다. 이것이 자유로운 학풍으로 유명한 레이던 대학의 기원이다. 이 대학은 흐로티위스Grotius(그로티우스, 1583~1645)와 다니엘 하인지우스

Daniel Heinsius(1580~1655) 같은 걸출한 학자들을 배출했고, 데카르트가 『방법서설』을 출판했으며, 유럽 최고의 동양학 연구센터가 됐다.

레이던 대학과 관련된 또 한 가지 의미 깊은 고사는 나치 독일이 네덜란드를 점령했을 때 일이다. 나치는 네덜란드를 점령한 이후 유대인들을 공직에서 내쫓고, 초등학교부터 대학에 이르기까지 학생과 교사, 교수들을 몰아내기 시작했다. 레이던 대학에서도 같은 일이 일어나서 유대계의 저명한 법학 교수인 메이여르스E. M. Meijers를 쫓아냈다. 그러자 1940년 11월 26일 법대 학장인 클레베링아Rudolph Pabus Cleveringa 교수가 공개적으로 이 일을 비판하는 강연을 했다. 그는 곧바로 체포되어 끌려갔고, 대학은 조만간 폐쇄됐다. 다행히 클레베링아 교수는 수용소에서 살아 돌아왔다. 그는 레이던 대학의 모토가 '자유의 요새 Praesidum libertatis'라는 것을 증명해 보인 것이다.

시대의 고통과 시련을
이겨내는 멜로

영화는 사회의 다양한 모습들을 비추는 거울과도 같다. 할리우드 영화의 역사가 이를 잘 보여준다. 1929년의 대공황 이후에는 프랑켄슈타인, 드라큘라, 늑대인간 같은 괴물들이 등장하는 영화가 큰 인기를 누렸는데, 이는 사회 전체를 충격 속에 몰아넣은 거대한 경제적 위기를 반영한 것으로 보인다. 냉전의 긴장 상황이 극에 달했던 1950년대에는 지구를 공격하는 외계인의 침입을 그린 영화들이 많이 만들어졌다. 평화롭게 살아가는 '우리들'과 이를 위협하는 '그들'이라는 설정은 분명 미국과 소련 간의 대립을 연상시킨다.

1970년대에는 재난영화라는 새로운 장르가 만들어졌다. 엄청난 규모의 지진, 대화재, 어마어마한 파도가 덮쳐오는 것과 같은 가상의 대재앙을 그린 이 영화들은 석유파동으로 대변되는 에너지 위기, 패배로 끝난 베트남 전쟁, 워터게이트라는 정치적 격변 등의 시대 배경에서 탄생했다. 가장 대표적인 영화로는 1972년에 나온 로널드 님 감독의 「포세이돈 어드벤처」를 들 수 있다.

영화 「포세이돈 어드벤처」의 포스터.

퀸엘리자베스호와 메리호를 합친 것보다도 더 큰 초대형 여객선 포세이돈호가 항해를 하다가 엄청난 파도에 전복되는 사고를 당한다. 생존자들은 연회장에 모여 어떻게 할 것인지 논쟁을 벌이다가 여러 집단으로 나뉘는데, 그중 목숨을 구한 것은 '배의 내부에 구원의 길이 있다'고 선언한 프랭크 스콧 목사를 따라간 10명의 사람들뿐이다. 이들은 이제는 물 아래 잠겨 있는 배의 윗부분으로부터 배의 맨 밑바닥을 향해 어렵사리 기어 올라간다. 위아래가 뒤집어진 채 물에 빠져 있는 초대형 선박은 심각한 위기에 빠진 미국 사회의 상징일 것이다. 세상이 대혼란에 빠져 있고 모두 방향을 잃은 상황에서 믿음을 가진 자들만이 구원을 얻는다는 것이 영화의 내적인 메시지로 보인다.

오랜만에 1천만 명 이상의 관객을 끌어모은 우리 시대의 재난영화 「해운대」(2009) 역시 'IMF 사태'에 뒤이어 또다시 심각한 경제 위기를 겪은 당시의 상황을 반영하고 있다. 어느 날 갑자기 100만 명의 피서객들 위로 거대한 쓰나미가 들이닥쳐 엄청난 피해를 입힌다. 특히 돈의 논리에만 따르는 사람들, 자신의 입신에만 몰두하는 사람들은 고립되고 소외되어 더 큰 위험에 빠지지만, 진정한 사랑을 간직한 사람들은 시련을 이겨낸다. 서로 손 잡고 굳게 버티는 한……

할리우드식 재난영화는 본질적으로 '아무런 위험 없이 오락의 일환으로 재난을 구경하는' 역할에 그치므로, 이런 영화에서 너무 큰 의미를 찾을 필요는 없다. 다만 서민들의 따뜻한 마음씨와 아름다운 사랑과 진정한 용기가 크나큰 위기를 극복하는 힘이 되리라는 소박한 메시지가 고통스러운 이 시대에 작은 위안이 될 수는 있을 것이다.

인종차별을 녹여서
하나의 민족이 될 수 있을까

미국을 인종의 용광로melting pot라고 표현한 사람은 영국의 극작가
인 이스라엘 쟁월Israel Zangwill(1864~1926)이다. 1908년에 초연된 그의
희곡 「용광로」는 1903년에 있었던 러시아의 유대인 학살 사건에서 어
머니와 누이를 잃은 데이비드 키사노라는 주인공이 미국으로 이주하
여 정착해가는 이야기다. 주인공은 러시아계 기독교도인 베라를 만나
사랑에 빠지는데, 하필 그녀의 아버지가 그의 가족을 몰살시킨 학살
의 책임자였다는 사실이 밝혀진다.

그러나 그는 자신의 잘못을 인정하는 베라의 아버지를 용서하고 베
라와 행복한 삶을 꾸려간다. 마치 용광로에서 쇠가 녹아 강철이 만들
어지듯이 미국이 모든 인종을 융해시켜 '미국인'이라는 하나의 민족을
만들 것을 기대하면서, 주인공은 이렇게 선언한다. "미국은 신의 위대
한 용광로입니다. 여기에서 유럽의 모든 인종은 녹아서 새롭게 주조됩
니다. 신은 독일인, 프랑스인, 아일랜드인, 영국인, 유대인과 러시아인
을 용광로에서 녹여 미국인을 만들고 계십니다." 이 연극을 관람한 시

어도어 루스벨트 대통령은 자리에서 일어나 "이 작품은 정말로 위대한 작품이오!" 하며 환호했다고 한다.

최근에는 '용광로'보다 '샐러드 그릇salad bowl' 방식을 많이 거론한다. '용광로' 방식은 모든 개별 문화가 강제로 특성을 상실하고 동질적인 문화로 강제 통합되어야 한다는 것을 의미하는 반면, '샐러드 그릇'은 샐러드 요소들이 그릇 안에서 함께 존재하는 것처

연극 「용광로」의 프로그램 삽화. 모든 인종을 녹여 미국인이라는 새로운 인종을 만든다는 내용을 표현했다.

럼 여러 문화가 공존하는 것을 뜻한다. 개별 인종집단이 자신의 문화를 보존하는 이 방식이 분명 더 '정치적으로 올바른politically correct' 것으로 보인다.

'용광로' 방식이든 '샐러드 그릇' 방식이든 미국은 인종 차별이 사라지고 모든 사람이 동등하게 대접받는 사회가 됐을까. 그런 것 같지는 않다. 쟁윌의 작품이 나오고 100년이 지난 지금에도 미국에서는 여전히 실질적인 인종 간 차별이 존재한다. 예컨대 동일한 범죄에 대해서도 흑인은 백인보다 사형 선고를 받을 가능성이 4배나 높다. 같은 증상을 보이는 환자라 하더라도 의사는 흑인보다 백인에게 더 다양하고 좋은 처방을 해주려고 하며, 흑인의 평균 수명은 백인보다 6년이나 짧다. 유색인종 대통령이 나왔다고는 하지만 미국은 인종이 용해되거나 혹은 모두 공평하게 번영을 누리는 사회와는 거리가 멀다.

남의 나라 이야기만 할 때가 아니다. 이제 우리나라도 많은 이주자가 들어오고, 외국인 며느리를 맞는 일이 흔한 일이 됐으며, 대학교에서는 외국인 학생이 없으면 실험실이 제대로 돌아가지 않을 정도가 됐다. 그렇지만 지금까지 외국과의 접촉이나 교류가 많지 않아서인지 우리는 아직도 이들에게 폐쇄적인 태도를 보이는 것 같다. 설렁탕이 될지 비빔밥이 될지 모르겠으나, 우리도 외국인 이주자들을 맞아들여 평화롭게 살 수 있는 준비를 해야 할 때가 됐다.

이런 기술이 정말로 실현되기를

　민주정치의 핵심은 뭐니 뭐니 해도 역시 의회정치에 있다. 국정의 주요 문제들에 대해 심도 있게 논의하여 적절한 해결책들을 마련하는 것이 의회의 역할이다. 그러나 우리나라에서는 의회정치가 실종된 지 오래다. 국민의 대표들이 기껏 보여준다는 게 한쪽 의원들은 의사당 출입문을 사수하려 하고 다른 쪽 의원들은 그 문을 부수고 들어가기 위해 백병전을 벌이는 광경이다. 아예 의사당을 박차고 나와 길거리에서 무리를 이루며 돌아다니는 것으로 의무를 대신하는 의원들도 부지기수다. 의원들이 국가와 사회에 만연한 갈등을 풀어주는 게 아니라 오히려 더 악화시키고 있다는 느낌을 지우기 힘들다. 이런 극한 갈등을 해결할 방도가 없단 말인가.

　고전에서 답을 찾아보면 어떨까. 조녀선 스위프트Jonathan Swift (1667~1745)의 『걸리버 여행기』(1726년 작, 1735년 개작)는 이상하게도 우리나라에서는 아동용 동화 취급을 받지만 원래는 당시 세태와 인간성을 통렬하게 풍자한 걸작이다. 제1부 소인국(릴리푸트 기행), 제2부 대인국

대인국(브롭딩낵)
에서 사람들에게
구경거리가 된 걸
리버.

(브롭딩낵 기행)이 가장 널리 알려져 있으나, 제3부 하늘을 나는 나라
(라퓨타, 발니바르비, 럭낵, 글럽덥드립, 일본 등의 기행)와 제4부 말의 나라
(휴이넘 기행) 역시 흥미진진하면서도 탁월한 비판정신을 보이고 있다.
작품 전편에 걸쳐 인간 사회에 대한 날카로운 비판이 가해지지만 특히
말의 나라를 그린 제4부에 이르면 인간 존재 그 자체에 대한 혐오와
경멸이 극에 이르러 있다(이 나라에서 말인 휴이넘은 이성을 가진 우월한 존
재이고 야후Yahoo라 불리는 인간은 추잡한 열등 존재로 그려져 있다).

그중 「라퓨타」편에서는 18세기 영국 정치에 대한 비판을 예리하게
하고 있다. 토리와 휘그 두 당파로 갈려 정쟁만 일삼는 당시의 의회
상황에 대해 저자가 내놓은 방안은 이런 식이다.

우선 각 정당에서 100명의 지도자들을 뽑는다. 그리고 머리 크기가
비슷한 사람들끼리 짝을 지어놓는다. 그런 다음, 훌륭한 외과의사 두
사람에게 그들의 머리를 톱으로 자르도록 시킨다. 뇌가 거의 절반으로

나누어지도록 말이다. 이
렇게 해서 잘라낸 머리 반
쪽을 반대편 정당의 사람
에게 붙인다. 이 작업은 정
확성을 요구하는 작업이지
만, 재치 있게 수술을 한다
면 정당 간의 싸움은 틀림
없이 치료될 것이다. 절반

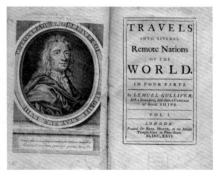

『걸리버 여행기』 초판(1726).

으로 나누어진 두 개의 뇌가 하나의 두개골 속에서 논쟁을 하게 되면,
얼마 지나지 않아 서로를 잘 이해하게 될 것이다. 그렇게 하면 세상을
다스리고 감독하기 위하여 태어났다고 생각하는 정치가들의 머리에서도,
국민들이 무척이나 바라는 조화로운 사고와 중용이 생겨나게 될 것이다.

—조나단 스위프트, 신현철 옮김, 『걸리버 여행기』,

문학수첩, 1992, 236~237쪽.

아직은 의학이 그런 정도로 발전해 있지는 않아서 이 조치를 문자
그대로 시행하기는 힘들 테지만, 어쨌든 오늘날 대한민국의 국회는 모
종의 수술이 필요해 보인다. 그렇지 않으면 국민들이 차라리 호흡기
를 떼고 존엄사를 시켜달라고 요구할지도 모른다.

우리의 역사를
세계사의 맥락에서 읽자

일본의 저명한 문예평론가이자 사상가인 가라타니 고진柄谷行人의
책『일본 정신의 기원』을 읽다가 흥미로운 내용들을 발견했다. 그는
일본 사상의 특징에 대해, 모든 외래 사상들이 일본에 들어올 때 결코
억압되는 적 없이 기존의 것들과 '잡거雜居'한다는 점을 든다. 불교든
유교든 혹은 서구 사상이든 적당히 변조되어 신토神道에 포용된다는
것이다.

외부에서 도입된 사상은 결코 억압되는 일 없이 단지 공간적으로 잡
거할 뿐이다. 새로운 사상은 본질적인 대결이 없는 상태에서 보존되고,
또 새로운 사상이 오면 갑자기 꺼내진다. 이렇게 해서 일본에는 뭐든지
있게 된다. ……근대 서양과 접촉하면 아시아 국가들, 특히 중국에서는
반동적인 저항이 있었다. 그런데 일본에서는 아무런 저항도 없이 자연
스럽게 근대화를 이루어냈다.

그는 일본이 주변부 섬나라이며, 또 한번도 군사 정복을 당하지 않았다는 데에서 그렇게 된 근본 원인을 찾는다. 역사 전체가 근본적으로 뒤집어지는 경험이 없었고, 또 그로부터 강력한 억압과 그에 저항하는 주체 같은 것이 형성되지 않았다는 것이다. 그렇다면 또 일본이 그처럼 군사 정복을 당하지 않을 수 있었던 이유는 무엇인가. 그는 그 이유를 한반도의 존재로 설명한다.

중국, 몽골, 러시아와 일본 사이에 한반도가 있어 이곳에서 침입이 일차적으로 저지됐다. 14세기에 중국에서 아라비아에 이르는 지역을 순식간에 정복한 몽골도 한반도를 완전히 지배하는 데에는 30년이나 걸렸다. 몽골이 일본 정복을 단념한 이유는 흔히 몽골 정복군을 몰살시킨 태풍 때문이라고 설명해왔다. 일본에서는 말하자면 신이 지켜주었다는 의미로 이를 가미카제神風라 부른다. 그러나 이런 설명은 암만해도 문제가 있다. 그처럼 강력한 세력이라면 태풍 때문에 원정이 실패했다 하더라도 다시 준비를 하여 재침再侵을 시도할 수 있다. 그런데 몽골이 다시 일본을 침략하지 않은 것은 고려의 저항에 힘을 소진해버렸기 때문이다. 고려는 결국 몽골에 지배당했지만, 다른 국가들과는 달리 매우 오랜 기간 강력하게 저항했기 때문에 몽골로서도 다시 힘을 모아 바다를 건너 공격하는 데에 힘이 부쳤던 것이다.

그 반대로 일본의 힘이 엄청나게 강해져서 대륙의 지배로 향할 때 그것이 좌절된 것 역시 한반도에 부딪혔기 때문이다. 16세기 말 도요토미 히데요시豊臣秀吉(1537~98)는 막강한 군사력을 가지고 명나라를 정복하겠다고 나섰다. 당시 일본의 군사력이 어느 정도 수준인지에 대해서는 논란이 있을 수 있지만, 일부 학자들은 서구의 총포를 들여와 개량한 후 수십만 정을 생산한 일본군의 화력이 당시 세계 최강이라 주장하기도 한다. 전통적인 사무라이 세력에 이처럼 강력한 화력이 더해졌으니 중국을 정복하겠다는 것이 반드시 허무맹랑한 이야기만은 아니었다. 사실 명나라 쇠퇴의 주요 원인 중 하나가 왜구倭寇라는 점은 많은 역사가들이 인정하는 바다. 그런데 이런 강력한 해양력이 대륙을 향해 팽창하려다가 한반도에서 좌절되고 만 것이다.

단지 군사 문제만은 아니다. 일본에 원리적이고 체계적인 것에 의한 억압이 없었다는 것은 거꾸로 말하면 그러한 체계적인 억압이 강했던 조선이 있었기 때문이다. 조선에서는 이민족 침략의 거듭된 경험이 '억압'과 '주체'를 강화해왔다. 중국에 인접해 있으면서 정치적·문화적 압박에 노출된 조선은 중국보다 오히려 더 원리적이고 체계적이려는 경향이 생겨났다. 조선에 들어온 주자학이 그런 사례 중 하나일 것이다. 정통에서 벗어나는 경향에 대해서는 사문난적斯文亂賊이라는 꼬리표를 달아 아예 박멸하려는 태도를 보이지 않았던가. 원산지보다 본래의 속성이 더 강해진다고나 할까.

문예비평가의 예리한 견해를 통해 동아시아 역사의 특성에 대해 새삼 다시 생각해보게 됐다. 한국과 일본, 중국 등 각국의 역사는 결코 홀로 성립되지 않는다. 각국의 역사만 따로 떼어서 보면 많은 것을 놓치기 쉽다. 역사 교육을 강화하려 한다면 '우리만의 역사'를 고집할 것이 아니라 '세계사 속의 한국사'를 가르쳐서 학생들이 넓은 시야를 갖추도록 해야 할 것이다.

제1부 문명과 자연의 만남

유향과 몰약 | 고대 세계 최고의 사치품

Bernstein, William J., *A Splendid Exchange, How Trade Shaped the World*, Atlantic Monthly Press, 2008.

Dalby, Andrew, *Dangerous Tastes, The Story of Spices*, University of California Press, 2000.

로마의 공중목욕탕 | 적나라한 만남의 장소

Mumford, Lewis, *The City in History : Its Origins, Its Transformations, and Its Prospects*, Harcourt, Brace & World, 1961.

Solomon, Steven, *Water : The Epic Struggle for Wealth, Power and Civilization*, Harper, 2011.

로마의 온돌 | 우리가 몰랐던 로마의 방바닥

권석영, 『온돌의 근대사 : 온돌을 둘러싼 조선인의 삶과 역사』, 일조각, 2010.

송기호, 『한국 고대의 온돌 : 북옥저, 고구려, 발해』, 서울대학교출판부, 2006.

수세식 화장실 | 청결을 향한 끝없는 노력의 역사

페르낭 브로델, 주경철 옮김, 『물질문명과 자본주의』, 까치, 1995~1998.

Pepys, Samuel, *The Shorter Pepys*, University of California Press, 1985.

뉴욕 시의 지하 상수도관 | 도시 문명의 기반시설은 안녕한가
Solomon, Steven, *Water : The Epic Struggle for Wealth, Power and Civilization*, Harper, 2011.

인쇄술 | 지식 보급의 핵심 기술
다니엘 부어스틴, 이성범 옮김, 『발견자들 : 세계를 탐험하고 학문을 개척한 창조정신의 역사』, 범양사출판부, 1987.
W. 파울슈티히, 황대현 옮김, 『근대 초기 매체의 역사』, 지식의풍경, 2007.

낙타 | 신이 만든 사막의 배
페르낭 브로델, 주경철 옮김, 『물질문명과 자본주의』, 까치, 1995~1998.
Bulliet, Richard, *The Camel and the Wheel*, Columbia University Press, 1990.

풍차 | 환경의 시대에 다시 주목하는 새로운 에너지원
김성일, 『솔루션 그린』, 메디치미디어, 2011.
주경철, 『네덜란드 : 튤립의 땅 모든 자유가 당당한 나라』, 산처럼, 2003.

소금 | 생명의 필수품에서 혁명의 도화선으로
피에르 라즐로, 김병욱 옮김, 『소금의 문화사』, 가람기획, 2001.
Kulansky, Mark, *Salt, A World History*, Penguin, 2002.

석유와 물 | 어느 것이 더 큰 축복일까
질 루셀로, 한정석 옮김, 『석유를 대체할 에너지는 없는가』, 웅진씽크빅, 2008.
Laurens, Henry, "La révolution de l'or noir," *Histoire*, no. 354, June 2010.

중국의 운하 | 중국 역사의 성쇠를 가르는 지표
오금성 외, 『명청시대 사회경제사』, 이산, 2007.
조영헌, 『대운하와 중국 상인』, 민음사, 2011.

로마 제국 멸망과 납 중독 | 천년 제국의 멸망을 보는 또 다른 시각
에드워드 기번, 황건 옮김, 『로마 제국 쇠망사』, 까치, 1991.
카를로 치폴라, 김정하 옮김, 『즐겁게 그러나 지나치지 않게 : 지적 유희를 즐기고자 하는 사람들을 위한 인간의 어리석음에 관한 법칙』, 북코리아, 2007.

엘니뇨와 대기근 | 인류에게 닥쳤던 최악의 재앙

로스 쿠퍼 존스턴, 김경렬 옮김, 『엘니뇨 : 역사와 기후의 충돌』, 새물결, 2006.

마이크 데이비스, 정병선 옮김, 『엘니뇨와 제국주의로 본 빈곤의 역사』, 이후, 2008.

태즈메이니아 | 고립된 문명의 최후

제레드 다이아몬드, 김진균 옮김, 『총, 균, 쇠 : 무기, 병균, 금속은 인류의 운명을 어떻게 바꿨는가』, 문학사상사, 2007.

Blench, Roger, "The Languages of the Tasmanians and their Relation to the Peopling of Australia," *Australian Archaeology*, no. 67, December 2008.

희망봉 | 유럽인에게는 희망, 현지인에게는 절망이었던

Russel-Wood, A. J. R., *The Portuguese Empire, 1415-1808, A World on the Move*, The Johns Hopkins University Press, 1998.

Subrahmanyam, Sanjay, *The Career and Legend of Vasco da Gama*, Cambridge University Press, 1997.

나그네비둘기 | 그 많던 새는 다 어디로 갔을까

앨프리드 크로스비, 안효상·정범진 옮김, 『생태제국주의』, 지식의풍경, 2000.

클라이브 폰팅, 이진아 옮김, 『녹색세계사』, 심지, 1996.

지진 | 지진 발생을 예측할 수 있을까

마크 뷰캐넌, 김희봉 옮김, 『세상은 생각보다 단순하다』, 지호, 2004.

남방 대륙 | 유럽인이 상상한 전설상의 대륙

와카바야시 미키오, 정선태 옮김, 『지도의 상상력』, 산처럼, 2006.

Edson, Evelyn, *Mapping Time and Space : How Medieval Mapmakers Viewed their World*, British Library, 1997.

화산 폭발 | 재앙의 세계화

Boucheron, Patrick, "Kuwae ou la naissance du monde," *Histoire*, no. 347, October 2009.

일기불순 | 가난한 농민들에게 닥친 재앙

이영림 외, 『근대유럽의 형성, 16-18세기』, 까치, 2012.

Cornette, Joël, "Les tragédies du Grand Siècle," *Histoire*, no. 239, January 2000.

Delort, Robert, "Le climat aussi a une histoire," *Histoire*, no. 257, September 2001.

제2부 문화의 스펙트럼

인류의 진화와 가무(歌舞) | 인간을 서로 묶는 문화적 페로몬
한건수 외, 『세계사 교과서 바로잡기』, 삼인, 2007.
J. R. 맥닐 외, 유정희 외 옮김, 『휴먼 웹 : 세계화의 세계사』, 이산, 2007.

튤립 광기 | 아름다운 꽃마저 투기의 대상이 되다
마이크 대시, 정주연 옮김, 『튤립, 그 아름다움과 투기의 역사』, 지호, 2002.
주경철, 『네덜란드 : 튤립의 땅 모든 자유가 당당한 나라』, 산처럼, 2003.

콜럼버스의 날 | 발견의 날이냐 침략의 날이냐
Koning, Hans, *Columbus : His Enterprise : Exploding the Myth*, Monthly Review
　　　Press, 1991.
Philips, William D., *The Worlds of Christopher Columbus*, Cambridge University
　　　Press, 1993.

산타클로스 | 쇼 비즈니스의 주인공이 된 니콜라스 성인
Janin, Hunt, *Culture Shock!*, Graphic Arts Center Publishing Company, 1998.

부르카 | 무슬림 여성의 옷을 둘러싼 문화투쟁
박단, 『프랑스의 문화전쟁 : 공화국과 이슬람』, 책세상, 2005.

축구의 탄생 | 영국 귀족 자제의 놀이가 전 세계로
알프레드 바알, 지현 옮김, 『축구의 역사』, 시공사, 1999.
프랭클린 포어, 안명희 옮김, 『축구는 어떻게 세계를 지배했는가』, 말글빛냄, 2005.

미친 기업과 착한 기업 | 인격적으로 성숙한 기업이 살아남는다
송병락, 『세계 경제 전쟁, 한국인의 길을 찾아라』, 청림출판, 2009.
조엘 바칸, 윤태경 옮김, 『기업의 경제학』, 황금사자, 2010.

바칼로레아 | 200년 넘게 지속된 입시제도
Loubes, Olivier, "Le bac a 200 ans!," *Histoire*, no. 332, June 2008.

환희의 송가 | 인류의 평화를 기원한 노래?
Cabanes, Bruno, "Beethven et Hitler," *Histoire*, no. 233, June 1999.

재정 파산 | 국가의 존속이 걸린 재정 문제
윤은주, 「근대국가의 재정혁명」, 『프랑스사연구』 제24호, 2011.
Dickson, P. G. M., *The Financial Revolution in England*, Macmillan, 1967.

이혼 | 성스런 기독교적 결혼의 전통을 깨다
필립 아리에스 외 책임편집, 주명철 외 옮김, 『사생활의 역사』, 새물결, 2002.

선교사 체위 | 애정의 체위를 둘러싼 오해와 진실
Kinsey, Alfred C., *Sexual Behavior in the Human Male*, Saunders, 1948.
_____, *Sexual Behavior in the Human Female*, Saunders, 1953.
Priest, Robert J., "Missionary Positions : Christian, Modernist, Postmodernist," *Current Anthropology*, vol. 42, no. 1, 2001.

생일 | 태어난 날을 축하하기까지
Berlioz, Jacques, "Quel jour êtes-vous né?," *Histoire*, no. 352, April 2005.
Scmitt, J.-C., *L'Invention de l'anniversaire*, Arkhé, 2009.

인구센서스와 인구사 | 세계사의 중요한 구성 요소인 중국 인구
Cartier, Michel, "Depuis quand sont-ils si nombreux?," *Histoire*, no. 300, July 2005.
Livi-Bacci, Massimo, *A Concise History of World Population*, Blackwell, 1997.

장수 | 재앙인가 축복인가
엘리엇, T. S., 황동규 옮김, 『황무지』, 민음사, 2006.
Cornette, Joël, "Le plus vieux rêve de l'humanité : vivre 120 ans," *Histoire*, no. 255, June 2001.

키 | 나폴레옹은 정말 키가 작았을까
Komlos, John, *Nutrition and Economic Development in the Eighteenth-century Habsburg Monarchy : An Anthropometric History*, Princeton University Press, 1989.
_____, "An Anthropologic History of Early Modern France," *European Review of Economic History*, no. 17, 2003.

파자마 | 인도로부터 전 세계로 퍼져간 나른한 옷
쓰지하라 야스오, 이윤혜 옮김, 『문화와 역사가 담긴 옷 이야기』, 혜문서관, 2007.

빵 | 일본 사람들이 빵을 먹기까지
오카다 데쓰, 정순분 옮김, 『돈가스의 탄생』, 뿌리와이파리, 2006.

피자 | 세계화된 나폴리 서민음식
캐럴 헬스토스키, 김지선 옮김, 『피자의 지구사』, 휴머니스트, 2011.
Maurin, Olivier, "La pizza à la conquête du monde," *Histoire*, no. 327, January 2008.

소주 | 육체의 치료약에서 마음의 치료약으로
서울시스템주식회사 한국학데이터베이스연구소, 『국역 조선왕조실록』, 서울시스템, 1999.
페르낭 브로델, 주경철 옮김, 『물질문명과 자본주의』, 까치, 1995~1998.

제3부 역사 속의 사람들

헬렌 켈러 | 알려지지 않은 급진적 사회주의자
제임스 로웬, 남경태 옮김, 『선생님이 가르쳐준 거짓말 : 아무도 가르쳐주지 않은 미국사의
　　　진실』, 휴머니스트, 2010.

알렉산드로스 | 죽음 앞에서 편안했던 세계의 정복자
마이클 우드, 남경태 옮김, 『알렉산드로스, 침략자 혹은 제왕』, 중앙M&B, 2002.
Delumeau, Jean, *Une Histoire du Paradis, Le Jardin des Délices*, Fayard, 1992.

수카르노 | 조국의 독립과 일제 부역
양승윤, 『인도네시아=Indonesia』, 한국외국어대학교 출판부, 2003.

잔 다르크 | 건드려서는 안 되는 신성한 터부
Boucheron, Patrick, "Jeanne d'Arc, fille du peuple," *Histoire*, no. 363, April 2011.
Ferro, Marc, *Les tabous de l'histoire*, Pocket, 2004.

오타 벵가 | 동물원 우리 속의 인간
Hodeir, Catherine, "Spectacles Ethniques," *Histoire*, no. 370, November 2011.

옹정제 | 제왕다운 제왕
미야자키 이치사다, 차혜원 옮김, 『옹정제』, 이산, 2001.

우타이상, 민경삼 옮김, 『강건성왕 옹정제 : 세상이 칭송한 독재자』, 세종서적, 2009.

돈 후안과 카사노바 | 서구 사랑의 역사의 두 주인공
자코모 카사노바, 김석희 옮김, 『카사노바 나의 편력』, 한길사, 2006.
티르소 데 몰리나, 전기순 옮김, 『돈 후안』, 을유문화사, 2010.

카이사르와 해적 | 해적을 소탕한 뒤에야 진짜 제국이 되다
Lebecq, Stéphane, "Vous avez dit 『invasions barbares』?," *Histoire*, Collecion no. 46,
　　January 2010.

손자와 비스마르크 | 위장전술이냐 철혈정책이냐
손자, 김광수 해석하고 씀, 『손자병법』, 책세상, 1999.
스터링 시그레이브, 원경주 옮김, 『중국인 이야기 : 보이지 않는 제국, 화교』, 프리미엄북스,
　　1997.
엘렌 브라바르테브네, 백선희 옮김, 『오토 폰 비스마르크』, 동아일보사, 2003.

알프레드 노벨 | 세계 평화를 기원한 무기상
Postel-Vinay, Olivier, "Les vies d'Alfred Nobel," *Histoire*, no. 260, December 2001.

88명의 남자와 2명의 여자 | 세상에서 가장 아름답고 슬픈 음악
클린턴 더피, 서인태 옮김, 『88명의 남자와 2명의 여자』, 백제, 1978.

올드 파 | 그는 정말 150세를 넘겨 살았을까
Cornette, Joël, "Le plus vieux rêve de l'humanité : vivre 120 ans," *Histoire*, no. 255,
　　June 2001.

안네의 일기 | 나치의 탄압을 넘어선 소녀의 성장일기
프랑크 안네, 홍경호 옮김, 『안네의 일기』, 문학사상사, 1995.

화교 | 전 세계에 깔린 막강한 네트워크
스터링 시그레이브, 원경주 옮김, 『중국인 이야기 : 보이지 않는 제국, 화교』, 프리미엄북스,
　　1997.
정성호, 『화교』, 살림, 2004.

중국의 인구 문제 | 성비불균형과 인구노령화를 어떻게 해결할 것인가
Cartier, Michel, "Depuis quand sont-ils si nombreux?," *Histoire*, no. 300, July 2005.
Maddison, Angus, *The World Economy : Historical Statistics*, OECD, 2011.

마오리족과 모리오리족 | 한 민족의 분열, 그리고 대비극

앨프리드 크로스비, 안효상·정범진 옮김, 『생태제국주의』, 지식의풍경, 2000.

제레드 다이아몬드, 김진균 옮김, 『총, 균, 쇠: 무기, 병균, 금속은 인류의 운명을 어떻게 바꿨
는가』, 문학사상사, 2007.

제4부 갈등과 전쟁의 역사

핵 미사일 | 제3차 세계대전이 일어날 뻔한 쿠바 미사일 위기

에롤 모리스 감독, 「전쟁의 안개」, 콜럼비아트라이스타, 2004.

Fontaine, André, *Histoire de la Guerre Froide, 1917-1991*, Seuil, 2006.

축구전쟁 | 축구는 축구일 뿐

프랭클린 포어, 안명희 옮김, 『축구는 어떻게 세계를 지배했는가』, 말글빛냄, 2005.

Dietschy, Paul, "La passion du football," *Histoire*, no. 353, May 2005.

동장군 | 러시아를 여러 번 지켜준 장군

아노 카렌, 권복규 옮김, 『전염병의 문화사』, 사이언스북스, 2001.

Rey, Marie-Pierre, "Pourquoi les Russes ont gagné," *Histoire*, no. 373, March 2012.

중국의 총 | 화약이 중국에서는 불꽃놀이로만 쓰였다고?

로버트 템플, 조지프 니덤 엮음, 과학세대 옮김, 『그림으로 보는 중국의 과학과 문명』, 까치
글방, 2009.

Chase, Kenneth, *Firearms: A Global History to 1700*, Cambridge University Press,
2003.

일본의 총 | 세계 최강의 화력을 갖추다

Parker, Geoffrey, *The Military Revolution, Military Innovation and the Rise of the
West 1500-1800*, Cambridge University Press, 1996.

Perrin, Noel, *Giving up the Guns: Japan's Return to the Sword, 1543-1789*, Godine,
1979.

소년십자군 | 역사는 어떻게 설화와 전설이 되는가

Flori, Jean, "La croisade des enfants a bien eu lieu," *Histoire*, no. 373, March 2012.

Raedts, P., "The Childrens Crusade of 1212," *Journal of Medieval History*, no. 3, 1977.

바스티유 함락 | 혁명의 도화선이 된 전제정치의 상징
알베르 소부울, 최갑수 옮김, 『프랑스 대혁명사』, 두레, 1984.
퓌레 F. 외, 김응종 옮김, 『프랑스혁명사』, 일월서각, 1990.

전격전 | 신화의 탄생
칼 하인츠 프리저, 진중근 옮김, 『전격전의 전설』, 일조각, 2007.

해적 소탕 | 폼페이우스의 방식에서 소말리아 해적 문제를 읽다
피터 아이흐스테드, 강혜정 옮김, 『해적국가 : 소말리아 어부들은 어떻게 해적이 되었나』, 미지북스, 2011
Attar, Frank, "Pompée et les pirates," *Histoire*, no. 346, October 2009.

스파르타 | 300명으로 제국의 군대에 맞선 사내들
잭 스나이더 감독, 「300」, 워너브라더스코리아, 2007.
플루타르크, 이성규 옮김, 『플루타르크 영웅전 전집』, 현대지성사, 2000.

가장 위험한 순간 | 작은 변화가 시작될 때, 그때가 가장 위험하다
보마르셰, 민희식 옮김, 『피가로의 결혼』, 문예출판사, 2009.
A. 또끄빌, 이용재 옮김, 『구체제와 프랑스혁명』, 일월서각, 1989.

수에즈 운하 | 세계의 급소
Anthony, Gorst, *The Suez Crisis*, Routledge, 1997.
Fontaine, André, *Histoire de la Guerre Froide, 1917-1991*, Seuil, 2006.

마녀 사냥과 고문 | 야만스런 행위와 성스런 의무
브라이언 P. 르박, 김동순 옮김, 『유럽의 마녀 사냥』, 소나무, 2003.
Institoris, Heinrich and Sprenger, Jakob, *Malleus Maleficarum*, CreateSpace, 2012.

아르메니아 인종학살 | 학살의 세기를 연 비극
Gautier, Julien, "Génocide arménien : ce que l'on sait vraiment," *Histoire*, no. 315, December 2006.

르완다 대량학살 사건과 '추악한 부채' | 동족을 죽이느라 빌린 돈을 갚아야 하는가
장 지글러, 양영란 옮김, 『탐욕의 시대 : 누가 세계를 더 가난하게 만드는가』, 갈라파고스,

2008.

폴 콜리어, 윤승용 외 옮김, 『전쟁, 총, 투표, 왜 독재는 세상에서 사라지지 않는가』, 21세기
북스, 2011.

베를린 장벽 | 냉전 시대 독일 분단의 상징

존 루이스 캐디, 정철 외 옮김, 『냉전의 역사 : 거래, 스파이, 거짓말, 그리고 진실』, 에코리브
르, 2010.

John, P. S. eds., *The Berlin Wall Crisis : Perspectives on Cold War Alliances*, Palgrave
Macmillan, 2002.

하시신 | 암살자의 유래

마르코 폴로, 김호동 옮김, 『동방견문록』, 사계절, 2000.

카틴 숲 학살 사건 | 진실을 밝힐 수 없었던 폴란드의 또 다른 비극

Biskupski, M. B., *The History of Poland*, Greenwood Press, 2000.

Fontaine, André, *Histoire de la Guerre Froide, 1917-1991*, Seuil, 2006.

종호 학살 사건 | 인류의 양심을 물은 최악의 사건

조이스 애플비, 주경철 옮김, 『가차없는 자본주의』, 까치, 2012.

Postma, Johannes, *The Atlantic Slave Trade*, University Press of Florida, 2005.

제5부 사유와 상상의 힘

유토피아 | 비참한 현실을 되비추는 이상 사회

토마스 모어, 주경철 옮김, 『유토피아』, 을유문화사, 2007.

Trousson, Raymond, *Voyages aux pays de nulle part*, Edition de l'Université de
Bruxelles, 1999.

병명(病名) | 이웃에 대한 악감정을 갖다 붙인 병이름

아노 카렌, 권복규 옮김, 『전염병의 문화사』, 사이언스북스, 2001.

Baker, Brenda J. and Armelagos, George J., 'The Prigin and Antiquity of Syphilis :
Paleopathological Diagnosis and Interpretation,' *Current Anthropology*,
XXIX, no. 5, 1988.

문자해독률 | 인류의 발전을 약속하는 힘
엠마뉘엘 토드, 주경철 옮김, 『제국의 몰락 : 미국체제의 해체와 세계의 재편』, 까치, 2003.
이영림 외, 『근대유럽의 형성, 16~18세기』, 까치, 2012.

스파르타식 교육 | 엄격하나 창의적이지는 않은 교육
플루타르크, 이성규 옮김, 『플루타르크 영웅전 전집』, 현대지성사, 2000.
허승일 외, 『인물로 보는 서양고대사 : 고대그리스에서 로마 제정 시대까지』, 길, 2006.

'평평한 지구' 신화 | 콜럼버스를 위해 19세기에 창안된 신화
와카바야시 미키오, 정선태 옮김, 『지도의 상상력』, 산처럼, 2006.
Simek, Rudolf, *Heaven and Earth in the Middle Ages, The Physical World before Columbus*, The Boydell Press, 1992.

행복 | 좋은 삶은 어떻게 가능한가
가와이 하야오 외, 김옥희 옮김, 『불교가 좋다』, 동아시아, 2004.
마루야마 마사오 외, 임성모 옮김, 『번역과 일본의 근대』, 이산, 2000.

중세 지도 | 지도를 빙자한 종교 만화
와카바야시 미키오, 정선태 옮김, 『지도의 상상력』, 산처럼, 2006.
Delumeau, Jean, *Une Histoire du Paradis, Le Jardin des Délices*, Fayard, 1992.

인간선언 | 화장실만 안 가도 진짜 신으로 모실 테지만
Kesseler, Christian, "L'empéreur n'est plus un dieu," *Histoire*, no. 182, November 1994.

가이젠(改善) | 생산성을 높여온 일본의 생활철학
구로자와 아키라 감독, 「카게무샤」, 이십세기폭스 홈 엔터테인먼트, 2003.
Parker, Geoffrey, *The Military Revolution : Military Innovation and the Rise of the West, 1500~1800*, Cambridge University Press, 1996.

평균율 | 중국에서 만들어져 유럽으로 전해진 음악체계
로버트 템플, 조지프 니덤 엮음, 과학세대 옮김, 『그림으로 보는 중국의 과학과 문명』, 까치글방, 2009.
K. 로빈슨, 남상숙 옮김, 「중국음악의 평균율 이론에 공헌한 주재육 연구(A Critical Study of Chu Tsai-yu's Contribution to the Theory of Equal Temperament in Chinese Music)」, 『한국음악사학보』, 1992.

'몇 어찌' | 400년 동안 당연시했지만 이제 새로이 밝혀진 진실
정기준, 「기하(幾何)는 geometry의 역어(譯語)가 아니었다—한중일 삼국에서의 400년간의
　　오해」, 『대한수학회 소식지』, 2010.

유럽중심주의 역사 서술 | 세상을 지배하는 편견의 힘
데이비드 S. 랜즈, 안진환 외 옮김, 『국가의 부와 빈곤』, 한국경제신문, 2009.
제임스 블로트, 박광식 옮김, 『유럽 중심주의를 비판한다』, 푸른숲, 2008.
Jones, Eric, *The European Miracle : Environments, Economics, and Geopolitics in the
　　History of Europe and Asia*, Cambridge University Press, 1987.

탈리오 법칙 | 아직도 살아 있는 고대 국가의 법
King, L. W., trans., *The Code of Hammurabi*, Kessinger Publishing, 2004.

허위 정보 | 혼돈과 위험에 빠뜨리는 전술
문영일, 「제2차 세계대전시 독일군 스코르제니(Skorzeny) 특공대의 전략적 운용과 교훈」,
　　국방부 간행물 제49호, 2003.
Weingartner, James J., "Otto Skorzeny and the Laws of War," *The Journal of Military
　　History*, 1991.

레이덴 대학 | 자유로운 학풍으로 세운 자유의 요새
주경철, 『네덜란드 : 튤립의 땅 모든 자유가 당당한 나라』, 산처럼, 2003.
Cazaux, Yves, *Naissance des Pays-Bas*, Albin Michel, 1983.

재난영화 | 시대의 고통과 시련을 이겨내는 멜로
로널드 님 감독, 「포세이돈 어드벤처」, 이십세기폭스, 2002.
마르크 페로, 주경철 옮김, 『역사와 영화』, 까치, 1999.
윤제균 감독, 「해운대」, CJEntertainment, 2010.

인종의 용광로 | 인종차별을 녹여서 하나의 민족이 될 수 있을까
Zangwill, Israel, *The Melting Pot*, FQ Books, 2010.

『걸리버 여행기』의 정쟁(政爭) 치유법 | 이런 기술이 정말로 실현되기를
조나단 스위프트, 신현철 옮김, 『걸리버여행기』, 문학수첩, 1993.

세계사 속의 한국 | 우리의 역사를 세계사의 맥락에서 읽자
가라타니 고진, 송태욱 옮김, 『일본 정신의 기원』, 이매진, 2003.